融媒体时代的展览传播

聂 影 等著

经济日报出版社

北京

图书在版编目（CIP）数据

融媒体时代的展览传播 / 聂影等著. -- 北京：经济日报出版社，2024.6
ISBN 978-7-5196-1418-8

Ⅰ.①融… Ⅱ.①聂… Ⅲ.①传播媒介－应用－博物馆－陈列－研究－中国 Ⅳ.①G265

中国国家版本馆 CIP 数据核字(2023)第 256753 号

融媒体时代的展览传播
RONGMEITI SHIDAI DE ZHANLAN CHUANBO

聂影 等著

出　　版：	经济日报出版社
地　　址：	北京市西城区白纸坊东街 2 号院 6 号楼 710（邮编100054）
经　　销：	全国新华书店
印　　刷：	北京文昌阁彩色印刷有限责任公司
开　　本：	710mm×1000mm　1/16
印　　张：	22.75
字　　数：	323 千字
版　　次：	2024 年 6 月第 1 版
印　　次：	2024 年 6 月第 1 次印刷
定　　价：	178.00 元

本社网址：edpbook.com.cn，微信公众号：经济日报出版社
未经许可，不得以任何方式复制或抄袭本书的部分或全部内容，**版权所有，侵权必究**。
本社法律顾问：北京天驰君泰律师事务所，张杰律师举报信箱：zhangjie@tiantailaw.com
举报电话：010-63567684
本书如有印装质量问题，请与本社总编室联系，联系电话：010-63567684

序 言
Preface

当"博物"从"馆"里醒来

当技术以"革命"的力度向前推进,很多行业多少年来形成的状态就开始松动起来。

有人用"相变"来形容这种松动。相变是一个物理学的专业词汇,意思是随着温度的变化,冰会化成水和汽,水和汽也可以重新凝成冰。一旦发生相变的不只是水,而是堆放在一起的铅、锡和铜,那么经过一轮循环,铜就不再是原来的铜,而是变成了三者的合金——青铜。

于是,博物馆这个代表着古老、传统、稳定和坚守的行业,在技术革命式的升温之下,也逐渐打开曾经的观念边界,与教育、传媒、演艺、文旅、大众时尚等组合交融,呈现出前所未有的状态。

于是,千千万万像我这样的外行,也沉浸在《国家宝藏》《中轴西望》的惊奇中,为《故宫上新了》《只此青绿》喝彩,为《只有河南》《从南京到北京》叹服,为《北京当代》《好品山东》啧啧称赞。

外行看热闹，内行看门道。如果说普通观众只是给这些火热的变化添柴，那么本书的作者则早已从青萍的漾动中感知风向，探寻风从哪里来的规律，探讨御风而行的可能。

数字技术最大的特点，是打破了虚与实的界限。它像孙悟空拔毫毛，把那些吹弹可破的娇贵文物化身为唾手可得的逼真镜像，跳脱出原有的物理环境，去实现随心而动的参与。从这个意义上讲，博物馆里的一切，确实由此获得了"重生"。汉赋里的宫殿、唐诗中的山水，挣开时空的羁绊，以全新的方式互动交织，与人们在任意特定的场景中重逢。这种虚实的共生，促成了博物馆从静到动的转换。这些内容像绑缚在纸面上的二维形象，一下子腾空而起，衍生出无数种全新的排列组合。

在观众那一侧，数字技术则充当起组织者的角色。它不仅通过社交互动、行为分析洞察观众的需求，还通过流量导引为一个个实体或虚拟的展会带来观众，担负起市场研究和广告销售的双重任务。借助数字技术，博物馆展览的需求分析、市场宣发、票务预订和效果评估都可以比过去做得更加充分且深入。整个博物馆展览的产业链条，都在技术的加持下不断优化增效。

也正是在这样的背景下，本书作者从现实出发，站在行业的高度，探讨怎样重构中国博物馆展览的工作流程。这就不可避免地触及新质生产力与原有生产关系之间的碰撞磨合。无论是聂影老师关于中国数字博物馆平台建设的构想，还是赵磊老师对于中国博物馆展览季的整体设计，或是其他作者关于数字藏品等系列文创产品的研究，无不深入到现有博物馆产业的体制机制、组织方式、管理形式和人才结构的底层，去探究变革的路径、条件、障碍和动力。

毫无疑问，本书对博物馆行业的研究是前沿、专业和深入的，但难能可贵的是，这些研究绝不只停留在观念和畅想的层面。每一个主题和章节，都从实实在在的问题切入和展开。即便是对策展者、外包施工方、博物馆管理人员、不同城市治理者的心态，也有细致入微的刻画和分析。正因如此，这些对博物馆展览业的观察、研究和建议，才洞穿了学术与实践之间厚厚的壁障，有了施工图一样的务实劲头和落地能力。

上层建筑和意识形态的演进中，保守与传承、激进与创新的界线并不那么容易辨别。通读书稿，作者们在这些方面也做了很好的界定。网红展是新风还是媚俗？线上展和线下展究竟该怎样互为主从？如何处理好"5·18国际博物馆日"跟展览季安排的关系？怎样防止展览景观化、流量化、过度商业化对文化初心的反噬？本书通过一系列理论上的清晰辨析，比如将观众分成大众受众、粉丝受众和专业受众，也就跃过了许多无谓的争论陷阱，摆脱了书生式的迂阔执拗，实现了在更高层面上的引领。

迄今为止，数字技术的革命给各行各业带来的变革，仅仅揭开了序幕。以生成式大模型为代表的人工智能新浪潮，对传统行业的冲击很可能比数字技术还要深远。大模型的一项拿手本领，就是阅读理解和关联分析的能力惊人。过去我们皓首穷经、终其一生才能领略一瓢的"三千弱水"，也许不够大模型一周、一月"喝"的。面对这样的形势，我们特别期待像本书作者这样的研究团队快马加鞭、层出不穷，从而不让我们的固有认知成为生产力的障碍。

"让收藏在博物馆里的文物、陈列在广阔大地上的遗产、书写在古籍里的文字都活起来",时代对我们提出了这样的要求,技术为我们提供了过去难以企及的全新助力。重塑博物馆行业,重塑既有的文化形态,也就成为我们不容置疑的光荣使命。

愿同志者共勉。

杨　健

腾讯集团副总裁、腾讯研究院总顾问

2024年6月22日

是这五种媒体形式的全面融合。但"融媒体"这个词后来不再流行,因为人们发现,第五种媒体"手机"几乎已经"吃掉"了其他媒体形式,前四种媒体的内容几乎都能在手机上呈现,并且它们传播信息的效率、效果、互动性都远不及手机。

有意思的是,无论是线下展览还是线上展览,都能容纳这五种媒体形式,因而也可以说博物馆展览本身就是"融媒体"的一种表达形式。本书所提到的"展览"不仅包括这线下线上两种展览体系,还研究了由此衍生的新的展览形式——微博物馆。

随着线上展览的普及,线下展览的图片、视频等越来越成为融媒体的传播内容。各种"网红展"的现象级传播,其产生的社会影响力,远远超过博物馆专家们多年的努力。数字时代融媒体的力量异常强大,博物馆必须调整自身、抓住机会、善加利用!

研究、探索和创新

我们是一个年轻的研究团队,本书是我们的第一辑成果。除本人外,其他作者都很年轻,基本都是在读的硕士生和博士生。他们中有些人已有较长时间的工作经验,关注的许多问题都来自实际工作和设计实践。他们都是在互联网时代成长起来的年轻人,对专业问题和社会议题的关注点已与前辈有很大不同,能给我们带来极大的惊喜。

在"融媒体时代的展览传播"专题下,本书每篇论文的选题和研究范畴最初都来自学生们的思考和体会。我们几乎每周都在线上讨论,帮助学生们不断提升分析研究和写作能力,学生之间也能互相影响、互相借鉴,图示分析方法本来是思维训练的一项工作,最后竟也成为与文字配合的观点表达方式,本书的最终成果超越了我的预期。

今天回看,在面对融媒体时代文化产业新模式讨论时,这种学术讨论过程极有价值:(1)年轻人的新视角,为专业研究提供了新鲜血液——这甚至是大学校内研讨课上难有的经验和成果;(2)以基于行业实践的基层工作经验为研究切入点,能有效保证我们研究主题的针对性和时代性;(3)因为这种工作方法,本书各章节之间虽有关联,仍相对独立,展现了每位研究者的学术兴趣和研究特点。当然,其中一些颇具时代性和社会性的选题,今后我们还会另设专题来深入研究。

各章内容说明

1. 博物馆数字化和"讲好中国故事"

这一章的内容起源于几个基本问题:数字时代,我们还需要实体展览吗?如果需要,那么实体展的定位和表达会有哪些变化?数字技术能发展出哪些传播形式?

本章的讨论基于一组基本判断:

判断1:知识体系的建构并不依赖博物馆——我是大学教师,在教学过程中我深深体会到,常规教育中的大多数知识传播,只要通过课本、图文和课堂讲授就能完成,即使有思辨性和实验操作性内容,在研讨课或实验室中即可完成。由此一来,所有博物馆参观中的体验学习,其实都是对既有知识系统的验证补充，对既有价值观的集中强化，对普通参观者来说，尤为如此。

判断2：博物馆展览难以让所有人看懂——博物馆里的珍贵文物，足以让博物馆傲视一切，人们怀着憧憬到这里参观学习，但这个故事并不完整，人们只关注在博物馆里体验的内容，却忘了故事的后半段——我们并不能理解策展方和设计师想表达的全部内容，焦点错位和理解偏差更是在所难免。因此，博物馆馆长和展览设计师们完全不必忧虑，博物馆本身就是取之不尽、学之无涯的文化知识宝库，即使经常来参观的人们也只能收获沧海一粟。

判断3：重新认识博物馆实体展览的价值——融媒体数字技术的快速发展，使得无论课堂内容还是博物馆知识，甚至讲课的教师，都可通过网络平台而无限传播。这对于传统教育方式和博物馆的参观方式，都会产生深刻影响。新冠疫情期间，我们发现完全的线上交流很难保证学习的有效性，也难以满足人们的情感交流需求，所以线下学习、实体博物馆参观绝对不可能被替代。不仅如此，数字技术在物质生产和媒体传播上的超强实力，让人们开始发现实物藏品、实体博物馆空间的精神价值，博物馆因此而不仅是文物库和展示区，更应该被塑造成"文化圣殿"。

基于以上三点，本章分别论述了四个问题：（1）中国博物馆以空间叙事手法表达时间叙事的传统，在数字时代受到极大挑战，但也将迎来新契机；（2）现代博物馆起源于欧洲，通过占有文物、构建研究体系，逐渐掌握话语权，但数字时代的博物馆知识传播可以依托数字技术无限传播，博物馆的"物质性"特征也将受到挑战；（3）建构中国数字博物馆平台的原因、功能和途径，平台的建设集中体现了中国历史之悠久、博物馆文物之丰富、国家文化政策之强大；（4）当博物馆的知识信息可以通过数字技术来传播时，实体博物馆的精神价值将愈发凸显，线上线下互动的"融媒体"展览方式还会为博物馆增加新功能、拓展新领域。

中国的博物馆建设在很长一段时间里都在向西方博物馆学习，但在数字时代，当我们着力打造博物馆数字化和线上线下互动的博物馆体系时，将是中国博物馆第一次有机会全面挑战甚至超越西方博物馆的绝好机会。中国博物馆传播的新体系，不仅是"讲好中国故事"的新平台，其本身就是"中国故事"的重要角色！

2. 中国博物馆展览工作流程新模式

融媒体数字技术的介入，让博物馆展览和文化服务的提升需要更复杂完整的"后台操作"体系，现有博物馆的工作流程和评价方式恐怕已经捉襟见肘。

博物馆专家往往是博物馆学、历史学等领域的资深学者，他们在博物馆展览的市场定位、媒体推广、数字集成等方面并不擅长，但当国家和社会对博物馆"讲好中国故事"、提供大众文化服务的要求呈现出井喷式增长时，原有博物馆的专家群体恐怕难以赶上社会需求。相应地，现有博物馆展览的管理架构将面临彻底改变，学术研究和展览传播的发展动力和工作规律不同，博物馆的行政管理必须二者兼顾。

赵晓祎同学的研究来自她的工作实践和思考，把博物馆展览传播工作分成四个类型——实体展、线上展、文创产品和宣传推广，四条"流水线"各自独立又互相关联。顶层团队、顶层设计工作必须由博物馆主控，一些专业性的工作可交由职业化的公司企业来完成。这对博物馆专家和协助博物馆工作的公司企业，以及他们之间的协作能力，都有更高的要求。

3. "网红展"的现象研究及启示

博物馆"网红展"是近年来非常引人注目的社会现象。网红展的确有利于博物馆及文物的推广传播，但其在传播过程中引发的文化内涵焦点偏差，甚至认知错位，也时有发生。刘思佟同学敏锐地发现了这个问题的研究价值，但一度也曾被困扰，因为任何研究都不能停留在对既有现象的描述上，而必须探索网红展的发展出路，最好还能利用网红展的特点，服务博物馆展览产业的新发展。

网红展现象可被视为中国政府和民间（特别是年轻人）追求文化认同、文化自信的一次集体性大爆发，呈现出了民族共同情感和当代大众审美。因此，网红展的本质是一种社会逻辑，而非学术逻辑。所以，博物馆（特别是高等级的博物馆）不应过于追求网红展，操作不当还可能威胁博物馆文化形象的崇高感和权威性，但网红展又的确是博物馆形象和经典藏品推广的最佳平台。在"讲好中国故事"的现实追求中，完全放弃或排斥网红展，也属于不理智的行为。

本章最终给出的解决方案是实行博物馆展览的"分级制"：每个展览的目标观众可根据大众、粉丝和专家来划分，"大众版"展览显然最适合网红展的打造。所谓博物馆的"分级制"也无"排他性"，反而是一种更友好的"提示"，类似于通俗小说、文艺小说和学术专著的区别。实体空间设计中，可能有所偏重，但通过线上线下的互动方式，让三类观众在展厅中均能获得更好的参观体验。这是融媒体时代的数字技术送给我们的礼物。

4. 中国"博物馆历"的实施路径探索

大众对博物馆科学文化知识传播的要求越来越高，但观众观展的时间通常只能安排在节假日，各种藏品又通常不能离开所在博物馆，无法送到全国各地展出，这些因素都会限制人们的观展机会。赵磊同学的研究分别从"时间"和"空间"两个维度探讨了同一个话题：如何利用融媒体和数字技术，有效解决博物馆"文化产品"生产和公众"文化消费"的供需矛盾，让博物馆藏品和其蕴含的知识内容能被输送到全国各地。

本章提出了一个国家层面的"博物馆历"的概念，分析了"博物馆展览产品"的策划生产过程，以及学生们和普通民众参观的最有效"文化产品消费时间段"，并详细说明了管理部门和各博物馆应做哪些工作才能让文化资源和社会需求的匹配度更高，大大缓解了"供需矛盾"。

5. 城际联展新模式分析——以"三城展"为例

本章延伸了现有"城际展"概念，在不挪动、不干扰各博物馆文物藏品的情况下，利用数字技术和"沉浸式剧场"等形式盘活各地博物馆资源，从而将各博物馆资源相互输送到全国各地博物馆中。

在融媒体时代，如果通过利用各种数字技术能突破既有的时空限制，将能极大地满足民众的观展需求，也能让博物馆的活力得到极大释放，增强博物馆的黏度和吸引力，使中国博物馆、中国文物真正走入大众的日常生活！

6. 中国档案展览展陈传播研究

博物馆及博物馆展览的专业论述中，很少涉及档案馆的展览。这可能因为此前的中国档案馆类的展览项目不多,也有可能因为人们认为此类展览跟常规博物馆展览差别不大。但事实并非如此,满思宇同学在实际工作中发现,档案馆展览设计的工作流程和工作重点与常见的历史类、科技类展览工作存在很大差异。

中国的档案馆主要收藏了明清以来特别是中华人民共和国成立以来各重大历史阶段与事件的相关文件及资料。所以,中国各级各类档案馆天生就兼有历史性和现代性,具有文化传承和红色文化等多种属性。

文章认为档案馆的展览设计应有三个类型层级:(1)档案文件的实物以纸质为主,作为实物形态,其展示方式非常有限,甚至难免乏味;(2)档案文件的真正内容往往以文字形式呈现,而且通常是人物和事件的重要物证,用展板、投影等方式再现文字内容是常见方式;(3)比较而言,只有第三类内容才能让设计师有较大施展空间,这就是围绕档案文物的背景、事迹和人物的场景呈现。但这部分工作对设计师的文化理解能力、通过形式语言转译价值观念的能力、对各种实物建造和数字媒介的综合调度能力等都有更高要求。

我们预判,档案馆展览的增长幅度将非常可观。一方面,因为我们国家一直非常注重档案文件的收藏整理,档案馆中现有的文献藏品和历史内容足够丰富;另一方面,这也是我们塑造文化自信的重要途径!

7. 从数字藏品论析我国博物馆数字产品平台的构建模式

博物馆的NFT(Non-Fungible Token,非同质化通证)艺术作品发行,曾一度是社会热点,但很快受到了国家限制。美国的NFT模式本质上是依靠区块链技术,把美式资本运作和艺术品收藏惯例结合起来,依赖虚拟货币来运作的一套交易系统。如果不加约束，这种做法的确会威胁金融安全，恐怕还会威胁文化安全。

不过，NFT形式倒也给予中国博物馆界甚至文化艺术界以启发：随着数字技术的发展，为何我们的艺术品、设计作品、博物馆文创产品等不能依托区块链技术，生成一种全新的艺术形式——数字艺术品？当然，作品交易方式和创作者的收益、数字安全、金融安全和文化安全等问题，都需要在国家级的、有唯一性的"平台"上展开。

张卓雅同学的研究便为这个平台的基本功能和建设原则等做了初步探索，且研究成果颇有启发性。

8. 老年友好型博物馆空间的适应性设计研究

中国博物馆一直有无障碍设计的基本要求，但并没有强制性的适老化设计要求。在老龄化社会背景下，如何让中国的退休老人更好地享受博物馆的文化资源？在数字技术大发展的背景下，使中国的老年群体不至于感受到被新技术所抛弃？这使得博物馆适老化设计的重要性越来越凸显。本章内容填补了这方面研究的空白，提供了较详细的设计原则和实施建议。

但这个讨论可以放在更广阔的视角下进行：适老化设计并不仅仅针对老年人，在某种程度上说，它可以涵盖无障碍设计的全部内容，甚至可供正常人使用。比如更舒适的照明和更友好的导视系统，不仅老年人需要，健康的成年人也同样需要。所以，适老化设计有时并非额外的设计内容，而是设计升级的一个重要途径。

王孝祺同学把老年人的行为习惯置于研究中心，因此她的博物馆空间和服务就突破了博物馆和展厅的物理边界，涉及观展前、中、后的各种信息交互和空间功能需求；室内外空间的联系和连通，让博物馆的空间服务更多样、更有适应性，从而呼吁让微博物馆进入社区，更好地服务社区老年人的文化活动。

作为年轻学者，能够体会到老年人群观展时的不便和需求，并努力思考解决问题的方式，这体现了王孝祺同学的人文情怀，值得嘉许。

9. 博物馆外交与国家形象传播研究

博物馆外交是以往博物馆界不太关注的问题，但在新的历史机遇下，这项工作变得至为重要。因博物馆外交的研究兼具政治性和文化性，具有明显的跨文化特征，其研究范畴远远超过了博物馆学的研究领域和工作经验，需要多学科专业的共同努力，未来可以做更深入的专项研究。若能推出"指导原则"和"操作手册"，将会更有效地指导各管理部门和博物馆的相关工作，有效提升工作效率、提高成果品质。

张逸君同学因为参加过国家智库的工作，所以她的研究内容和分析视角都更具全局性。她在文章中对中国博物馆外交的历史做了简要梳理，通过定性分析，提出了博物馆外交的工作要素和基本原则：（1）在国外举办展览不仅有各种操作上的麻烦，还有文化差异导致的认知理解偏差，所以展览展示的选题、方法、视角和形式等都需要仔细斟酌；（2）融媒体时代的数字技术将在内容传播、场景搭建和数字展品等方面有令人惊艳的表现，微博物馆方式将大有可为，不仅体现了中国古老悠久的文化传统，还能呈现当代中国科技业、制造业和建造业的卓越品质；（3）所有工作必须有国家层面的工作统筹，方能有效落地。

特别鸣谢

首先要感谢人民文博的董事长王卓见女士和博悟空间的管理团队，他们不仅推荐了几位年轻人参加工作、提供了许多公司的项目案例，还给予我们足够宽松的研究环境和富裕的研究时间；也要感谢人民文博的孙五一老师，多年的博物馆工作经验使他非常敏锐地指出了我们作品中的不足之处。

其次要感谢这些年轻的研究者，他们主要是我的学生和博悟空间的设计师们，他们参与工作的初衷是对学术研究感兴趣，进而在工作过程中也完成了从个人体会、个人兴趣进入公共学术讨论的重要转向。这对他们今后的学习研究、对我们的学术发展都有积极作用。还要感谢王孝祺和刘思佟两位同学，她们不仅完成了自己的写作部分，还帮忙重新绘制了其他同学的分析图，让本书的形象更加完整，也更便于阅读查询。

最后要感谢经济日报出版社的社长佟令玫女士和王婧编辑，她们是本书的最初读者，并评价我们的研究成果既有理论价值又颇具落地性和实操性，进而鼓励我们继续研究创作。

本书是"博物馆新知"的第一辑，第二辑已在筹备中。有了这个研究团队，有了各位朋友的关照，我们还将继续努力、不断创新，建构"博物馆新知"理论体系，为中国的"博物馆展览产业"和"展览工业"做出新贡献！

聂影
2023 年 11 月 28 日晚

目 录
Content

001　第一章　博物馆数字化和"讲好中国故事"

1. 研究背景 / *003*

2. 博物馆展览的"时空叙事" / *005*

3. 现代博物馆的"物质性"和数字博物馆的"非物质性" / *018*

4. 建构中国数字博物馆平台 / *025*

5. 重新认识博物馆实体展厅的精神价值 / *039*

6. 小结 / *064*

069　第二章　中国博物馆展览工作流程新模式

1. 研究背景 / *071*

2. 当前博物馆展览工作流程及分析 / *076*

3. 博物馆展览核心工作分析 / *082*

4. 博物馆展览工作流程新范式 / 085

5. 小结 / 099

101　第三章　"网红展"的现象研究及启示

1. "网红展"现象概述 / 103

2. "网红展"的"网红化"特征 / 116

3. "网红展"的"网红化"本质及问题界定 / 119

4. "网红展"的辩证之思 / 121

5. "网红展"带来的启示——展览分级 / 122

6. 小结 / 129

131　第四章　中国"博物馆历"的实施路径探索

1. 研究背景 / 133

2. 现状分析及解决路径 / 137

3. 时间分离：设立"博物馆历" / 147

4. 部门独立：设立独立机构"展览季协会" / 155

5. 小结 / 169

171 第五章 城际联展新模式分析——以"三城展"为例

　　1. 研究背景 / 173

　　2. 案例分析 / 182

　　3. "三城展模式"实施路径探索 / 192

　　4. 线上线下展览互动新模式研究 / 206

　　5. 小结 / 219

223 第六章 中国档案馆展览展陈传播研究

　　1. 研究背景 / 225

　　2. 档案馆展览与博物馆器物展览 / 227

　　3. 档案馆展览的三个层次 / 234

　　4. 档案馆展览建设提升策略 / 239

　　5. 小结 / 242

245 第七章 从数字藏品论析我国博物馆数字产品平台的构建模式

　　1. 研究背景 / 247

　　2. 博物馆数字藏品与数字产品的关系论析 / 249

3. 构建中国博物馆数字产品平台的必要性 / 253

4. 博物馆数字产品平台的构建模式 / 260

5. 小结 / 268

269　第八章　老年友好型博物馆空间的适应性设计研究

1. 研究背景 / 271

2. 老年友好型博物馆空间服务需求 / 277

3. 老年友好型博物馆空间适应性设计原则 / 290

4. 老年友好型博物馆空间的其他形式 / 295

5. 小结 / 299

301　第九章　博物馆外交与国家形象传播研究

1. 我国博物馆外交的发展脉络 / 304

2. 国家形象传播理论及意义 / 307

3. 博物馆外交 / 313

4. 博物馆外交的发展新趋势 / 320

5. 融媒体时代博物馆外交的发展建议 / 326

6. 小结 / 336

后记：人文研究"产业链" / 338

第一章

博物馆数字化和
"讲好中国故事"

聂影

| 摘要 |

　　数字媒介的快速发展，让博物馆在中华文化传播上的统领地位受到挑战——已被互联网生活洗礼的中国人，一方面对传统文化的学习兴趣越来越高涨，另一方面对博物馆现有的展览和服务方式感到越来越不满意，线上学习交流方式，已为打通院校教育和博物馆研究的边界打好基础。

　　人们越来越意识到：博物馆知识，完全可以脱离实体展厅和实物藏品而传播。那么，博物馆实体展览在文化传播上的价值是否应重新探讨？人们进入博物馆到底追求的是什么？中国当代博物馆的文化定位和社会功能将有哪些变化？线上线下互动的融媒体方式和设计内容将会发生哪些改变？

　　本章努力跳出博物馆研究的既有框架，进入更宏观的知识生产、文化传播和情感塑造的全链条中来研究：首先分析了常规博物馆"时空叙事"方式的来源、数字时代人们认知方式的改变，说明了二者之间相合与冲突之处；其次指出了数字博物馆在"讲好中国故事"上的独特价值，特别强调了实体博物馆的精神价值和塑造文化认同的重要性；最后提出了线上线下互动的中国博物馆"融媒体"展览新模式，这是中国博物馆换道超车、超越西方经典博物馆的最好机会，因而数字时代下的"中国博物馆"将成为"讲好中国故事""展示中国成就""体验中国文化""传承中国情感"的最好场所。

第一章 博物馆数字化和"讲好中国故事"

1. 研究背景

"融媒体"与博物馆展览

"融媒体"也叫"融合媒体",本义是指多种媒体融合形成的一种新媒体形式。人们常见的媒体形式有报纸、广播、电视、电脑和手机,融媒体指的是这五种媒体形式的全面融合。但"融媒体"这个词后来不再流行,因为人们发现,第五种媒体"手机"几乎已经"吃掉"了其他媒体形式,前四种媒体内容都能在手机上呈现,而且它们信息的效率、效果和互动性都远不及手机。

今天人们已经意识到,所有表达观念、讲解知识的过程,都有"传播"属性,因此博物馆展览的本质也属于广义的"融媒体"传播范畴。从一定意义上来讲,博物馆展览能够把这五种媒体形式融为一体,而博物馆展览身临其境的感受,却是五种媒体形式难以达到的。

随着线上展览的普及,线下展览的图片、视频等越来越成为融媒体的传播内容,各种"网红展"的现象级传播,其产生的社会影响力,远远超过博物馆专家们的多年努力,这让博物馆界极为惊讶。数字时代融媒体的力量异常强大,博物馆必须调整自身,必须抓住机会、善加利用。

博物馆数字化

博物馆数字化绝不应限于博物馆藏品的数字化，或为大众提供数字化服务，更不能简单地被"数字孪生"或"元宇宙"概念所覆盖。博物馆数字化的目的，是通过突破真实、虚拟世界的隔阂，重构时空关系，把中国博物馆体系整合在一起，甚至与教育科研和文旅产业有效融合，成为传承中华文化、"讲好中国故事"最坚实可靠的基础。

博物馆数字化绝不是对现有工作的缝缝补补，也不是博物馆与数字技术的简单叠加，其最终方向不仅会改变观众观展的习惯，还会全面改变甚至颠覆博物馆自身的工作边界和工作模式。

中国博物馆界对博物馆数字化，总体上是欢迎的，特别希望能借此解决博物馆文化传播和运营管理等方面的现有难题，但难免又惴惴不安，担心一旦操作不当，博物馆本来的文化品质和价值判断能力，很可能被技术、资本和大众传媒所裹挟，从而丧失了博物馆的学术性、文化研究的严肃性和中华文化的崇高性。这种担忧很有道理，我们不仅应该为中国博物馆数字化有预判和规划，还应对中国博物馆赋予新功能和新使命。

数字时代为博物馆赋能

本章从线下实体展览入手，分别论述了四个问题：第一，中国博物馆以空间叙事手法表达时间叙事的传统，在数字时代受到极大挑战，也将迎来新契机；第二，现代博物馆起源于欧洲，通过占有文物、建构研究体系，逐渐掌握话语权，但数字时代的博物馆知识传播可以依托数字技术无限传播，博物馆的"物质性"特征也已受到挑战；第三，建构中国数字博物馆的原因、功能和途径；第四，当博物馆的知识信息可通过数字技术来传播时，实体博物馆的精神价值将愈发明显，线上线下互动的"融媒体"展览方式，还会为博物馆增加新功能、拓展新领域。

中国的博物馆建设一直向西方博物馆学习，但在数字时代，当我们着力打造博物馆数字化和线上线下互动的博物馆体系时，将是中国博物馆第一次有机会全面挑战甚至超越西方博物馆的绝好机会，将成为书写"中国故事"的新篇章。

2. 博物馆展览的"时空叙事"

中国博物馆展览的"时空叙事"

中国博物馆展览的"时间叙事"

在世界各地的古老文明中，中华文明的文字记载最为完整、从未间断，中国人对自身文化的理解都始于我们的"史书"。中国人的史书就是对中国历史的"文本"记录，为讲述方便，史书被分为六种体例：编年体、纪传体、纪事本末体、国别体、通史和断代史。除纪事本末体首创于南宋以外，其他五个体例都是从春秋战国至汉代便成熟定型的，此后的中国人在学习中国历史、阅读相关书籍时，都以这些史书为基础。另外，像《三国演义》《水浒传》这样的小说话本，也被置入历史框架里来叙述，使得官方正史和民间故事得以共享同一套历史观和文化观。

这些不同体例的中国历史"文本"，基本都是根据时间线索来记述的，而且史书的编写者还常把对人物事件的分析和评价以直接或间接的方式置入书中，以警示后人。因此，中国历史从来就不是单纯的"历史学"能解释的，而是包含了人物、史实、文化、习俗、伦理、价值观等方方面面内容的文本呈现。各种史书体例和宋明以后的文人笔记，更增加了正史与野史的丰富性，使得中国历史"博大"与"精深"并存。

中国现代考古学的重要功能之一，就是通过实物来验证这些千百年来的文本记载或修正史书的欠缺或错误。新中国成立以来，我们最先建设的就是历史类博物馆，因此我们的博物馆展览天生就有两种内容：其一是文本体系，包括古代文献和现代研究成果，均属此类；其二是文物藏品，它们通常会离开挖掘地，被送到各级各类博物馆中保存起来，供学者研究和大众欣赏。

因此，中国青少年的历史教育自然就是文本历史、文物历史及学术成果的"简化版"，把一些重要的历史信息写入教科书，其叙述方式必然是按照时间线索展开的，也即中国历史的"时间叙事"延续至今。

这种学习模式导致了两个结果：第一，几乎所有中国人都相信，今天的中华文化直通上古文明，每一代中国人都是前辈的生命和文化的继承者，所以中华文化观念才能传承至今；第二，中国人看待全球历史时，也难免带有这个框架，而没意识到这种看待历史的方式是中国人所独有的，这既是我们文化值得骄傲的地方，也是我们与文化历史较短的西方发达国家在文化认知上有较大障碍的重要原因，甚至是中国人向外国人"讲好中国故事"的最大障碍。

中国博物馆展览的"空间叙事"

中国人独有的以文本为主的朝代史叙事方式，也深刻地影响了中国博物馆展览的"空间叙事"方式。早期的展览设计类似历史课本的"实体化"，以文字、图版为主，配合实物展品，依次布置，人们的参观路线，基本以时间线索的形式呈现。这种展览布置方式，就是用"时间叙事"线索主导"空间叙事"。展陈设计几乎可以忽略每个博物馆展厅的空间特征，而"简化"为对展线布局和展板的平面设计。

因为我们特有的历史叙事传统，所以绝大多数中国人会认为在博物馆展览中，让空间叙事服从时间叙事再正常不过。而且，因为有中国历史文献和中小学历史课本的"背书"，加上文物珍品的实物展出，这种方式还会进一步强化博物馆的崇高感、神秘感和权威性。

但这种方法，其实并不符合空间设计的基本逻辑。很长时间以来，博物馆专家没意识到：在实体展览中，人们对展览的理解是从空间体验开始的，而不是从展板上的图文和时间线索开始的。在以文本为主的时代——或者叫报纸书籍的时代，乐于参观博物馆的观众，大多受过良好教育，这种基于历史文本逻辑而布置的展览，跟空间体验逻辑之间的矛盾还不甚明显。这种展览方式还能满足观众的需求。但从电视时代开始，传统的学术权威塑造就受到了挑战——博物馆文物形象的图片可以被广泛传播，博物馆的崇高感、神秘感和权威性都在松动。自20世纪90年代后期开始，世界互联网发展迎来了黄金时代，到了自媒体短视频时代，人们在博物馆展厅里越来越缺乏"耐心"，人们越来越无视甚至反感博物馆预先规定的展线，违反展线的布局或节奏来参观的现象越来越多。于是，展览的举办者、参观者和设计师们，不得不各自面临新问题：

第一，博物馆的藏品数和学术性一直在提升，但在面对暴增的大众参观者时，以博物馆专业逻辑为基础的展览设计方式和曾经的神秘感、崇高感、权威性，反而成为文化内容推广的障碍，博物馆专家与大众参观者之间的理解鸿沟在拉大，大众对博物馆传统展览方式的参观耐心也在减少。

第二，缺乏耐心且专业知识欠佳的大众参观者，即使有心到博物馆来学习，当难以进入展览内容的专业逻辑之时，不是有挫折感就是大失所望，甚至会遗漏展览中最重要的展品和内容，为此他们不得不求助于网络信息和自媒体知识讲解。各种传播媒介和技术介入在客观上反而进一步拉大了博物馆专家和大众参观者的交流距离。

第三，在此背景下，展览设计的工作不再简单直接，而必须先对"时间叙事"的文本内容进行"转译"，通过各种设计手段来达成"时间叙事"向"空间叙事"的转向，才能真正进入展览空间的设计体系，从而"讲好中国故事"。在从"文本"转向"空间"的过程中，设计师会遇到很多具体问题，比如：①对历史的讲述和理论的分析，不应该囿于时间先后，有时按照时间排序的事件人物，彼此的关联性未必紧密，为了更好地表现史实、展现观念，设计手法和空间布局方式应有调整。②当展览涉及战争、迁都或王朝版图等内容时，最好有地图或沙盘模型来辅助"说明"，这是一种在时间轴主体中嵌入空间形象的做法，这种做法广受欢迎，因为图形图像类的展品，通常比阅读文字更直观。③从"时间叙事"转向"空间叙事"，是否能正确完整地呈现史实、塑造史观，还需要博物馆专家和设计师们的共同努力。

实体展览展陈设计的四个层次

实体展览的展陈设计包括四个层次：第一，无论主题如何，中国博物馆展览必须被纳入一个宏大的中国历史、地理、人文、自然环境来理解和表达，往往通过展览的前言、结语、章节说明或地图模型来实现。第二，文物通常会被置于展柜中展出，介绍文字和图片往往利用展板来展示，一些重要文物会有额外的讲解内容，观众可以用手持讲解器或扫描二维码的方式来听讲解。第三，为了分隔空间、强调重点或烘托气氛，灯光设计、装置艺术品的设置等展陈设计方式越来越普遍，为了吸引观众，展场的艺术品位或戏剧效果也愈发强烈（可通过人物雕塑、半景画、全息影像等实现）。第四，越来越普及的博物馆数字服务系统和交互设备对青少年的吸引力尤其强大，但的确是传统博物馆专家们的短板。

这四个层次的划分方式既不是设计类别也不是技术体系，而是基于参观内容的不断增加而划分的。而且这四个体系其实也体现了中国博物馆展览设计的发展过程：先是有中国历史的整体线索；随着文物收集和挖掘成果越来越丰富，内容逐渐增加；随着国家经济和技术力量的提升，第三、第四层次中的设备设施快速增长，增加了观展体验的丰富性。

对某一具体的展览项目来说，这四个层次共同形成一个完整的大系统，根据主题、规模、场地和资金条件，每个展览可在这四个层次中各有侧重，当表现形式更多样时，大众参观者会感觉更友好，这也是展览策划方和设计单位的主要工作目标之一。但也应预见到，这些景观和交互设备的存在可使每个单体展项都非常有吸引力，但对展览的完整性、学术性和权威性，可能产生重大冲击。

数字时代的"认知方式"和"观展方式"

数字时代的"认知方式"

现代博物馆产生以后，直到互联网时代之前，人们认识世界、获取知识的过程，主要在学校中完成，因此学校教育在公众认知模式的形成中起主导作用；比较而言，个人偏好和家庭环境的影响相对有限。在这种社会体系中，博物馆和博物馆专家的权威性跟学校教师的权威性来自共同的基础，那就是对知识生产和知识传播的垄断。在博物馆和学校中的学习过程，其可靠性和公信力来自场所本身和与场所绑定的专业人员——博物馆研究员和职业教师。人们学习的课本、了解的知识和社会生活，还在进一步强化博物馆、学校及研究员、教师在知识传播中的崇高地位。

在这种教育和学习架构中，人们的认知方式是以认同学校、博物馆，认同教师、研究员为基础的，而且也会按照他们的要求、他们提供的学科框架来学习。就是说，所有学生必须修正自己的习惯、训练自己的技巧，来"追随"既有的学习框架，共享同一套"叙事结构"和"时空框架"，建构自己的认知方式。这个过程既是人的"社会化"过程，也是大学中的"专业化"过程；同时，让大众的价值观一致，让专业人员的专业认知相同，也是现代教育最重要的功能和目标。

但在数字时代，人们对社会、对未知世界的了解，可以从网络中的任意一点介入；人们甚至只需要一部手机，就能找到大多数问题的答案，虽然答案未必完整或正确。学者们担心这将形成路径依赖，导致认识的"信息茧房"。所有这些担心都有道理，但也无法避免。在这个过程中，人们的认知方式受到网络信息或现实生活中的某个触点激发，于是会主动在线上寻求答案或求助人工智能，但数据平台会"记住"本人的兴趣点而不断推送相关内容（文字、图片、视频、商品等），根据人们反映的情况，还会触动下一波推送。

在中国数字媒介传播中，以上都是常规操作，这几乎让所有的信息阅读者都发现，原来那些被教师和专家"垄断"的知识内容，几乎每个人都可在网上获得——付费或免费——只要搜索方法得当就行。这让学习者发现，自己距离那些博物馆文物和相关知识的距离更近了，知识获取更方便了，知识和学术都更"亲民"；同时教师、专家的学术权威身份地位受到挑战。然而，吊诡之处也在这里——数字媒体已经"横亘"在学习者和文物知识之间，也即学习者与文物知识之间的中间地带，已经被数字文化产品、软件开发、大数据算法（模型）、自媒体主播、论文数据库所占据，位于中间地带的数字媒介对学习者和大众观念的影响——甚至操纵的程度在不断加深。

这种实际距离更远而心里感觉接近的学习过程，将引发人们"认知方式"的几种变化：

第一，对乐于学习和善于学习的人来说，这种新模式绝对是福音。数字时代的人们在选择博物馆目的地和展览主题时，可以非常自主化和个性化，因此这是一个"原子化"或"涟漪式"的认知方式：以自己的兴趣或问题为主导，不断在网上搜索自己的学习研究内容，先是在网络搜索，然后再去现场参观……这种认知和参观模式，是年轻人的生活常态，却并非博物馆专家策划展览时的关注重点，不仅因为专家的视角和大众视角的不同，还在于数字技术让不同代际的学习者和参观者的行为模式已有重大分野。如何弥合这种分歧，已经是进入数字时代的中国博物馆必须面对的难题。

第二，有些博物馆方希望借助互联网优势"打造"网红展，从而获得大众关注，借此宣传经典藏品文化内容，甚至做好博物馆的"品牌推广"。虽然大众和官方对这种现象的态度都是宽容友好的，但博物馆方一定要明白"网红展"可遇不可求。"网红"的形成是大众传媒与大众心理共振的结果，而非

"文化生产"与"文化传播"的本意和本质。博物馆不应被数字媒介"绑架",应该明白自己的工作对象大致可分为三类:大众观众、粉丝观众和专家观众。而"网红展"往往是三类观众都关注,且关注重点各有不同又互相关联,这是大众传媒和大众心理达成共振的基础。如何利用实体空间和数字技术,达成三类人群需求的平衡,是博物馆和设计单位需要考虑的课题。

第三,数字时代的技术让人们的"个性化"学习具有极大的自由度,这对传统的博物馆和学校教育形成了挑战。因此,博物馆和学校在人们"认知方式"的变化中应该形成新模式,开发新功能。数字媒介并不必然导致每位"学习者"或"使用者"都能获得完整、全面、正确的知识信息,同时也缺乏逻辑分析训练过程,因此研究员和教师群体在人们的"认知方式"培养中面临着新责任和新任务。

数字时代的"观展方式"

所谓"读万卷书,行万里路",自古以来,人们对真实世界的认识和体验都是从"空间认识"起步的,如自己所处的村庄、街道、城池……但当人们无法到达遥远地区的时候,不得不依赖文字和地图来认识世界。随着技术的进步,图片、音视频能让我们看到遥远地方的自然风景和日常生活。互联网数字技术甚至可以让我们与异地的人们实时交流,现代交通工具、交通系统能让人们在短时间里便"行万里路"。

数字时代的人们对自己生活的地区和未知世界的认识完全可以从"电子地图"介入,这么一来,实体空间中的城市街道与河流山川,甚至成了"电子地图"的实物证明。电子地图与纸质地图最大的区别,还不在于精细度和更新频率,而是"局部"与"整体"的区别。传统的纸质地图,会让所有使用者首先注意到国家、城市或村庄的整体形态,而观看者自己只是在整体空间中移动。但电子地图似乎是无边无际的,所有读图方式都以读图者所处的位置为中心,但也总是看到地图的局部。因为依赖电子地图,人们似乎只生活在电子地图引导的"管道"中，还可以在对城市全貌一无所知的情况下，到达任何确定位置，这使得人们对城市的认识愈发瞬时性、碎片化和表面化。可以说，纸质地图提供了一种全局视角，每个人都在大框架中找寻自己的位置；而电子地图提供了沉浸式的指引，"管状"的、以自我为中心的视野。所以在数字时代，特别是数字地图的使用，已经彻底改变了人们认知世界的方式，对于时间和距离的理解，都依赖网络地图来展开。

在这个背景下，人们的观展方式恐怕就不能以进入博物馆大门作为开始了，而必须把观展前后的网络使用也纳入"观展方式"的探讨中。观众首先需了解展览的基本信息，无论来源在哪里，通常都会在手机上查询展览的相关信息，这时的线上宣传推广文案、图片、视频等，就必须能有效地吸引查询者。如果确定参观，观众就会在网上订票（付费或免费），再通过电子地图定位博物馆或展览所在位置；甚至在博物馆参观时，还可以通过定位系统来寻找展厅或查询信息。

博物馆展览甚至已突破边界，成为城市生活中的一个空间位置，而实体展览则成为观展行为中的一个节点空间。在进入展厅之前就可以了解重要展品的位置，有预设的观展路线。空间布局、服务设施、信息提供的丰富性和便捷性等都是观展体验好坏的重要因素。这些对实体展厅的设计及博物馆公共服务水平的要求更高、更系统化了，比如：

①对展览的体验超越了展厅范围，甚至博物馆的物理边界，也即展览相关内容在网络上的存在，既突破了实体边界（博物馆/城市/国家），也突破了时间限制，即使展览结束了，也可不断回顾查询。

②对相关服务的要求更高，对现场观展学习的要求层次更多、线索更复杂。

③实体空间必须满足更多、更精细化的功能要求，才能面对不同使用者，回应不同使用要求，如针对集中人群的"博物馆季"，有观展重心的变化，有线上线下服务的整合。

④"博物馆之城"可能只是过渡模式。假设中国有个国家级的、唯一的数字博物馆平台，所有的实体博物馆、常设展和临时展，就是线上博物馆的"实体体验店"。这种线上线下互动的方式，在使用方式上跟电商物流、智慧旅游、智慧医疗的内在逻辑一样，在中国社会中广泛推广，完全没有障碍，而且还能最大限度地削弱地区差异，就文化惠民来说，是最为公平有效的做法。如果把博物馆展览和文物承载的文化信息当作"文化产品"来分析，就能发现数字时代的博物馆正面临着大多数商业空间都曾面临的难题和即将到来的蜕变——从单纯售卖的"大卖场"转变为以展示为主的"旗舰店"。

中华文明与"时空叙事"

"文化自信"是当代概念

很多人都相信，中国人的"文化自信"来自于我们悠久的历史和灿烂的文化。这个观点恐怕禁不起推敲。中国人不是直到今天才知道我们的悠久历史和灿烂文明的，清末民国时期也知道，为何没有大张旗鼓地讨论"文化自信"呢？甚至当时还有许多文章对中国历史传统文化大加挞伐。新中国成立后，虽然国家独立了，但为何不能在世界范围内广泛展现自己的"文化自信"？再换个角度，文化魅力和历史悠久远不及中国、埃及、希腊、伊朗和印度的西欧和英美国家，为何能对自己的文化如此自信，而且至今在全球话语体系中，具有极大声量和影响力呢？

因为在当代世界中，"文化自信"与"文化话语权"难以完全分离。文化品质的高低与文化能否被广泛认可，其实是两回事儿，有不同的发展动力和运行逻辑。总体说来，"文化自信"是个当代概念，是与国际话语权相表里的概念。它主要来自于国家的综合实力，包括政治、经济、军事及基于此而建构的当代文化。而且一个国家的文化自信，也必须通过跟其他国家打交道的过程中，获得不断的补充与提升。

我们已经发现：当代中国人的"文化自信"越来越强大，那么这是从何时开始的呢？显然并不始于我们认为自己文化灿烂、历史长久之时，而是中国的手机和高铁愈发引人注目、电子商务和自媒体平台影响全球、影视剧大量输出到海外、人民币能在世界多国通行之时……这再次证明了："文化自信"并不是因为文化品质高就能自信，而是因为国家实力的强大，因此"文化自信"在本质上是当代概念，甚至是国家政治、经济、工业和军事实力的另一种表达。

历史悠久和文化认同

所以说，中国悠久灿烂的历史与文明，不在于塑造"文化自信"，而在于塑造"文化认同"，塑造一个拥有共同文化观念和价值观念的共同体。世界上那么多古老文明，为何只有中华文化延绵至今？即在于长久不灭的"文化认同"。在中华文化共同体中，中华文化基因被"内化"在文化体系中，"内化"在每个中国人的心中。

中国特有的自然环境和历史发展轨迹，也给予我们启示：在一片广袤的土地上，有一群基于"文化认同"而生活在此的人们，他们有丰富的农耕经验、有很多能工巧匠，他们也勇于捍卫自己的文化价值观，不断强化自己的"文化认同感"……这些要素共同作用，是中华历史几千年来，虽有高峰低谷却传承至今的重要原因！也即有自然环境、有生物基因和文化基因的传承，无论逆境还是顺境，我们的文化共同体都会保护我们的文化不会消亡。

当某几代的中国人奋发图强、使国力强大时，就能形成那个时代的"文化自信"，中华文化的每一次高峰，都是那个时代"文化自信"的呈现；当这种"文化自信"沉淀到文化基因中，即使中华文明的发展陷入低谷时，曾经的辉煌还会浮现，增强文化共同体的凝聚力，从而激励后几代中国人。

简言之，"文化自信"体现了当代中国的社会活力和发展高度，而文化传统保证了中华文化的延续和传承！

"讲好中国故事"与空间锚定

（1）关于"中国故事"

"讲好中国故事"的提法极有吸引力。"中国故事"来自古代中国，也来自近现代中国。

中国人历来有"以史为鉴，面向未来"的观念，所以中国每一代的国家领袖和文化精英，都注重总结前人经验教训、著书立说，同时把自己所处时代的重大事件和重要人物也记载下来，留给后人评价，所谓"留取丹心照汗青"，这必然使大量的"中国故事"以文字或档案形式留存至今。

当今天的中国人试图向国际友人"讲好中国故事"时会发现，如果这些人无法进入中国语言体系，理解中国人的历史观和价值观，就无法顺畅地理解"中国故事"的美好之处。所以，"讲好中国故事"的关键并不是总结"中国故事"，而是如何让那些对中国语言、历史观和价值观都非常陌生的群体能快速理解"中国故事"。

（2）"讲故事"与空间锚定

既然依赖中国人熟悉的历史文本和时间线索来"讲中国故事"不太顺畅，那么从"空间叙事"入手，是否更有效呢？

对不了解中国历史文化的外国人来说，从地理空间的角度进入中国的自然历史故事，可能更方便；从现成的世界地图或数字地图进入中华文化讲述，更容易理解。根据个人偏好和理解能力的不同，还可以在人物、事件和成就等方面进行讲述，有所侧重。即使对普通中国人来说，这种方法也更友好，能把人们早已听说过的但可能似是而非的历史故事、人物轶事等"锚定"在一个确切的地理位置或区域内。这种"讲故事"的方法还能为已有的"中国故事"形成良性的互动系统，进一步丰富"中国故事"的内容。

数字时代人们的日常生活严重依赖手机App或电子地图一类的工具，这让"空间锚定"更易达成，甚至顺理成章：①让个人生活融入电子地图；②让实时地图与历史文化地图无缝对接；③进而让个人的日常生活与历史文化事件、自然环境变迁和名人事迹等在数字地图系统中叠加在一起。数字时代以前的任何国家、任何文明体系，都无法让普通人与历史文化如此贴近，这也再一次证明了中华文明之久远，在我们地图上的任何一点，都可能垒叠了丰富的自然和人文历史信息。

文化之间的互不理解，在本质上可能主要不是史实或事实的认定，而在于讲述的入口和结构。如果我们把尽可能多的"中国故事"都"植入"中国地图场景，就能让地图上的任何一点都能成为"讲好中国故事"的入口，这种方法听起来便具有吸引力。

当中国地图已经被"植入"丰富的"中国故事"，那么所有与地图关联的事物都将与"中国故事"关联起来。因此，教育、旅游、商业等领域也将被"中国故事"激活，让"中国故事"进入社会生活的各个领域和阶层；或者反过来说，各行各业的成果，也能顺畅地进入当代"中国故事"中来。

（3）"讲好中国故事"与"数字地图"

如果我们能够把博物馆中有关"中国故事"的事件、人物、遗址和文物等整合起来，将数字藏品"植入"中国电子地图中，必然使电子地图内的历史文化内容更鲜活、更有说服力。博物馆将成为某个藏品类别或某地区文化历史的集合体和收藏者，成为学习中国文化的必要"通道"。

"讲好中国故事"的"数字地图"：①能让学者们的研究成果不被埋没在"故纸堆"中，而是最大限度地被纳入地图中来，可以不断地被传播，从而持续产生影响；②内容的创作和输入过程，必须非常认真严肃，既要求学术严谨性，也肩负中华文化建构的历史使命；③在这个"数字地图"平台上学习和教学的学生和老师们，借助中国自然和历史文化的文本资料，进一步塑造当代中国人的"时空观念"，再一次强化中华文明的文化认同，增强中国人的凝聚力；④这个"数字地图"如果有外文版本，还能成为外国人了解中国文化的最佳入口和最好平台。

按照这个逻辑，博物馆展览中的一些现有方法（地图、沙盘等），既是这种数字地图表达的早期探索，也是其物质载体：①相较于拗口难认的古文献，地图、沙盘的说服力更强，也更容易打动民众；②在同一张图纸中，可以落位的史实、遗址和人物可以无限多，通过地图点位、空间位置，每一件细碎的历史痕迹，都跟今天的中国和中国人相关联。这样看来，我们每个人都能成为"中国故事"的讲述人，也是剧中人。

不过，虽然我们的想法很美好，在实施过程中，还是可能遇到很多障碍：①无法从具体的典籍中直接引用文献，古今地名常有差异，误解、误读都难以避免，所以前期工作庞杂，确认工作困难；②关于地图的史实和故事线索很难核实，易引发学术质疑，造成公众认知的混乱，甚至威胁博物馆的文化公信力。

这种障碍其实暗含着另一种工作逻辑：虽然数字地图会让使用者有极大的自由度和自主性，但地图上的数据，其实来自两套信息输入系统——一种是目前市场上常见的商业公司运营的数字地图（我们已经熟知）；另一种是基于专家论证认可的历史地理信息落位，这项工作耗时费力、成本极高，也突破了现有博物馆、大学和研究机构的行政边界，恐怕至为困难。但必须承认，其前景诱人，值得探索！

无论如何，利用现代地理信息系统，搭建数字地图平台，让中国历史文化和中国人的日常生活融为一体，把中国的自然地理和历史信息植入其中，成为全中国民众"讲好中国故事"的最可靠平台，这是中国文化史上的新尝试，恐怕也是世界历史文化史上的首创！

3. 现代博物馆的"物质性"和数字博物馆的"非物质性"

现代博物馆的"物质性"特征

现代博物馆的西方起源及"物质性"特征

世界各地的古代文明群体大多有收藏文物、古董、化石的做法，但通过收藏各种自然历史文化实物进行公开展示，并据此建构现代学科架构，却是从西方国家开始的。人们普遍认为，世界上第一座现代博物馆是牛津大学的阿什莫林博物馆，建成于 1683 年，而 1753 年建成的大英博物馆是第一座对社会开放的国家博物馆，影响巨大，成为后来各国国家博物馆的典范。

从一个更现实甚至更冷酷的角度讲，现代博物馆的形成和发展，跟西方资本主义社会的发展规律相应和。西方资本主义的发展大致经历了三大阶段：殖民资本主义、工业资本主义和金融资本主义。世界上最早的现代博物馆，都出现在殖民资本主义向工业资本主义的转型时期。因此，最早的现代博物馆出现在英国也绝非偶然！最早进入大英博物馆的藏品几乎都是战利品或从殖民地获得的。这些藏品来源的合法性与合理性一直遭受质疑，其收藏成本之低，是不争的事实。

因此，西方博物馆具有如下几个特征：

①全球化视角，既有科学家、人文知识分子的贡献，也有殖民文化的烙印。

②对文物藏品的物质占有，是现代博物馆存在的基础，现代博物馆的"物质性"特征与生俱来。

③当国家快速发展、积累大量物质财富且占有了大量自然和文化遗产以后，英国文化和政治精英们自然想到把这些物质藏品对公众开放：一来有助于本国民众的教育教化，二来也是展示大英帝国卓越成就的好机会。当然，随着博物馆工作越来越成规模和体系，它也成为大英帝国建立学术话语权和全球影响力的重要支柱之一，但其根本逻辑仍然是用"别国"文物教育"本国"民众。

④文物离开了本国、本土文化体系，被置于博物馆展厅中，博物馆展览和展品因此而具有"去时空化"。这种被抽离出原有文化体系的文物是"断片儿"的，展示方法也是"打卡式"的。这一方面可让文物被更好地保留或便于研究，但另一方面要求参观者和研究者必须重构文物与原生国家历史和自然环境的联系。

西方现代博物馆快速发展的时代，正是西方各学科快速发展和不断建构的时期。随着他们在经济和军事上的绝对领先，他们的文化观念也通行全球，全面影响了发展中国家的学术建构和评价标准，中国的文化界和博物馆界自然也深受影响。经过一条复杂绵长的线索：文物探索/获得→现代博物馆建设→现代学术体系建构→全球文化影响力推进……西方现代博物馆起源时的血腥和非正义，也因其学术成果之丰富、博物馆藏品之辉煌而被彻底抹去。

新中国博物馆的文化使命及"物质性"特征

对比西方博物馆和新中国成立以来的中国博物馆发展历程，就能发现中国博物馆从建立之初就与西方博物馆有本质不同：

①中国博物馆是收藏和保护中国文物的重要基地，因为有国家力量做支

撑，所以保护、抢救和研究中国文物，传承中华文化，一直是中国博物馆最重要的工作。因此，中国博物馆的"物质性"也是其本质特征，但这种"物质性"的来源跟西方博物馆截然不同。

②在新中国的公共教育中，博物馆的作用是逐渐提升的，用"本国"文物教育"本国"民众，自然而然、顺理成章，中国博物馆的文化传播不存在文物归属不清和文化认知错位，所以在传播中华文化方面，中国博物馆有天然优势。

③西方博物馆往往是有了大量藏品后，再成立博物馆或建设展厅，但中国博物馆往往基于国家和地区文化建设的要求，先有人员团队和建筑空间，再不断增加藏品。这个现象并未引发博物馆研究者的足够重视，但在数字时代，在建设数字博物馆的时代，这种操作模式可能有意想不到的收获！

④因中国的博物馆学和各相关学科的建设起步较晚，又受到西方博物馆学术体系的巨大影响，但中国的博物馆研究者们一直力图证明我们文化成就的伟大价值，两种不同的社会结构和价值体系很难融合，所以我们的学科建设总是处于摇摆之中，对中国博物馆的建设实务贡献有限。

⑤中国博物馆文物的"去时空化"特征也很明显，越是高等级的博物馆，其藏品的"原产地"离博物馆的距离越远。不过，好在我们的博物馆藏品即使离开了发现地，也还被置于中国人的文化版图和地理边界内，在展览空间和展陈方式的建构中，用当代学术成果和工程材料来"还原"古代中国人生活方式的文化理想被保留至今。

展览文化还是展览文物

虽然所有博物馆藏品都是自然或文化的物质载体，甚至承载着许多人至今未发现或并不理解的信息，但是在博物馆设计和参观过程中，我们到底是在观赏文物，还是在理解文化？

观赏文物和理解文化之间未必直接关联，二者的关联可能有多种途径：

①人们对中国历史文化的理解，必然有个体差异，参观展览时，那些能加深自己已有印象的文物，或被媒体广泛介绍的文物更有吸引力；而另外一些并不广为人知的文物，哪怕有丰富的历史文化信息，也可能观者寥寥。

②现场参观时，的确有些文物异常精美或造型奇特，人们往往为其外在形象所吸引，既可能由此而主动探究，也可能只是赞叹一番、看看而已。不过，千万别轻视这种"看看"，这种观赏过程本身就属于文化理解的一部分，我们称之为"文化熏陶"。这种由感官欣赏激发出的喜爱如果很强烈，并且还能汇集一处，多半就能达成"出圈儿"的效果。

③那些不太了解中国文化的参观者，对中国博物馆文物的理解，只能从形式开始，误读或意外发现都可能发生。这种现象其实还可以反过来理解，那些陈列着中国文物的西方博物馆未必按照中国历史顺序来陈列展品，他们只能强调展览的艺术性，而不能在历史和文化归属上着墨太多。而在此参观的中国人，当面对西方展厅和中国文物的艺术性时，还会联想到其历史性和文化性，内心感受必然更加复杂。

总之，文物观赏和文化学习之间的联系，未必那么紧密直接，展览的形式和观众的认识，都是"变数"。博物馆展览设计在本质上就是通过对文物及空间的操作，来对文化进行"阐释"和"传播"。不同设计团队，不同文化背景的团队，这种操作方式及内在逻辑，可能有很大不同。换句话说，博物馆展览设计中，因对文物和空间处理手法的不同，甚至影响人们的认知重点，进而"操纵"文化和文物之间的关联性。总之，博物馆展览设计，也是塑造中华文化共同价值观的重要工作。

数字博物馆的"非物质性"特征

数字博物馆的"文化生产"和"资源供给"

博物馆的实物藏品其实是自然、历史和文化的"物证"，而非文化本身。

任何人的文化学习和观念建构，都需要很长时间，在大量文化细节中不断锤炼出来。在中国的大众教育体系中，这项工作主要由学校来完成。而快速发展的中国博物馆界，各博物馆的青少年研学课程，其实是利用博物馆实物展品来继续学习、建构观念的重要途径。相应地，数字时代的博物馆对青少年教育也能发挥更大作用。当然，学校教育和博物馆研学教育的本质，都是在帮助青少年建构正确的人生"三观"（世界观、人生观、价值观）和完整的文化"三观"（自然观、历史观、社会观）。

因各种社交软件的发达，盈利模式日渐成熟和复杂。在弘扬中华文化的大背景下，很多人以为中国博物馆只要进入社交平台、借助自媒体，就能让中国文化得以迅速传播。这种想法恐怕太过简单了，完全忽略了三个重要事实：

第一，数字博物馆的数字文化内容，也有一个"生产"和"加工"过程，必须有团队、资金和较长时间的耕耘，才能不断"生产"出既有文化品质又符合传播学逻辑的"文化产品"进入媒体平台；如果仓促上阵，数字文化产品质量不佳，不仅不利于博物馆藏品推广，还可能拉低其文化价值。

第二，现有的自媒体平台，本质上还是"社交"平台，虽然某些内容的制作也有亮点，但自媒体发布者和发布内容，并不具有权威性，而是欢迎互动甚至充满戏谑的氛围。但博物馆发布的内容必须具有严肃性和权威性，即使有学术争论，也只存在于专业领域，而不应在"社交"平台上互相攻讦。自媒体平台的使用者和运营方都对权威性的学术争论不感兴趣，操作不当还可能引发不必要的舆论战。更何况，博物馆从业者无论对传播逻辑还是舆论管控都不太在行，没准还会招致没完没了的口水战，拉低博物馆的文化品质和公信力。

第三，无论过去还是现在，博物馆必须长期保持学术和文化上的权威性、严肃性和公信力。这是博物馆得以存在的基础，也只有这样才能与中华文化的崇高品质相匹配。因此，博物馆的数字化产品输出，绝不能太依赖既有的社交软件或搜索网站，而必须建设自己的平台，不断投放独立完整、正确可靠的数字信息或数字产品。甚至可以说，这是一个网络版的中国博物馆"大百科全书"。有了这个平台：①博物馆的专业资料更集中，专业讨论更开放，学术进步更快；②教育机构能方便快捷地获取可靠信息，用来组织教学；③如果有自媒体作者截取或制作视频等内容放到社交平台上，也至少在事实和史实方面有这个平台做依据。

总之，博物馆的权威性和公信力，不应被社交平台绑架，而应保持文化独立性，必须在"内容生产"上多下功夫，务求内容全面、真实、可信，而非内容火爆和点阅量大。学术性和公信力才是数字博物馆存在发展的基础，数字时代，这一点尤其重要！

数字博物馆的"文化复制"和"资源配置"

数字博物馆的快速发展将突破现代博物馆的物理边界，各种博物馆的文化产品或文物展览信息，只需极低的成本就能进入个人终端，人们可以随时随地进行博物馆知识的学习。这是以往任何时代都难以想象的事情，也是迄今博物馆服务公众的最有效手段。数字技术和大众学习热情，将让博物馆实物藏品的文化价值和博物馆信息产品分别进入两个轨道，各自发挥优势。这值得学者和管理机构认真研究。

博物馆数字化的内容至少包括：博物馆藏品、展览和研究成果的数字化①。当博物馆内容全面数字化之后，数字信息便可进入学校教育体系中，成为塑造一代代中国人共同价值观和文化观的基础。当然这些数字文化信息还有其他优势：

①中国各地的实体博物馆资源并不均衡，但博物馆的数字化信息，将能非常有效地弥合地区差异和家庭条件差异；②博物馆数字化非常利于建设终身学习型社会，不同年龄的人们可以根据自己的学习兴趣和工作内容而随时寻求可靠的信息支持；③中国人口基数庞大，未来还会在海外有更多的中华文化爱好

---

① 其实还包括博物馆的数字化管理等内容，但因与本书主题关系不大，未列入其中。

者，这个平台会让没有机会看到文物真品的人们，也能有机会深入了解文物信息及其背后的文化内涵；④平台的功能结构、使用方式和文化内容必须关注中国人的情感，有客观理性的学术视角，也须满足文化安全要求等。

随着中国各行业的全面数字化，以及数字技术和经济引发的产业更新、就业岗位的快速更迭，公共教育体系和教学方式可能发生颠覆性变化；而且这个变化的时间之快和变化程度之剧烈，恐怕远超我们所有人的想象。

还有，各博物馆的数字文化信息，最基础的来源是博物馆的实物藏品，而且随着实物藏品日渐增加和研究成果不断丰富，博物馆的数字信息还将稳步增加。这就意味着博物馆成为中国文化和中国故事的可靠"生产基地"。数字博物馆的"文化复制"和"资源配置"机制将有效打通博物馆的实物藏品库和信息数据库。

中国博物馆的"弯道超车"

我们可以把实体博物馆和数字博物馆看成是某一博物馆的线下和线上两个系统，这也是目前许多博物馆正在做的工作。而且通过博物馆线上数字信息的分类整理，还能进一步提升线下实体展览的品质和传播效果。在短短两三年间，中国博物馆的数字化建设已初见眉目。

然而，博物馆数字化绝不止于博物馆藏品和展览的数字化。实体博物馆和数字博物馆的最大不同，在于二者的运行逻辑不同。实体博物馆必然有边界，因此在藏品数量和文化内容上更确定，有时也更孤立。但数字技术的最大特点在于能突破边界、易形成网络。对中国博物馆来说，有一个国家级的"数字博物馆平台"，再与全国各地、各级、各类博物馆形成联动，才能把博物馆数字化的能量发挥到最大。

实体博物馆展览设计有点儿像舞台演出，总有前台、后台之分，展厅是前台，库房和研究室是后台，观众的参观过程有点像在舞台周边看表演。但数字博物馆中，前台和后台的划分并不这么明确，因为不同的功能模块可能有不同的内容提供团队、不同的用户群体和使用习惯。电子地图、展览平面图与实体博物馆的有效互动，将使中国数字博物馆平台和各实体博物馆共同形成多个信息入口、多个功能模块和众多展览专题。而各种博物馆文物、展览成果的数字成果还会不断累积堆叠，未来还能成为打造"中国博物馆 AI 系统"的可靠基础。

通过数字技术服务大众，在当代中国还有特殊意义。庞大的人口基数、丰富的博物馆文化内容、成熟的网络平台技术、经验丰富的线上运营团队，绝对会让中国博物馆数字化的成长迅速，最终将成为世界上首个规模最大的、最活跃的数字博物馆（群），我们可以称之为"数字博物馆的中国模式"。这个模式在技术、运营和文化组织方面将成为其他文化古国、文博大国的学习对象。

"数字博物馆的中国模式"将是中国博物馆"换道超车"的可靠途径和超越西方博物馆的现实保证，也是"讲好中国故事"的坚实基础。

4. 建构中国数字博物馆平台

为何需要建设中国数字博物馆平台

数字技术使信息传播的成本大大降低、速度更快，形式也越来越多样。对大多数人来说，博物馆文物、自然文化遗产的知识传播，借助数字技术的传播效果可能比现场参观实体博物馆的效果更好。就是说，数字媒体技术已经使博物馆文物藏品和博物馆文物信息发生分离，信息传播有自己的动力和轨迹，它对人们的观念塑造与实物展品相比力量更强大。

随着文化主题自媒体的发展，许多非博物馆专家的文化爱好者也参与文化传播中，有些大V的社会影响力甚至超过了博物馆和博物馆专家。这一方面方便了大众学习，另一方面也易造成知识点和评价标准的混淆。因此，必须有一个国家力量主导的中国博物馆数字平台，不断输出中国文物的"权威解释"、提供"学术背书"。现有的网络平台和自媒体主播，仍可继续经营自己的文化领地，但中华文化的叙事主轴，必须以中国博物馆的主流叙事方式为主，必须由国家级的数据库和发布平台来主导，目前这项工作已经甚为紧迫了。

通过数字采集方法对文物、古建和遗址进行信息采集，已经是各文博单位的一项重要文保工作，而且已积累了不少成果。这些数字信息其实也是文物藏品的一种形式，我们可称之为"数字藏品"。这种数字藏品，完全可以根据主题和目标的不同，而形成各种"数字展品"。数字藏品和展品，可成为国家数字博物馆平台的第一批基础内容；将这些数据汇集一处之后，将在文化传播、青少年教育和学术研究上做出极大贡献。

有了国家主导的、统一的、有公信力的数字平台，各实体博物馆才能心无旁骛地分享自己的文物数据，根据国家规定而获取经济收益或名誉成果，并在事实上形成全国各地博物馆文物和研究成果的实时交流互动，这对行政层级较低的博物馆和类博物馆尤为重要。数字平台能为它们提供足够多的学术文化支撑，甚至使各地相关的旅游休闲产业也有了可靠的文化出处。

同时，任何实体展览中若需信息交互服务，这个平台也能提供助力，也即这个平台可以成为各博物馆、各展览中常规"食物"的"中央厨房"。这在成本控制、信息准确性方面尤为可靠。当然，随着使用功能的增加和技术手段的进步，数字平台服务于展览和文化传播的方法会更多、更精准，也会催生更多的商业模式和文化产品形态。

建立中国博物馆数字平台的最重要目的是：重塑中国文化认同和中华文化价值观——这不仅是建设国家"文化自信"和"讲好中国故事"的需要，也是在媒介形式愈发多样、价值观愈发分离的数字时代下，世界上所有国家在塑造价值观认同、增加社会凝聚力时的可靠途径之一。

中华文化历史悠久、吐故纳新、代代传承，是与时俱进的文明系统，也正因为这一特点，在人类历史的古老文明中，只有中华文明传承至今、历久弥新。近几十年间西方文化的大举进入，使中华文化当代价值观难免受到影响，这不仅因为中国当代人文学科的建构方向缺乏共识而发展缓慢，也在于信息媒介对传统价值观的冲击。所以，我们迫切需要一种能凝聚起来的社会心理与文化观念的共识，而中国数字博物馆平台将是可靠而有效的抓手。从这个角度讲，中华文化价值观和文化认同的塑造，与中国博物馆信息平台的建构互为表里。数字平台建构和实体展览设计，也因此有了共同的方向且互相依托。

所有博物馆的首要作用就是对文物的收藏、整理和研究。在数字博物馆建设过程中，这项职能不是变弱了，而是更重要了：一方面，这是所有线上数据的源头，是学术研究和文化传播的起点；另一方面，一些过去并不经常展出的文物藏品也能随时出现在数字平台上，所以博物馆的工作量可能更大了。

中国数字博物馆的社会功能

整合博物馆资源，塑造文化共同体

中国数字博物馆的建设其实已经开始，各博物馆的文物信息采集，就是最重要的基础工作之一。然而事情进展并不顺利，因为没有统一的操作流程、成果标准和使用场景说明，博物馆自然难以组织工作和汇总成果。过去那种"先局部再整体""先试点再推广"的工作推进方法，可能不太适用。数字博物馆的建设应该类似于钢筋混凝土大厦，必须得有完整的结构、材料、施工规划和工程图纸后才能开始工作；首先要满足功能、保证安全，但每个房间的具体功能和装饰细节可以再逐步完善。所以，规划工作必须得在数字博物馆建设之前就基本完成，整体规划还得从多个角度入手、有多个评价视角，这样更利于工作的开展和成果评价。但这项工作仅依靠现有博物馆专家团队恐怕难以完成，依靠信息工程师或网络工程师也难以推进。而这两个专业团队的互相理解与协同工作，恐怕还需要不断磨合。

对博物馆现有文物的数据采集是数字博物馆建设的基础工作之一，甚至是中华文化基因库建设的重要内容，因此采集的方法和数据的完整性、正确性及数据库的安全性，都至为重要！所以，这些信息采集的数据入口，必须掌握在博物馆系统中，不得有被窃取和删改的可能。文物信息采集的具体工作，可由各博物馆基于自己的馆藏文物而完成，但文物信息的管理必须有国家级的博物馆管理机构、安全的信息技术与法律做背书。

这个完整、准确、安全的数字博物馆平台的能量和威力绝对会投射到中华文化的梳理和价值观的建构上。对学者和研究人员来说，这是个可靠、权威且友好的平台；对青少年教育来说，这是取之不尽的课堂教学和课外学习资源库，还有利于培养孩子们的自学习惯和学习兴趣。当中国的学术界、文化界、青少年和普通大众，都乐于使用这个平台的时候，数字博物馆平台将成为塑造当代中华文化、强化文化认同、延续文化共同体的最可靠途径和载体。有专家学者的保驾护航，有公平开放的学术讨论，有数据安全的管理保证，有文化部门的监督支持，我们的文化共同体甚至可能以数字博物馆平台的方式呈现出来。

这个国家级的、统一的数字博物馆平台，不仅自身力量强大，还能填补现有实体博物馆的不足，为实体博物馆的发展开辟新天地。这个平台将成为所有博物馆实物藏品、实体展和线上展的数据库，可以共同构成中国自然历史文化实物证据的数据库，且可随时查询某件文物的基础信息、收藏信息和研究成果，甚至某文化遗址的确切位置和研究进展……简单来说，相当于建构了一个中国文物、遗址和博物馆的"数字地图"，每一个点位都可链接实物藏品和丰富的自然历史文化知识点。当数字博物馆地图上布满了文化遗址、数字藏品和知识点，那么"讲好中国故事"的素材库，就丰富成熟起来了！

这个平台也意味着中国博物馆、中国文物和中国展品的边界，已经完全突破了博物馆的实体边界，而且还能突破博物馆的现有功能布局和行政边界。这将使一些基层博物馆和类博物馆找到明确的文化位置，成为地方历史文化的锚定物，与教育、旅游业的链接将更有着力点，基础更坚实。

服务实体展厅，推动展览革新

现有博物馆实体展览中，已大量使用了数字技术：①网络信息平台，线上订票，访客统计等；②基于二维码或手持讲解机的语音讲解，显然比特殊聘请的讲解员更方便；③现场的查询交互设备能延展展览相关信息；④博物馆空间中的沉浸式体验，也已成为讨论重点，数字技术的介入自不待言。

当然，实体博物馆展览对数字技术的使用，绝不会仅限于这些领域。

目前的博物馆展览和实施，仍然以服务实体展览为重心，但随着数字技术的引入，数字藏品和线上博物馆的发展将非常迅猛。线上展览和线下展览的发展逻辑、发展动力、传播手段等各不相同，二者可各自独立运行，也可互相支持，必然引发更多样化的展览或文化传播模式，形成更多样化的观展文化体验。新的传播模式甚至可能链接的商业、传媒模式，还会催生新的展览模式、文化产品或商业模式。

服务教育科研，构建知识图谱

数字博物馆可以通过免费或付费的方式，服务专业学习和研究。研究成果须经过学术圈的评议和认可，再进入这个平台。如果这种做法能实现，将非常类似于一个博物馆领域的"中国知网"，而且比"知网"信息的专业性更强，还可运用更多样化的信息形式（动图、动画、图纸和音视频等）。如果有了这个平台，专业研究成果既便于积累和查询，传播效率也更高，特别便于培养学生和年轻学者的成长。

学术界经常对同一个问题有多种研究角度或多个观点。这种情况下，互联网的优势更明显，可以同时呈现若干种研究路径和学术成果，只要内容完整、逻辑关系清晰，就能被纳入平台，供专业学习讨论。在这一点上绝对完胜以往的任何信息系统。对于一些不适合被大众了解的信息，比如涉及商业机密或国家安全的内容，还有一些可能引发公众认知混乱的文化内容，可暂缓发布或借助信息技术只允许部分人员查询或下载。

对青少年教育来说，这个平台再好不过，几乎能与所有的中小学教学内容相呼应。一旦平台建设完成，真正的难题就转给了教师群——如何使用这个平台查询信息、制作课件、组织教学和课外活动，甚至指导学生如何在这个平台上自学或求助专业研究者，恐怕都是学校老师们的工作。在这个过程中，学校教师成为数字博物馆最重要的"粉丝"和"质检员"，也成为中国博物馆和中小学教育之间的最佳联系人，经过他们的努力，义务教育中的每一位中国学生，也被带入和拉进了这个平台。当然，为达到这个目标，无论是平台建设、博物馆运营和培养教师的道路都很漫长。

数字时代的人们，一生的职业变动概率更大，终生从事大学专业的人口比重将越来越低，因此继续学习、转行或深造，将成为中国就业人口的普遍要求，这必然对大学教育、中专职业教育体系有更大量、更多样、更复杂的要求。在此过程中，实体博物馆和数字博物馆也需发挥作用。还应注意到，随着中国科学技术水平的整体提升，科学技术类博物馆的数量将快速增长，这既有科学知识传播的社会要求，也有中国现代科学技术史、工业发展史研究成果推广的内在需求。

终身学习的三个重要支点是：产业（技术、人才）、学校和博物馆。比较而言，产业和学校的边界更清晰，都有一套自己的操作流程和评价体系。但比较而言，博物馆体系相对宽松，可随着前两者的要求而不断变化。

当我们把数字博物馆、数字化教育和科研体系整合起来，将能共同建构中国人的"知识图谱"，其前景之远大已超越人们目前的想象力。

中国海外流失文物的"数字回归"

每当我们谈到流失海外的中国文物时，不免唏嘘，也为其回归祖国的遥遥无期而无可奈何。

　　首先应该明确，今天世界上通行的关于文物收藏归属的基本原则和操作惯例，都不是古老文明国家制定的，而是那些掠夺者制定的，甚至那些掠夺别国文物的强权国家通过国内立法或议会决议，就能认定占有他国文物的合法性，还据此形成了国际法规和国际惯例，因此当他们拒绝归还文物的时候，还能找到国际法做后盾，竟然还占据了"道德制高点"。因此，中国流失海外的文物，几乎不可能在这个体系下全面回归，甚至这些强权国家还可能拿着手里的中国文物而跟中国政府谈条件。西方现代博物馆的起源，在很大程度上源自对这些文物的占有，甚至一些动物与植物的标本，也来自当时的殖民地。几百年间，他们通过对文物研究成果的发布，甚至成为某种古老文化的研究中心，古文化发源地的民众和文化界反而处于失语状态，例如大英博物馆是亚述文化的世界研究中心，而今天的伊拉克在相关文化研究上，反而难有作为。

　　那么我们是否能听任这些文物长久流落他乡，一如过去的百年间一样呢？当然不能！这些流失海外的中国文物，即使不能全部回归，其中的大部分也应该回家。为何必须如此呢？

　　第一，如果中国大量文物精品流失海外而无法回国，如何能证明"中华民族伟大复兴"？如何能让我们真正树立"文化自信"？第二，国外的社会文化环境愈发动荡，随着西方博物馆经费投入减少，文物的安全、收藏条件愈发令人担忧，哪怕只是为了安全，文物回归也是必须的。第三，国际局势正处于急剧变动中，各文明版图不断挪移，都在追求自身文化的伟大复兴；那些代表各自祖先文化荣光的文物，必然会有回归各自国家和文化群体的那一天。当然，全球正义追索和大国协商是必要过程，我们拭目以待！

　　在全面达成文物回归之前，我们应该努力采集这些海外流失文物的数字信息，纳入中国数字博物馆平台，让海外文物在真正回归之前，先完成"数字回归"。在与西方国家的经济科技竞争与合作中，博物馆文化交流正成为中外文化交流和中国外交工作的重要内容，而海外中国文物展和数字文物的交流，也逐渐成熟。在这里，我们提倡：数字藏品保真求真，数字展品求全求多。在海外文物"数字回归"之后，展览设计就可以跳出实物限制，用虚拟技术补全或重构场景，通过沉浸式体验全面呈现中华文化的特定时空场景；此后，随着数字和实体文物的回归，这个场景又将会让古往今来中国人进一步形成情感共振。无论如何，对中国人来说，能在中国数字博物馆平台上看到流失海外的中国文物，既能不断丰富我们的文化研究成果，更让当代中国人充满时代自豪感和国家荣誉感！

中国博物馆的"数字出海"

在塑造现代文明大国新形象时，中国博物馆担负着特殊的、无可替代的职责：展现中国古老灿烂的文明，呈现中国当代文化科技成果，表达中国人民的友好与热情。

中国政府已经意识到这项工作的重要性，但在操作中也有现实难度：①现代博物馆在主题、内容和藏品上各有优劣，但针对某个国家或地区，任何博物馆都难以有效调动全部资源，也未必能有效地回应国家对此类展览的要求。②实物藏品频繁或大量出境，不仅很危险，还会影响国内民众的参观，一旦在境外遇上突发事件，我们的文物安全堪忧。③实物藏品无法长期在外展览，即使能短期造成舆论热点，却难以保持长期影响，因此这种做法不具可持续性，难以推广。④即使没有任何意外，实物藏品的出境、运输和保险等费用成本也极高。如果由对方国家付费，一定会让中国政府和民众的好意大打折扣；如果中国政府付费，当境外展览数量增长后，将是极大的资金负担，而且文物安全压力会越来越大，也难以推广和持续。⑤当中国的友好国家越来越多时，高品质的中国文物送到哪些国家，展出的时间长短，先到哪里、再到哪里，都可能涉及外交礼节和国家形象，操作不当反易引发龃龉。

我们的数字博物馆平台，将能在最大限度上解决这些问题，从而减少麻烦。依托数字博物馆平台，可根据国家地区或文化主题，选取多个博物馆的数字文物，组织数字展览，借助数字设计和生产流程，还可快速简便地搭建展场或展馆。通过图片、文字、音视频演示、沉浸式体验或数字互动模式，对中国文物和文化有更全面完整的呈现，甚至可与中国各地的博物馆有数字交互和实时场景呈现。毫无疑问，这种解决方法能让博物馆文化资源的调配更集约，展览组织更高效，经济成本更可控。随着文化内容不断丰富和数字技术不断迭代，数字展的艺术体验效果还可以不断升级。所以，中国博物馆展览的"海外版"，应以数字展为主，有特殊需要时，再配合实物展品。当然，"海外版"展览的基础数据、呈现方式和主题表达等，均可与"国内版"有差别，进而逐渐形成学习中华文化的海外数据平台。

数字博物馆平台另一个潜在的优势是：中国较高水平的数字通讯技术、制造业和国际物流能力，也被凝聚在一个文化主题的实体场景中，古老文明、先进技术和展览内容的"数字出海"融为一体、共同呈现，将给海外民众呈现一个完整的当代中国形象，高效而优质地达成展览目标。如果在此平台上，还能展示其他友好国家的文化艺术成果（为其他国家举办数字博物馆展览），是否能成为中外文化交流和人民友好交往的新途径？

中国博物馆"数字出海"的背后还暗含了一层逻辑——这种方式有别于西方现代博物馆，为数字时代博物馆发展的新趋势提供了一套"中国模式"。因此，中国博物馆的"数字出海"，必将是"讲好中国故事"的重要一环！

文旅融合的现实抓手

博物馆和类博物馆与文旅产业应有效融合，几乎已是社会共识，然而至今成果有限。主要问题在于：其一，中国的博物馆基本隶属各级政府，在与文旅产业的商业合作中，各种实施细节受限颇多；其二，旅游业有自己的发展规律，它在商业逻辑上并不需要博物馆，但当旅游业竞争加剧，为了增加文化元素、提升文化品质，旅游业才会寻求"文化内涵"，这其实也是中国各地旅游业升级的内在要求。

虽然"文化"和"旅游"在国家的行政体系中合并了，但主要从业者的工作范围和工作内容有很大差异，而数字博物馆平台将有效托起两个工作群体和产业链条。平台上的内容建设主要依赖博物馆及相关专家，而服务于旅游业的工作团队可以在这个平台上寻找文化亮点，遵循旅游业的运作逻辑而将文化内容嵌入各种旅游休闲项目中，甚至随着文化内容的丰富和文化研究的加深，旅游产品的开发还将注入源源不断的新鲜血液。

前文曾经多次提及数字博物馆的"空间"认知特征，这在客观上能使历史遗址、文物藏品与中国数字地图无缝连接，而数字地图又可与景点定位和交通导航直接关联。假设把数字博物馆的相关数据导入数字版的旅游地图，自然能丰富地图信息、带动本地旅游，而且能给旅游项目增加坚定可靠的文化内容，文化和旅游在数字地图上的"叠合"，将引发更多的基于旅游业的文化衍生内容。

通过数字博物馆和文旅平台的链接，人们还可以在旅游休闲和文化学习之间游走，用户体验更好，旅游业的从业者也能放心地从事旅游开发项目。而且通过对数字博物馆文化内容的严格把关，还能在较大程度上杜绝歪曲中华文化的文旅项目出现。

无论是博物馆的文创产品，还是旅游纪念品，在这两个平台上可以同时发布或关联经营。在数字博物馆时代，文创产品既可能是实物产品的线上销售，也可能是数字产品的线上发布和销售，因为有数字交互和电商模式的支持，颇具个性化的定制、订购产品也将更加普遍。

建设中国数字博物馆平台

建设中国数字博物馆的先天优势

数字技术正全面渗透进中国人日常生活，它将彻底改变中国博物馆的传播模式、展陈方式和人们的观展习惯。

中国文物藏品的信息采集工作其实早已启动,但其工作程序、成果要求、权益归属,甚至资金来源和数据安全等方面的要求并不明确,所以还难以全面推广。现在各博物馆的官网建设和内容更新,几乎已是现有博物馆数字化工作的上限了,毕竟他们最擅长的是文物的整理研究,而不是数字技术和媒介的应用。建设中国数字博物馆,几乎已成各界共识,但因其专业性强、涉及专业广,内容又庞杂细碎,绝非民间机构能够独立完成。所以,这项工作的主力军一定是国家的各级各类博物馆,但各博物馆只能对本馆藏品信息进行收集发布,又无法主导国家级的数字博物馆平台建设,所以如果想完成这项工作,必须有国家层面的整体规划,重点博物馆担纲工作,聘请目标用户体验试用,不断优化工作流程,再向全国博物馆广泛推广;相关的版权、科技、运营等工作都得持续跟进……只有这样才能在操作层面上聚拢国家、博物馆、专家、民众和相关专业团队,完整快速地建设数字博物馆平台。这是中国的制度优势在文化建设领域的又一项重大贡献!

建设中国数字博物馆的行政框架

任何数字平台的搭建都不可能从局部开始,而必须先有平台架构的总体设计,再初步搭建起平台,满足基本功能,请内容提供方提供内容,吸引用户线上使用,再根据各方需求不断进行内容建设和结构调整,从而使平台的功能和技术再被优化和细化。

那么,谁应该成为平台搭建的主体呢?最好的办法就是,国家级博物馆的管理机构来主导工作,同时平台搭建和后期运营必须是独立的、专业背景全面的、市场运作的非营利机构。这个机构的工作原则如下:

①这个机构的博物馆信息建设,应受到国家文博管理机构的指导,保证专业信息的准确和完整;②必须在技术、行政和专业等多途径上保证信息安全,不得流失或被篡改,解决好信息交流和使用中的版权归属和收益分配;③与国家旅游和宣传部门协作,平台可为其他文化、教育和旅游事业提供有偿或免费

的信息服务；④市场运营模式可借用其他信息平台的现有模式，但不得损害或混淆文化内容；⑤平台可接受企业捐赠或栏目广告，类似电视台的运作模式，但需经过公司管理层的文化形象评估和政府主管部门的原则认可；⑥公司工作人员的聘用和管理方式，可参照国企运作的一般方式。

总体说来，平台的建设和运营逻辑有点像国家电视台和媒体机构——既有市场运作要求，也必须遵守国家法律和行政管理规定。这项工作的确并非现有国家博物馆管理机构的长项，但经验可以借鉴，至少可先在一个"国企"框架中开展工作。

中国数字博物馆的平台功能

有了这样的数字平台，不仅让各博物馆提供的文物、展览信息和文化成果有了完整的数据库，而且随着众多参与者和工作的深入推进，这个数据库会不断成长。这个时候，中国特有的行政管理体系可能会引发意想不到的效果：

①在既有管理模式中，国家主管单位缺乏现实"抓手"来推进博物馆内容的升级和代表国家形象的博物馆内容输出；而受主管部门指导的数字平台，则能既直接服务各博物馆，又可通过对数字信息的管理编辑而不断"生产"博物馆文化产品，服务国家和民间的各种文化需求。

②国家对各博物馆发展方向和品质升级的要求，可以通过平台而有更具体、可量化的指导，让博物馆的基层工作更务实；反过来，各博物馆的具体需求和成果情况，也能在更公开公平的体系中，接受行业内外的审查和评价。因此，依托这个数字平台，国家对博物馆的管理、平台对博物馆的服务、公众博物馆数字资源的使用，都将得到全面提升。

平台不仅可以配合实体展览发布线上展，还可单独策划举办线上展和线上活动，尤其可以突破各博物馆的藏品限制而形成国家特色展。比如"中国青铜器艺术展""中国陶瓷艺术展"，可以集结全国甚至全世界的中国青铜器藏品和中国陶瓷精品进行线上展览，吸引人们线上观展，还可为各线下博物馆做宣传，吸引参观者。

同时，博物馆领域的一些研究成果也可配合杂志社、出版社在平台上进行网络发布、快速分类和专题专人推送。成果可有多种形式，文字、图片、动图、音视频均可，还可提供免费或付费下载……总之，平台非常利于学术信息的汇总和查询学习，这对学术发展的长远影响将是以往学术平台无法比拟的。

既然平台策划组织的展览和学术成果都可有线上线下两个发布途径，而且完全可以超越现有的博物馆藏品边界和博物馆行政层级，那么许多博物馆正在举办的"大讲堂"课程或文化推广活动，也可以在网上开展，也能突破地域、专业和专家背景的限制。等到实际操作时，这些课程和活动既像博物馆界的"百家讲坛"，又像国际大学的"慕课平台"，而且就操作流程来说，只要依循常规做法就可完成。但如果没有中国自己的数字博物馆平台背书，各博物馆"大讲堂"的影响力、持久性和权威性就会大打折扣。在这个模式中，所有博物馆的"大讲堂"不仅是自己的文化成果输出，也可成为数字博物馆平台"大讲堂"的备选资源库。精品课程和优秀教师可进入国家级平台，反过来还能进一步提升原博物馆的影响力。这对于学术内容来源的稳定性和各博物馆积极性来说，都更有保证。

开发中国博物馆的数字产品

中国数字博物馆平台不仅有学术、教育和文化传播的功能，还应与博物馆的数字产品交易平台相链接。而且因为文化产品的特殊性，这个交易平台也必须具有权威性，在追踪或计算数字版权的时候，甚至要求唯一性。

何谓博物馆的数字产品呢？简言之，数字化的博物馆文化成果和中间产品都属于此类，包括：

①可下载或编辑的博物馆文物的数字版本，必须根据国家标准进行遴选，比如何种文物的哪些信息（图片、文字、3D模型、物理化学成分等）可以在平台上分享或交易，而且发行数量、发行范围等也应有规定。②所有数字出版

物（专著、论文等），都是现成的数字文化产品。③艺术家或设计师具有原创性的数字艺术品发布、交易、版权保护也属此列，还可以在平台上举办数字艺术品展览，包括音视频类和交互体验类。④根据博物馆数据或其他艺术家的数字产品，再次创作的作品，可以再次回到平台上进行发布、展示或交易，因为平台的唯一性，能非常方便地确认版权归属，也便于分配市场收益。⑤设计师、艺术家和博物馆的数字文件，可以用于一般的实物文创产品生产中，比如服装、茶杯、丝巾等常规制造业的图案、花纹和造型的数据也可在平台上销售，而且这些产品的设计版权也能获得平台保护。⑥平台还可以提供设计师和艺术家资源，帮助各博物馆开发数字艺术品或实物文创产品。⑦一些乐于投身文创产品生产的制造企业，可以直接从平台上获取订单。平台作为文化、设计和制造业的"中介"，其潜在价值不应被忽略。⑧依托数字平台发布的数字产品，其版权保护方式可能与现行版权管理方法不同。数字时代版权的收益分配方式，依托算法和算力的支持，因此可以越发多样化或碎片化，而不再简单地依据一次性版权交易而确定。具体细则还需要法律专家和网络专家们进一步讨论。

本书不主张使用NFT来指中国的博物馆数字产品和艺术品，主要原因有：①美国的NFT艺术品，主要是数字技术和资本运作的结果，中国博物馆及相关艺术创作如果固守这个架构，将无法有效保证文物的信息安全、艺术创作的版权和投资者的资金安全。②NFT作品从创作完成到销售收藏的链条太短，作品类型太单一，只利于快速获利，而不利于争取更多艺术家、博物馆、生产制造企业和普通消费者的广泛参与，更无法保证文化产业撬动实体产业，显然不适合中国的产业政策、文化导向和消费心理。③NFT的创作模式和版权分配方式不合理，即使在西方国家内部，NFT的社会文化形象也有瑕疵，不宜在中国进行推广。

5. 重新认识博物馆实体展厅的精神价值

作为"神庙"的中国博物馆实体展厅

中国博物馆和中国人的博物馆

世界上许多国家都有自己的国家博物馆，或者相当于国家博物馆的重要博物馆，但像大英博物馆、大都会博物馆这样的世界著名博物馆中，大量展品都不来自于自己国家的历史文物。虽然他们的博物馆学和关于历史文化的研究大多成果颇丰，但其文物来源的不正当性，已经越来越成为世界各国尤其是文物流出国家人民的指责对象。

所以作为中国人，我们应该非常珍惜在中国博物馆中的参观体验。我们在这里看到的文物展品，都是我们祖先留下来的，记录着中国的历史沧桑和自然变迁，展现了中国人的精神世界和造物智慧。展览的主办方、设计师和参观者，在中华文明的历史认同和文化认同上完全一致，这些文物和古迹既是中国历史的坐标点，也不断强化着中国人共同的价值观。

中国的博物馆、中国人的历史观和中国人的情感是三位一体的！中国博物馆的最大作用是告诉中国人：我们是谁？我们是从哪儿来的？我们是怎么来的？人类历史上的许多古老文明，他们的后人并不能像我们这样幸运，能够独立自主地研究自己的历史和文化。

实体博物馆与中华文化"神庙"

前文已多次提及，关于自然、历史、文化、艺术的所有"知识性"内容，都可脱离实物而传播，只要有书籍、教师和学校就可以了，不然便无法解释为何我们的历史知识主要是在学校历史课上学到的，世界各地的美术学院都能在教室里讲述文艺复兴时期的经典作品……当然，在数字互联网时代，图文、音视频文件的制作成本骤降，传播极广泛，这在客观上进一步降低了"知识性"内容的学习成本。

因此可以说，学校教育和博物馆的社会功能都受到了互联网数字媒介的挑战，但这恰恰也是博物馆精神价值回归的重要契机！

博物馆都会有一定数量的实物藏品，大型博物馆的藏品还甚为丰富，藏品数量和类别也在不断增长；博物馆或类博物馆还会有自己的建筑和展览空间，有时建筑造型还会成为城市标志或网红去处，能激活城市的文旅活动；除行政管理人员外，博物馆中一般还有研究员，并有一个专家"朋友圈"，以收费或义务工作的方式参与博物馆的各种文化活动。

当博物馆的"知识性"传播内容基本可在数字博物馆平台上完成时，博物馆的社会功能甚至文化形象都可能转向：

第一，博物馆首先是"文化守门人"或"文物库管员"，这既是博物馆的文化使命、历史使命，也是对自古及今的全体中国人的承诺。

第二，对比可无限复制的数字文物时，实体文物所承载的历史文化信息，绝非数字文件能替代；而且随着数字传播的广远，当更多人了解到某件文物藏品或某博物馆之后，到现场来的参观者在文化素质和艺术趣味上，可能跟展览内容和展品品质更匹配。也就是说，关于博物馆展览展品信息的数字传播，可能并不会"抢走"现场观众，还可能增加，至少会对观众的需求和品质有一个分类分层过程。对博物馆来说，这还真是意外之喜！

第三，博物馆研究员与大学和科研机构里研究员最大的不同，并非学术专业问题，而是他们能最近地接触实物藏品，而这些藏品本身承载的各种已知未知的文化信息，在研究者眼中都是至宝！博物馆研究员可以根据这些实物藏品不断输出智力成果，"生产"出论文、书籍、讲座等"文化产品"；随着实物藏品的不断丰富，他们的研究总有源头活水，学术成果也源源不断。在数字时代，博物馆的研究员们可能会迎来事业发展的高光时刻，他们的研究成果既可纳入数字平台，又在线下极具吸引力——在一个社会生活全面数字化的时代，他们似乎是连接实物藏品和数字信息、联系古代中国和当代中国人的"通灵者"，甚至他们的研究过程本身都值得仰慕。这些基于实物藏品的研究成果可被视为"文化原浆"，它们本来是非常严谨的学术成果，但如果稍加拣选或编辑重组，就能成为中小学教材、科普视频和自媒体创作的重要内容，其成果的丰富性和持续性，值得期待！

第四，如果博物馆的"知识性"信息可超越博物馆展厅而存在，那么博物馆建筑和展厅的重要性是否会降低？或者相对降低？分析这件事的时候，可能需要转换一下思路，如果数字博物馆平台建成之后，实体博物馆的参观人数不会减少，针对博物馆展览参观者的文化水平可能更加整齐，因此哪怕只是从服务民众的角度看，博物馆的建筑和展厅面积也不应削减。当人们怀着对中华文化的敬仰，在进入博物馆展厅之前已对展览展品有了较多了解，他们的参观逻辑则更像是——进入文庙觐见圣人的学子，进入寺观参拜真神的信徒，进入宗祠祭拜先祖的后辈！因此，数字时代的中国博物馆被视作中华文化的"神庙"，而其中的所有实物展品都如同"神像"或"法器"。古代中国人对文庙、寺观和宗祠里的圣人、神仙和祖先的了解，都是通过典籍、学堂、经卷和族谱来实现的；而今天对博物馆展览展品的了解，可以通过纸质或数字媒介来得知。总之，无论是古代的文庙宗祠，还是今天的博物馆展厅，都不是最重要的知识文化的学习场地，而是精神观念的提升场所。当我们把实体博物馆视为中华文化"神庙"之时，必然对博物馆的建筑、展览空间设计的要求更高，更追求精神性和艺术性。

按照这个逻辑，数字博物馆平台不仅让知识的传播更便捷、更广阔，还让实体博物馆和实物展品回归到它本来的精神价值和历史文化价值。人类需要情感归属和文化归属，在日益富裕的中国社会中，这种需求会越来越强烈。对热爱自己悠久文化的中国人来说，博物馆"神庙"可以用来打造当代中国人的精神家园，成为安抚情感、净化心灵的好去处！

博物馆实体展览的学术性和大众性

服务"民众"还是服务"文化"？

谁是博物馆展览的"目标客户"？这曾是无须讨论的话题，因为无论是国家要求、民众希望，还是专家观点，都自然而然地认为，博物馆必须为中国的普通民众服务。因此，博物馆每次举办展览时，在展品选择、展陈大纲和展示方式上，都得花费大量时间、精力和资源，希望能吸引大众，把展览内容做到通俗易懂，展陈方式喜闻乐见。然而，无论如何努力，博物馆主办方和展览设计师都无法尽善尽美，大多数观众仍然不会按照专家们预设的方式去理解内容，甚至常常提出意外或古怪的问题。

假设我们把每一场展览都视为一项"文化产品"，必然存在某些产品更适合某类人群的情况。即使是同一文化主题，面对不同的参观者，其讲述方式、讲解角度、内容深度等都能有很大不同。即使我们无法做到像常规产品那样，同一种产品有多个品牌、型号和价位，但博物馆展览的主办方也得重新思考：博物馆每项展览的"目标客户"到底是哪类观众？

其实这里还有一个更深刻的问题：中国博物馆的展览到底应服务于民众，还是服务于文化？前面提到"文庙""寺观"和"宗祠"的比喻，在此有了新的意义：博物馆展览承载的历史文化和艺术形象，是否正在寻找"有缘人"，并引领这些"有缘人"成为中华文化新一代的"传承人"和"传播者"。当数字博物馆的内容越来越丰富，大众获取知识越来越方便时，实体博物馆服务"民众"的作用正在减弱，而越来越转向服务"文化"！

"大众版""粉丝版"和"专家版"

针对任何主题的展览，我们都可以把观众简单地分为三类：大众观众、粉丝观众和专家观众。这三个群体的人数比重和对博物馆展览的理解程度都不相同。

人数最多的肯定是"大众观众"，他们一般对展览的主题、内容并无明确预期，参观之前也鲜少会做预备功课，因此观展效果一般。但大众观众之所以选择进入博物馆，而不是公园、茶楼或商场，说明他们对博物馆的文化环境有一定预期。比较常见的情况是家长带孩子来参观，希望孩子能了解一些中华文化和科学知识。这是一类体验"中华文化"的"入门级"群体，他们最需要的并不是具体的文化内容和知识信息，大量的知识讲解可能反而招致反感，文化传播效果会打折扣。所以，"大众版"的博物馆展览应该更强调文化氛围和艺术品质的铺排。

"专家观众"一定是人数最少的一群人。他们要么被请来作为博物馆专家顾问，要么就早已对展览内容有充分了解。他们进入展厅的重要动力在于，想亲眼看看或再仔细观察某些文物。当然，专家观众还会对展品的介绍文字、陈列方式和摆放位置等提出许多不同意见。因此，展览现场的确是专家们进行学术探讨的好地方，但常常也会让举办者和设计师们惴惴不安，因为难免会碰到对展览不满的老专家们。所以，"专家版"展览更关注内容以及形式的正确性和完整性，而专家们最为看重的细节内容，或许与大众的关注点毫不相干，也或许难以用设计语言表达出来……

在大众观众和专家观众之间，还有一个群体，可称之为"粉丝观众"。粉丝观众大致包括如下几类：①与展览主题相关的各专业大学生、研究生和年轻学者，现场观展将对他们的专业学习和研究大有裨益；②跟着学校老师或研学课程来参观学习的青少年，无论本人还是教师，都会对展览内容有较充分的前期准备；③无论哪种选题的博物馆展览，都会吸引资深爱好者，若时间和场地合适，他们大多会亲自来现场观展，即使无法到现场，也会是线上展览的热心观众。如此说来,"粉丝版"展览才是实体展览最重要的"目标客户",这个群体数量有限、要求更集中,对展览内容有预备知识,对文化学术内容非常欢迎。

虽然我们可以把展览观众简单分为三类,但这三类观众绝对不能以学历、年龄等来简单区分。比如,一位中文教授,在观看古生物展或科技展时,最多是粉丝观众,但在文学馆中,绝对是专家观众;一位年轻的桥梁工程师,在大多数历史类展览中都是大众观众,但参观中国古桥展时,则应该是专家观众。

实体展览能否满足所有观众?

人们通常有一种错觉,博物馆中的各种文物藏品,虽然我们"看不懂"——不理解其内涵——但如果有人用我们能理解的方法讲述给我们听,我们就能"看懂了"——这可能是个天大的误会!任何学术领域都有资深研究者,很多专家研究了一辈子都不敢说自己"搞懂了"。参观一场展览的短短几十分钟内,如何能让观众真"看懂了"呢?也有人会说,如果我不要求学得很深入,只是泛泛了解,是不是就可以了?更何况,每个博物馆都有优秀的讲解员,他们也不是专家,却能把展品或文物的故事讲得那么精彩,又如何理解呢?

这就比如人们听课的时候,如果"听不懂",通常并不是因为语言多么深奥,也即即使教师说大白话,但如果听课的人并没有相关知识储备,不理解专业逻辑,恐怕也"听不懂"。而且,越是专业性强的内容,对知识储备和逻辑复杂度的要求就越高,这绝对不是"外行"和"大众"通过简单讲解就能"听懂"的内容。因此,真正的文化学术理解,很难短时间达成。而博物馆讲解员,一般说来并不是按照"学术逻辑"来讲解的,而往往通过大众能理解的"生活经验"来展开;甚至其讲解的内容也常常不是学术内容,而是历史故事。人们觉得自己"听懂"了,其实也只是了解了一些从前不知道的知识点,感觉自己离文物更近了,并没有进入真正的专业逻辑。

事实上，博物馆专家们的学术成果很难直接转化为大众讲解语言，也无法直接转化为展览设计语言。如果直接用文字呈现，会让观众们感觉索然无味，既不符合空间叙事逻辑，也不利于文化知识的传播。

如此说来，中国博物馆展览作为"讲好中国故事"的重要途径，是否有机会能在同一个展厅内同时满足"大众版""粉丝版"和"专家版"的要求呢？这事儿真值得一试，基本原则如下：①注重展厅环境和空间氛围的营造，让所有观众都能通过形式和形象语言，而迅速感受到某展览主题的精神气质和艺术特征，这种展厅环境对"大众观众"尤其友好；②善于运用多种数字技术，便于"粉丝观众"和"专家观众"都能在展览现场了解更丰富的信息内容，更好地观赏实物展品；③若条件允许，在展场内或就近举办相关学术研讨会或专家大讲堂，这样学术品质、展览效果和传播效果都会更好。

从情感到价值的展览空间作用机制

实体展览空间的设计目的是让文化身份得到形式表达，让文化内容得到传播，让所有参观者都能沉浸在借助实物展品营造的精神场景中，让大众心灵得到净化升华，让粉丝学生们观摩实物，让专家学者们自由交流……

如果我们把博物馆展览空间的设计营造作为研究对象就会发现，所有的展览设计都必须回答一个基本问题：如何理解展览主题和主要内容，并将其形式化和系统化，便于表达知识要点和观众阅读理解。因为展览设计得通过造型元素和物质载体来表现文化内容，所以设计过程也是一个"转译"过程。

展览空间中的文化体验过程有点儿像交响乐的欣赏过程：从感官开始，通过声音触动情感，当人们有共同的熟悉声调曲调，就会在听众之间达成舞台上下的情感和精神共鸣，进而达成一群人在艺术上和文化上的共同认识。既然数字化时代的实体展览可比拟"神庙"，有着类似文庙、宗祠的精神作用，展览设计和空间营造手法就必须有所侧重，必须有新追求、新手法和新标准。我们可以把展览空间的"作用机制"简单地分成四个步骤：情感共振、心理认同、价值认同和文化传承。

步骤一：情感共振

形成情感共振，是实体展览设计的最重要目标之一。当然，情感共振的达成，需要几个前提条件：第一，展品或展览空间的设计必须艺术性强，艺术体验往往有跨文化特征，中国人观看国外展览，或外国人观看中国展览，都可能被展览或展品的艺术性所吸引；第二，展览空间的气氛营造必须有特色，能让观众置身其间便融入了某种神秘、喜悦或凝重的氛围中，与展览主题或文化理念必须吻合；第三，如果一些不起眼的展品，却与中国人熟悉的人物或事件紧密关联，一定能瞬时间引发人们的历史文化联想，调动丰富的情感体验，如伟人的手稿、烈士的遗物、不平等条约的签署档案等。而这种情感的形成是有"文化门槛"的，能够帮助一般观众越过门槛的，要么就是观众自身的知识积累，要么就是学校教育的成果。

当人们置身于某一展览空间中，对某个展品、某段视频深有触动时，往往会主动跟一起观展的朋友交流体会，即使是陌生人之间，也可能从眼神和表情中看到对方跟自己有同感。这是现场观展时最珍贵、最难得的体验过程，其价值远远超越数字信息设备的价值，也是达成人与人之间情感共振的最佳过程。

步骤二：心理认同

当人们在观展现场中被调动起某种情绪情感——骄傲、悲伤、愤怒、惋惜……之时，同一展场中的人们可能有大致相同的情绪，观众们在互动中发现别人与自己有情感共振，于是便在群体中达成了情绪上的"自我认可"，也确认了自己情感的"正确性"。

人都是受环境影响的，周边的环境气氛、人们的表情语气等都能影响到自己，从心理学角度来分析这个过程，应该有完整的理论体系和复杂的分析过程，我们在此无须赘述，只提出一个非常典型的例子，那就是每年中国中央电视台的"春节联欢晚会"——无论我们是否认真欣赏节目或是否喜欢，它在特定时间出现在特定位置，无论家庭成员、远方亲朋还是远在海外的华侨，都会被笼罩在同一种情感体验中，十几亿中国人的心理认同通过春晚而被一次次强化。

步骤三：价值认同

价值认同基本等于文化认同；反过来也成立！人们认同某种文化，几乎等于认同这种文化的价值观。

当某个群体的人们在公共教育体系中有了共同的教育背景和历史文化认知基础，在博物馆观展时有了个人情感触动和多人情感共振，由此可以进一步达成群体间的心理认同。情感的力量一旦被唤起，就不会戛然而止，汇集在一起时，力量尤其强大，甚至可能溢出，要求其他出口。例如足球赛胜利后人们自发上街游行庆祝等行为表现，这些公共行为会进一步强化每个参与者的内心情感。虽然博物馆观展时的心理波动不会这么激烈，但作用原理大致相同。当人们在展览现场受到情感波动时，共同的教育背景会让展厅里的参观者有着相同的心理感受，情感共振的确会强化心理感受，这必将把人们的精神体验推向另一个层次，从而达成价值认同和文化认同！

从情感共振到心理认同，再到文化认同和价值认同的路径，既是艺术体验过程，也是文化教育过程。无论是哪种艺术文化理论，大致都遵循着这一路径。

步骤四：文化传承

世界上的许多地区都曾出现过灿烂辉煌的古代文明，但只有中华文化能不断复兴、传承至今。随着中国国力提升，与对手多次交锋仍不断成长之时，现代中国发展模式研究越来越成为一门显学，中华文明的研究及成果传播，也将迎来前所未有的高峰。

我们的祖先守护疆土、绵延子嗣，让文化、血缘和疆土融合在一起，还让这个文化系统拥有了"兼容并包、吐故纳新"的本领。国力昌盛时，我们的文化攀上高峰、福泽广远；国力羸弱、战争灾害频发之时，曾经的灿烂繁华也早已深深嵌入我们的文化基因，成为我们刻苦坚韧，再次走向辉煌的内在动力。中华文化的价值认同被一代代锤炼强化，是中华文明传承至今的重要原因。

每一代中国人都有自己的责任和使命，应该把自己这一代的思想、艰辛和成就留在历史中，传诸后世。而中国博物馆是中华文化传承的最重要物质载体和收纳、展示成果的场地。在日渐开放的中国社会，中国博物馆不仅肩负着对中国民众的教育责任，还必须担负起对其他文化群体进行文化传播的和平使者的责任！

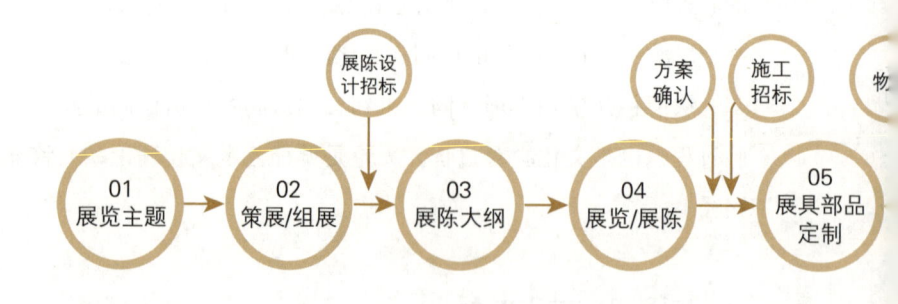

图1-1 博物馆一般展览工作流程

展览设计的新重点和新趋势

展览设计工作流程新趋势

（1）一般展览工作流程

博物馆展览的一般工作流程是直线、串联形态的，先得完成前一步工作才能进入下一步；行政审批、展陈大纲、展览设计等工作内容虽然主要工作团队不同，但必须嵌入一整套工作流程和时间排序中（图1-1）。这种工作模式有几个特点：

①工作流程其实以"行政审批"流程为主导，每一个项目的行政团队、展览主题和经费预算都不同，这就意味着每一个展览项目都是"独一无二"的；展览策划、展陈大纲编制和展览空间设计等都是专业性较强的工作，在现有体系中，这些工作的成果难以累积，工作经验难以系统性地进入展览组织方和展览设计实施团队中。

②近年来，不少博物馆越来越关注文创产品的开发，但文创设计介入的时间较晚，创作自由度很低，通常也难以满足主办方和消费者的艺术文化需求。

③越来越多的博物馆和展览设计单位已经意识到，我们应该培养自己的"策展人"，既能理解展览主题的文化内涵，又能对展览设计实施的技术细节提

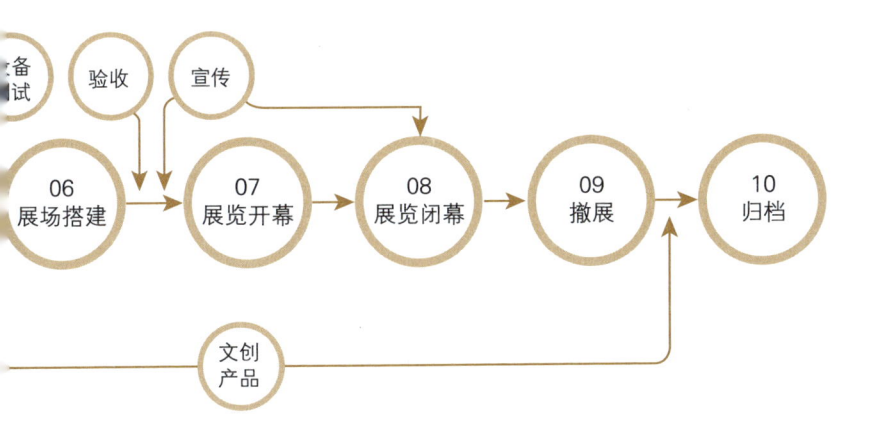

出指导，还能理解文化传播的工作流程；因为中国博物馆展览实施水平甚为参差，推广策展人制度可能事半功倍。策展人的本质类似于电影的"制片人"或工业设计的"产品经理"；但问题在于，当我们从来没把博物馆展览视为"文化产品"时，更没有所谓的"展览工业"，作为"制片人"和"产品经理"的"策展人"制度，就很难建立完善。

（2）重点展览工作流程

在手机端和桌面端发布展览内容的做法越来越普遍，新冠疫情期间，许多博物馆还努力把线下内容"搬到"线上。为此，针对一些重点展览，博物馆的工作流程不得不发生一些变化。对比以往的全程直线、串联的工作模式，重点展览出现了局部并联推进的模式（图1-2）。这种工作模式也有几个特点：

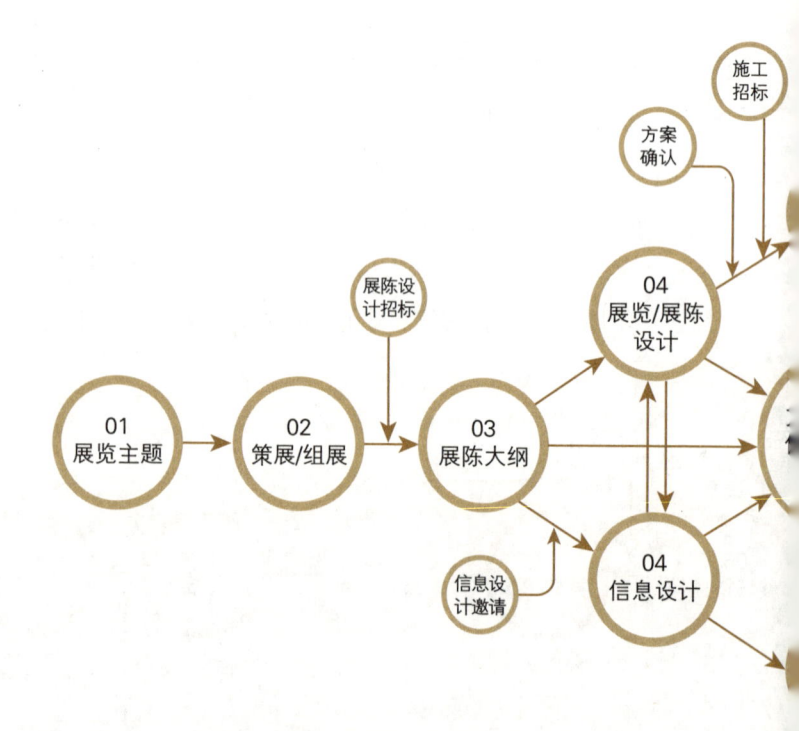

图1-2 博物馆重点展览工作流程

①主题确定后组织线下展和线上展，两个展览整体推进，策展和工作流程仍以线下实体展览模式为主，线上展览内容主要是线下展览的"数字化"呈现。

②线上线下展的宣传推广工作愈发重要，两种展览形式可以共享同一组宣传媒介；因配合数字媒体的宣传推广，数字宣传和线上展使得展览归档的内容和格式更丰富，展览信息和工作经验能有一定积累，比常规展览模式有优势。

③实体展览和线上展览的设计实施工作，各自的工作节点、工作重点和工作节奏都不同，但在现有行政管理体系中，两个工作流程的差异并未得到足够重视，而且都被纳入了博物馆的行政审核流程中，这就导致在实际工作中，工作量和工作压力都增加很多，两组设计的品质和细节落实常常难以保证。

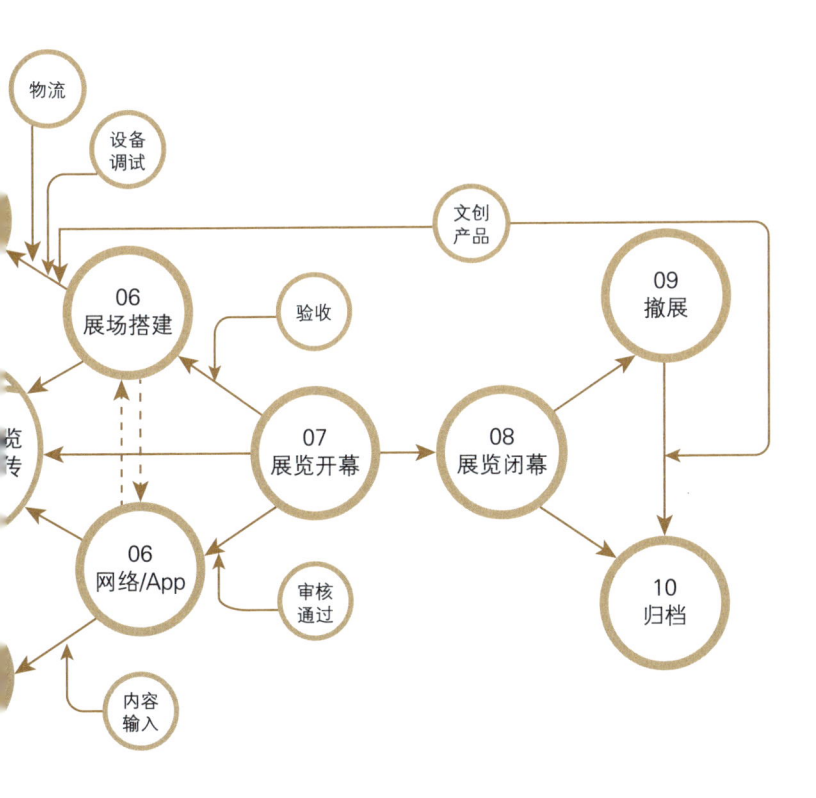

④文创产品开发的介入时间和工作重点仍未受到重视，但博物馆数字文创产品的潜在价值，已逐渐获得关注。

⑤在此过程中，除以往的展陈大纲编写、展览设计实施之外，又增加了信息架构、软件开发、数字媒体推广和信息设计等专业，对博物馆主办方、设计团队和策展人的综合素质和协调能力要求更高。

（3）未来展览工作流程

既然现有博物馆展览相关事务——线上线下展览策划和设计实施、展览宣传推广和媒体互动、博物馆文创产品开发等都面临数字技术的挑战和机遇，根据中国博物馆的管理模式和现有操作经验，推测未来博物馆展览工作流程将有几个明显的变化趋势：

①博物馆线上线下展览的设计、宣传和文创产品开发，都是专业性很强的工作，而且数字技术的进步也使这些工作的精细度和复杂度越来越强，因此博物馆跟这些专业团队的协调配合难度和工作量都越来越大，各专业操作的时间节点也越来越难匹配。因此，我们建议每项工作均有面向社会的物质文化"产品"（如线上展览、系列宣传推广或文创产品），博物馆方只要有明确的时间节点和成果要求即可，其他协调工作可由专业公司团队自行完成，当然工作费用需要有较大提升。

②每项专业工作都应有各自的"策划人"，他们只对应单一的策划工作，比如某项线上展或某个文创系列产品开发；各专项工作之间既可关联，也可独立运作；无论专项策划人、博物馆工作人员或外聘，其工作都必须直接对博物馆负责，并参与博物馆"顶层团队"的工作。

③博物馆顶层团队的人员构成必须非常慎重，既要有博物馆主要负责人和研究员，还得把各专项工作策划人纳入进来，以博物馆的文化立场和行政管理模式来指导各专业团队的工作。博物馆最好再另设两个岗位或部门：其一类似"基建处"，专门对各策划项目和人员进行统筹管理；其二类似"宣传部"，专门进行媒体统筹和舆情管控工作。数字时代，"基建处"和"宣传部"的设置

和工作能力，直接决定着博物馆的展览品质和数字传播能力。

④博物馆文创产品不应被视为展览的辅助内容，事实上，从传播角度讲，文创产品完全可以超越展览，在时间和空间上拥有更大的主动性和影响力；博物馆文创产品既可以针对博物馆也可以针对某主题展览来开发，文创产品开发有自己的运作逻辑，应交由专业团队来负责，切忌由博物馆大包大揽，但工作模式和利益分成方式，还需进一步革新和细化。数字时代，博物馆文创产品不应囿于实物产品，数字产品和数字与实物产品的贯通，也值得研究和期待。

⑤因为有线上展览、数字媒体推广和数字文创产品，博物馆工作的数字档案建立会较为顺畅，这既方便了博物馆后续工作的开展，也会促进各专业团队的工作成果累积，而关于博物馆数字档案的建立，还需深入讨论和仔细论证。

展览空间的精神塑造愈发重要

前文已述，随着数字博物馆建设的完善，对博物馆学术研究和文化产品"生产"的要求不断提升；同时博物馆建筑和实体展厅的建设，被视为中华文化展示传承的"神庙"，承载了更丰富的历史文化内涵，彰显着古今中国人的艺术品位。

第一，未来博物馆建筑设计和展览空间设计，除满足常规功能外，还需追求一种文化"神庙"的艺术品质和空间体验。其中，有两条发展线索值得观察：

①类似真正的文庙、寺观或宗祠，未来博物馆的空间序列、功能布局和艺术形态，可能越来越趋向统一的"范式"。进入这种"范式"后，观众们能有大致相同的空间体验和艺术体验的心理结构，最终形成的"范式"将极具"中国特色"。这种范式将充分融合实体空间、实物展品、数字技术和大众行为等多层次的要求。这种范式的形成，还需要深入研究和不断探索。

②未来博物馆空间建设中，基于数字技术的服务管理系统，必然要求越来越复杂的实体承载空间（安装和操作），如安检扫描仪、监控探头、Wi-Fi信

号放大器、AED心脏除颤仪、AI讲解员、智能轮椅租赁等；科技革新的新鲜感和神庙空间的崇高感怎样融合一处，既考验设计师工程师的专业能力，也将形成中国现代博物馆空间的新特色。

第二，基于这个逻辑，博物馆展厅将越来越借助"舞台设计"的手段，借用各种实物展品、艺术装置、声光电设备，达成中国文化"神庙"真正的"沉浸式体验"效果，让精神和心灵受到洗礼。用"敬神的巫术"来跟戏剧体验做对比，是文艺理论的重要内容之一；用"敬神的仪式"来跟观展体验做对比，可能是中国展览设计师需要研究的新领域。

第三，当然，这种"沉浸式体验"的"神庙"建设，必然耗时费力、成本很高，这种做法未必适合所有的博物馆，也未必适合所有展厅，因此未来的博物馆实体展览空间必然会通过分区、分层、分类来处理：成本如此之高的展示体验区，一定与博物馆的"镇馆之宝"或"馆藏精品"更匹配；重要展览的重要文化内容，也需给予关注；如果能利用数字技术和设备，在有限的时空范围内对"沉浸式体验"的内容或重点进行调整，将能适合更多的观众和展览主题；整个展馆或展览的规划布局和观展节奏也可参照寺院建筑群——大雄宝殿虽只有一处，但其他殿宇和自然景观也各有特色。

第四，面对中国博物馆发展的新机遇，展览设计师的重要性愈发凸显，当数字技术和网络平台加入博物馆展览和文化推广的队伍中，以往以行政逻辑为主导的工作方式，显然已不合时宜，行政团队和专业团队必须寻求新的合作模式和工作方法。博物馆需要建设自己的"顶层团队"，把各专业领袖融合进来，让展览和文化活动的学术性、专业性和传播性得到保证的同时也达到平衡。

展览空间的展线设计愈发复杂

实体展厅的常规布局是按照时间顺序或主题要求而有相对清晰的"从头到尾"的、有方向性的参观动线来布置的。如果展品很多，还会依序排布在第一、第二和第三展厅，每个展厅的展线方向都大致相同。几个展厅形成一个连续的、单向观展的行走线索。这个完整的参观过程，就像从头到尾阅读一本书——必须从头到尾都看完，才算真正读过这本书。

当人们读书的方式发生了变化，其实观展的方式也在变化，二者之间并非因果关系，但绝对有关联。数字时代的学习方式不再是大规模的、由浅入深的、单一线索的，而往往是跳跃性的、个性化的、自主性的，但也比较分散和混乱——学习者可以随时抓取自己认为有用的、有价值的信息来学习。因此，"辅助"读书的方法越来越多，比如有听书的，有看精编版的，有看读书拆解视频的，也有书友讨论群等。这种新型读书的方式，并不能完全替代通读或研读原书，但却是绝大多数人的学习方式，方便人们在有限的时间内，获取更多知识信息。

实体展览的展线规划也在顺应这种变化。实体展览的空间布局必须考虑相关文物就近排布和观众动线的高效集约，所以实体展览的复杂性绝对超越了读书方式的多样化。展线规划和空间布局应有哪些变化，目前还需策展人和设计师不断探索，但至少应遵循如下几个原则：

第一，明确时间线索的布展方式仍会大量保留，因为这意味着展览本身叙事的完整可靠，也能很好地满足中老年人的观展习惯。第二，空间叙事（以地图、地理位置、地理信息等为中心）的模式将快速成长，逐渐成为博物馆最重要的陈列手法之一，在某些主题展览中，可能还会成为主轴，如地区文化史或自然生态主题等展览。第三，重要实物展品的陈列方式可能需要调整，以往的做法是置入时间轴中来展出，作为历史文化叙事中的"一环"来呈现，但在未来的展览空间中，它们可能一跃而成为主角，毕竟许多人来到现场，就是为了膜拜某些精品文物的原件，其他相关信息，人们完全可以从数字博物馆平台上得到。第四，以上这些做法，或许可以更好地服务普通观众，但却可能威胁到展览的学术性和空间的文化品质，甚至干扰专家学者们的参观学习，因此设计师们必须灵活选择数字平台内容、现场设备设施，以及革新设计手法，尽量让专家和大众，在同一个或就近空间中，分别满足"大众观众""粉丝观众"和

"专业观众"的各自参观需求。这的确是难题，但如果做得到，将是中国博物馆展览设计的重大突破。第五，随着博物馆对青少年教育的影响越来越大，以及中国人口老年人比例的上升，又因为不同时代的中国人对数字平台依赖程度的差异，实体博物馆和展厅还必须满足这些群体的不同要求。我们甚至可以通过区分参观的时间段来服务不同群体，但在实物设备、技术系统、行政管理和设计手法等方面，还需有更深入的分析及更细致的规划。

展览空间与地理信息系统

前文已多次提到，数字时代的博物馆不仅关注时间线索，还必须强调空间线索。如果把数字博物馆平台和地理信息系统结合起来，对实体展览还会有更大影响，如：

①一些不适合放到博物馆里展出的"展品"，可以不离开"现场"就能进入数字博物馆平台，还能引导观众到真正的"现场"去参观，既能现场学习考察，又能撬动旅游产业；留存至今的各地古建和古桥，就非常适合这种现场参观和数字信息相结合的方式。②现有展览中需要用地图或沙盘表现的环境场地和历史场景等，未来都可在"现场"进行虚拟重建；这种沉浸式体验，可比市面上流行的、只依靠数字产品达成的体验，在历史的厚重感和文化新奇性上更有吸引力。③按照地理信息系统的技术逻辑，建筑、展厅、展柜、展线……都可被视为地图中的一个具体的"物体"或"信息点"，有明确的位置甚至"三维"尺寸边界，但如果有了"第四维"的时间维度，还可以在地理信息系统中建构一套可以置入地理坐标点（类似地层）的文化层（类似自然地层和考古地层）。

这样一来，自然、历史与文化的学习，岂不是更生动、更有趣、更高效！

展览空间与景观重点

为了更好地展示重要展品，强调环境的情感体验，实体展厅中的"文化景观"塑造成为展览策划和设计中的重要内容。这里提到的"文化景观"可有多种形式,比如重要展品(柜)、大型沙盘模型、自然或历史场景搭建等。这些展品的灯光处理和展示方式,越来越追求戏剧效果,自然会形成空间中的视觉焦点,这种做法将能达成多种功能要求:

①景观重点成为展览内容的重要载体,或者重要展览内容的形式化表达;②景观可成为空间层次和环境品质营造的重要手段;③空间中的视觉焦点,利于"融媒体"传播,对"网红"和"网红展"尤其友好;④标志性的视觉焦点,成为空间引导的标识,类似于每个迪士尼主题乐园中的中心景点设置,所以每个展区的"文化景观"还可以形成空间层次、视觉层次和内容层次,对于一些大型展览来说,这种方法更适用;⑤人们的生活节奏越来越快,耐心也越来越差,如果展览中重要展品的空间位置和展陈手法都有精心规划,让人们能更快地找到经典展品,观众体验可能更好,展览也将更受欢迎;某些展品或许可以集中布置,建构出一种众神环绕的神圣感,而在常规展厅中,有相应的数字展品可供触摸或交互,是否也是一种新探索呢?

微博物馆——线上线下,展览之外

如何理解"微博物馆"

融媒体时代,数字技术已经渗透到博物馆展览的方方面面,但人们称呼不同展览形式的时候,用词并不统一。

"线上展"和"线下展"的提法相对应,"云上展览"和"实体展览"相对应。线上展跟网上展、云上展的意思大致相同,但人们对展览形式的理解还不太一致。需要强调的是,那种只是把实体展览的扫描图片直接放到网上的模式,并不是真正的线上展览,因为并没有体现"线上"的优势。"线下展"和"实体展"差不多,人们用这两个词指代传统展览方式,就是指在实体空间中、有实物展品的展览。

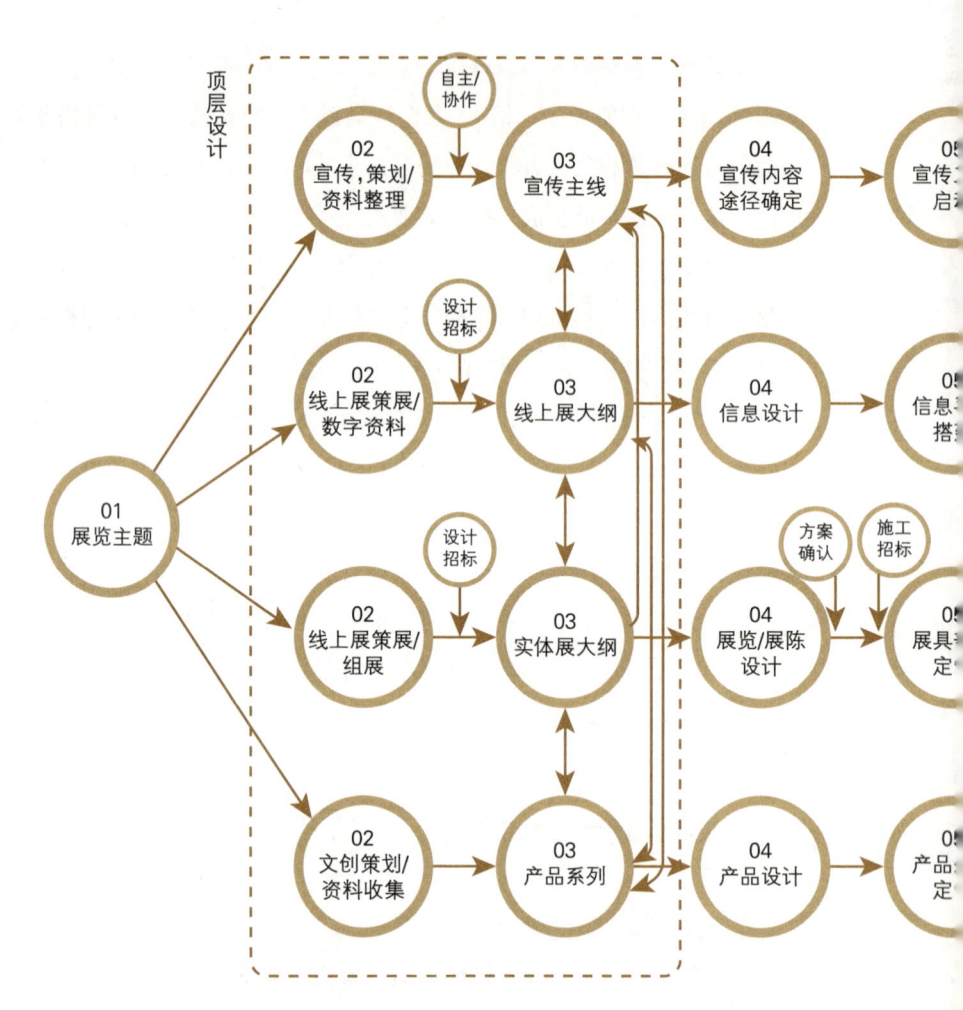

图1-3 博物馆未来展览工作流程变化趋势

在这两个名词中，其实涉及了三大要素：网络平台（包括展品、展览的多种传播形式）、实物展品和实体展厅。随着融媒体传播效果越来越强大，人们往往会集中精力讨论线上展的远大前景，而忽略了实物展品和实物展厅的设置也会发生相应变化，比如二者完全可以分开处理。实体展厅中必须有实物展品吗？如果没有实物展品，只有数字展示（包括各种屏幕、交互设备或珍贵藏品

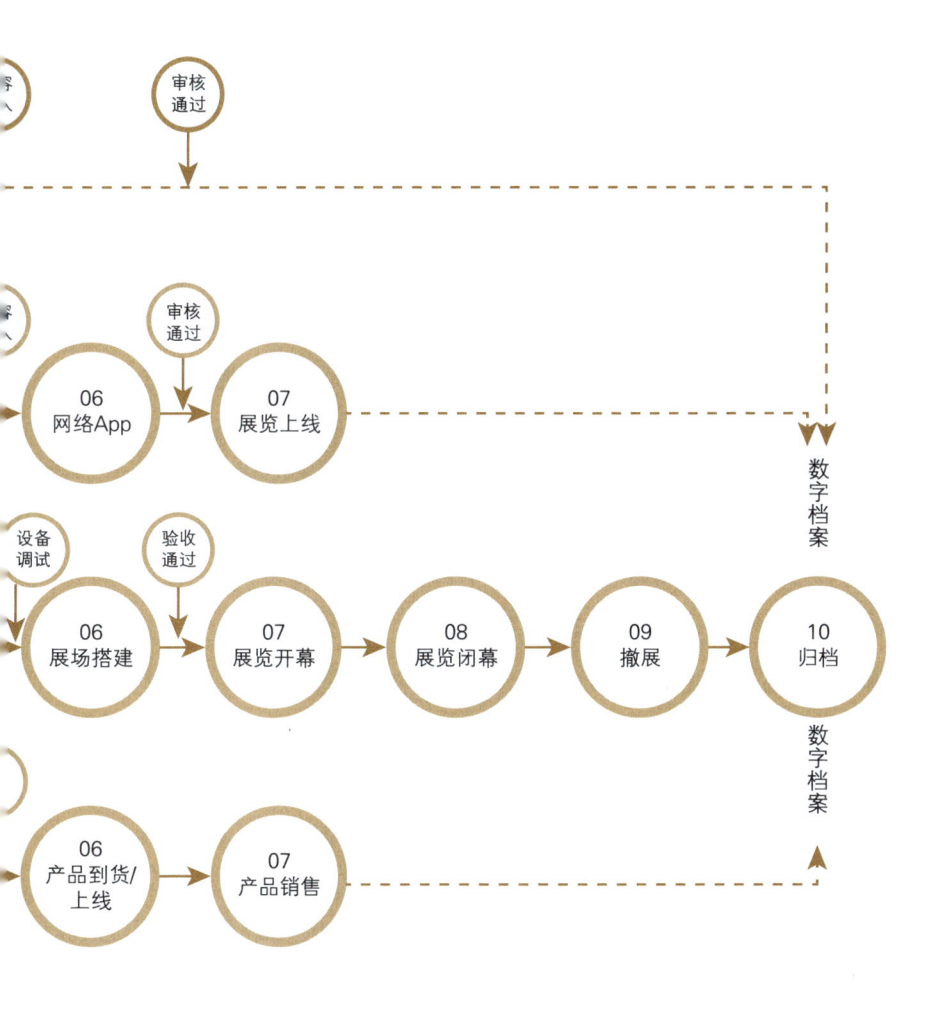

第一章 博物馆数字化和"讲好中国故事"

```
          审核
          通过
           ↓
   06 ────→ 07          数
   网络App   展览上线     字
                        档
                        案

 设备    验收
 调试    通过
  ↓      ↓
 06 → 07 → 08 → 09 → 10   数
展场  展览  展览  撤展  归档  字
搭建  开幕  闭幕            档
                          案

 06 ──→ 07
产品到货/  产品销售
 上线
```

的数字复制品），是否也可以算作线下展或实体展呢？

这可能是融媒体时代的数字技术带给中国博物馆的最大惊喜：第一，有实物展品的实体展厅永远会存在，甚至愈发具有神圣感；第二，未来的博物馆展览，不仅有我们熟悉的线上展和传统实体展的模式，还会有介于二者之间的第三种模式，即"微博物馆"。

相较于传统博物馆展览，微博物馆的体量肯定不大，但它的本质并不在于"微小"，而是说在空间有限的情况下，可以体验到丰富的文化内容，因此"微博物馆"的"微"尤其对应博物馆的"博"。

微博物馆的适用场景

对于偏远地区的青少年来说，如果政府或文化部门能提供一个 50~100 平方米的建筑空间，有相应的供电和网络系统，即可搭建一个内容可以不断更新的数字版微型博物馆——"微博物馆"。"微博物馆"和"数字博物馆平台"相对应，通过"数字博物馆平台"，把已有展览和为"微博物馆"专门策划的展览，分别"送往"偏远地区的学校。这将使发达地区的学生和偏远地区的学生们能够看到相同的文化内容，并且政府只需支持一套微博物馆的设备系统，连用电和网络平台都不需额外建设，因为国家的基础建设已经深入乡村山区。通过这种方式"讲好中国故事"，还有利于对中国各地青少年共同历史观、文化观和价值观的塑造！

对一些身体不佳、不适合长途旅行的老年人来说，如果在自己生活的社区里，就能看到全国各地博物馆的展览内容且常有更新，将是中国人晚年生活中重要的文化享受。目前中国各地的老年大学将是这类展览最可靠的"消费者"。

数字技术的迭代发展越来越快，人们总是对自己年轻时代的技术体系更熟悉，使用更顺畅。老年人不仅身体不佳，还难以追赶新技术和适应新的使用习惯。所以，服务老人们的"微博物馆"必须得有跨代际或适合多代差的功能系统，如心理慰藉、社交场所、生活陪伴……这些甚至成为老人们了解世界变化和时代生活的重要窗口。

在一些商业空间或旅游区中，这种微博物馆，可以算作是数字博物馆展厅的实体承载物，占地面积不大、安装调试简便，特别利于博物馆数字化内容的输出。如果能与商业休闲空间的主题相关联，将对既有空间文化品质的提升有极大帮助，而且因为数字博物馆平台的存在，还可聘请专业的数字展览策展人，联合相关领域的专家学者和设计师，不断打造出新的线上成果。收益分配方式不仅需支付项目推进的人员设备费用，还需保证平台和提供数字藏品的博物馆收益。这才是文化与产业能长期发展的最好途径。

再拓展一步，随着国家"一带一路"倡议的推进，中国与其他国家的文化交流也成为重要工作。在此过程中，中国博物馆群有着无可替代的优势。然而，现有的博物馆行政管理体系和实物展览模式，非常不利于达成这个目标。原因在于：①在现有工作架构中，任何现有博物馆及博物馆管理机构，都没有能力站在国家视角来统筹各博物馆的展品和展览主题。没有完整的文物数据库，只凭借经验或碎片化的文件来工作，必将在成果品质和工作效率上大打折扣。②与友好国家文化交流时，为了体现中华文化的博大精深，高品质文物走出国门，似乎才能表达诚意，但频繁出国参展，文物安全令人担忧，而且这些国宝长期在国外参展，也对中国观众不公平；如果"一带一路"沿线国家同时举办与中方的文化交流活动，这些文物又无法同时在多地展出，难免出现厚此薄彼之感，其结果可能反而与初衷相背。

而微博物馆却极适合这种场合，可以单独推进或与中国在海外的其他项目配合开发，以及设置在对方国家的国家博物馆中。需要有相对确定的展示方法和结构框架，展览内容和沉浸式体验产品应常变常新，还可以根据不同国家的不同需求，进行专门的策划创作。另外，如果在国内各博物馆或中小学校中设置"微博物馆"，还可以把"一带一路"沿线国家博物馆的数字藏品也展示出来，更利于中国民众和青少年学习其他国家的历史文化。因为这种展示方式一定是模数化生产、标准化物流、程序化组装，所以成本更可控，更利于推广，传播效果有保证。

微博物馆的推广建设

这个"微博物馆"的基本功能是：以数字展示为主界面，综合利用音视频和 AI 等技术，建构一个可深度体验中国文化、中国博物馆展览和中国文物藏

品的实体空间。所谓"微博物馆",可做如下理解:

第一,"微博物馆"既不是完全的线上展览,也不是纯粹的线下展览,而是介于二者之间或混合了二者特征的新形态,这是从前人们难以想象的一种新体验。第二,这是一个超级入口,可以从世界上任何位置进入任何中国博物馆的展厅;也可以通过线上展览的策划组织,让依托中国博物馆的数字藏品来讲述不同主题的中国故事,以服务微博物馆所在地的民众和学者;还可以通过这个实体空间来连接中国各地甚至中外各国的博物馆和教育机构。第三,数字技术的类型多样、功能复杂,使这个实体的数字展览厅,既可以是丰富的数字文化作品的展示场,也可以成为某文化主题的沉浸式体验场所。第四,中国的科学文化成就和中国人民和平友好的世界观,将以中国博物馆的数字文物为内容,以中国高水平的数字技术、材料科学的建造技术做支撑,将当代中国的科技成就和古老中国的文化成就融为一体。

一旦这种模式推广开来,将会有持续性的文化内容需求,这是文化产业带动实体产业发展的新机遇和"讲好中国故事"的新形态。因此,微博物馆需要一个结构搭建模式和一个文化生产机制,它既是载体,又是内容。

在这个搭建模式中,需要材料结构、投影屏幕、照明电力、信息电气、软件开发和物流安装等几个领域的技术团队。微博物馆展厅不再是传统的展览设计,而是一件集成化的数字产品:可有若干功能、尺寸和造价选项,也支持多个型号展厅的集合排布。尤其要强调,不断更新的展览内容也是数字展品的有机成分,类似于手机和 App 及各种信息平台的关系。目前中国的材料科技、工程技术和信息建设领域的常规操作就能满足要求,真正欠缺的其实是文化统筹和展览产品的整合生产团队。

微博物馆的内容生产

微博物馆是个空间载体,中国数字博物馆的内容可随时置入其中,内容种类非常宽泛:①中国数字博物馆平台上的内容不断增加,是现成的素材;②各博物馆展览内容的数字版,还在不断更新上新;③根据微博物馆展厅所在地、所在单位的要求,进行数字展览的策划和实施;④沉浸式体验的文化表演;⑤不同国家文化机构和博物馆文物的联动和交互展示;⑥其他。

如此看来,配合微博物馆的文化内容生产,头绪多、耗时长、工作量大,涉及多个专业领域。总体来说,文化生产需要两部分工作团队:其一是策划团队,其二是内容制作团队。本书主张的中国数字博物馆平台可以成为展览策划的主导机构:一方面,平台自己的专家团队可完成大量工作;另一方面,还可依托平台的专家库来邀请专业对口的合作专家,协同工作,做好顶层设计;让每一项数字展览都成为新的展览成果,继续反哺平台的文化产品,逐渐探索"讲好中国故事"的新型工作模式。

一旦有了较成熟的内容策划团队,内容制作团队的建设则相对方便——现有展览设计公司、电视台和自媒体平台的制作团队……均可投入工作。而策划团队和博物馆平台还需要注重对内容生产和传播形式的审核。

出色的案例——国家博物馆的"数说犀尊"[①]

2023年6月,国家博物馆为一件馆藏精品——西汉错金银云纹青铜犀尊专门举办了一个展览,名字叫"数说犀尊"。这个展览充分利用了国博的自身优势,挖掘出了展品本身的历史文化信息,又通过数字技术和各种融媒体手段,打造出一种中国博物馆的全新展览类型。

第一,这件犀尊藏品本身就是国家博物馆的代表性文物,本身就是中国历史文化、礼制工艺的物质载体。国博拥有文物的完整信息,包括文物的物理化学特征,发现挖掘、研究收藏的全过程,生产制造的全部工序,图案纹样及礼

---

① 详情参见《国博打造一物一展"数说犀尊"》(《新民晚报》驻京记者杜雨敖,2023-06-05,新民晚报官方账号);《2000余岁犀尊国博"复活",多图直击》(北京日报客户端/记者刘冕、邓伟,2023-06-05 16)。

制习俗……整个展览可以理解为：博物馆通过数字制造、数字交互和信息传播的手段，围绕一件文物而打造的沉浸式体验展厅。

第二，每个单元分别介绍了犀尊某一方面的特点或知识点，这完全满足常规观展要求。而数字技术带来的其他体验，甚至远超实物展览，比如：①犀尊在地下埋了两千年，通体锈蚀，表面图案已经非常模糊，传统手法很难还原图案纹样，博物馆借助X射线荧光成像和光纤反射光谱技术后，终于将繁复精美的纹饰呈现在人们眼前。②因为博物馆已经掌握了犀尊文物的各项数据和数字化模型，所以可以通过3D打印，就能高效便捷地把数字模型转化为实体复制品。这种复制品既有利于文物的进一步研究，还能成为可触摸的实物展品——这是经典展陈方式难以想象的，让观众大呼过瘾！

第三，展览中第四单元"灵犀在心"是神来之笔，它告诉大家"两千年前犀牛在中华大地上最美的瞬间"，并用地图标出了犀牛曾在中国存在的位置。其隐含的意思是，当气候变迁、滥补滥用之后，犀牛的形象只能存在于古老的器物中；今天的人们必须尊重自然、保护自然，寻求人与自然的和谐相处。这种引申含义，绝对让展览主题得到了升华。

总体说来，国家博物馆的"数说犀尊"展览，在本质上就是一个别具特色的"微博物馆"：这是一种全面应用数字技术的实体空间展览场所，借助多种数字技术，能让展览的知识传播效果更好，让人们更深入地了解犀尊，稍加变通后，展览还能走出国博，进入其他博物馆、学校或文化场所。

6. 小结

数字时代，中国数字博物馆平台将能把中国各地各层级的博物馆的文化内

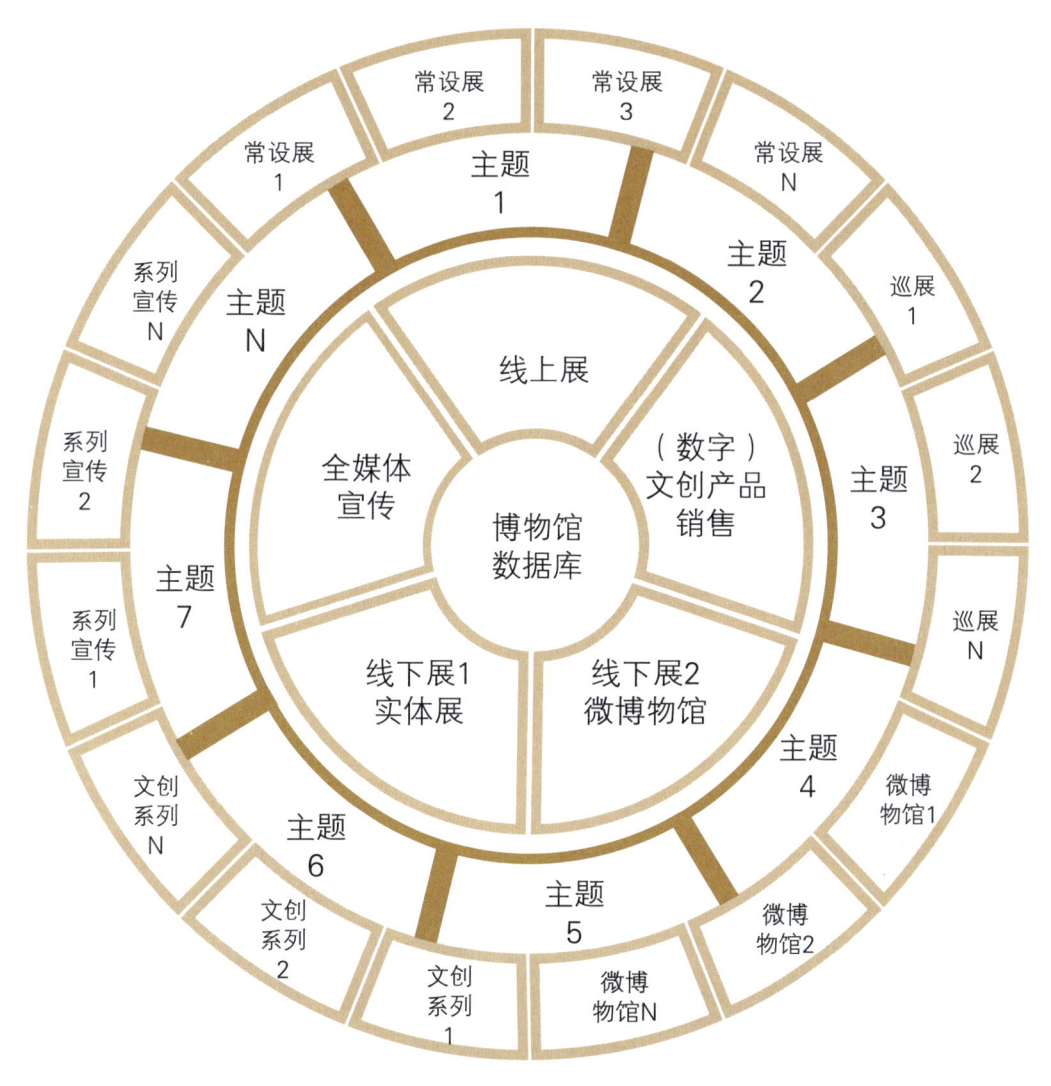

图1-4 博物馆线上线下展览工作模式示意图

容整合一处,激发出前所未有的能量。

图1-4绘制标明了博物馆数据平台涉及线上线下展的相关内容。每个环形之间的双黑线可以随意"转动",也就是说,针对某个展览类型或展览主题,

可以选择线上展或线下展的方式，并从数据库中选取不同内容来开展工作，媒体宣传和文创产品开发还可以配套进行。每一次展览和活动的数字成果，又可以回到平台上，让中国所有博物馆的线上线下活动和研究成果能不断累积，泽被后代。

中心环：博物馆数据库

博物馆数据库的内容丰富庞杂，需不断建设，主要内容包括：①中国各地博物馆实物藏品的数据库，未来还可能收录海外中国文物数据；②由地理信息系统支持的中国博物馆数字地图；③各博物馆线上线下展，以及宣传、参观和互动等信息的数字档案；④各博物馆数字产品和文创产品数据库；⑤博物馆相关领域的学术成果，如专著和期刊论文库；⑥能成为线上展、线下展和微博物馆的"云端"平台，为交互项目提供内容查询和播放服务；⑦可与教育、旅游、商业和其他产业链接的其他必要内容。

二环：线上展、全媒体宣传、（数字）文创产品销售、线下展

①博物馆和展览的全媒体推广工作，应有相对完整的工作流程，文化安全把控非常重要，既是学术问题，更是文化立场和文化安全问题。②数字文创产品的版权并不都属于博物馆，因为其与博物馆和展览文化品牌、艺术形象关联，所以也应被纳入本平台，在商业分成和版权处理上应有新方法。③线上展的策展与实体展览的逻辑不同，应针对手机端和桌面端的"阅读"方式来专门策划实施，而且可在数字博物馆平台"云端"上运行，但其技术细节和运行模式，还需深入研究落实。④线下展有两种形式，既包括民众熟悉的实体展览，也有以数字化沉浸式体验为主的微博物馆模式，此模式推广前景巨大。

三环：主题1、2、3…N

主题选择既可以是学术性的，也可以是教育性、社会性或公益性的，甚至

有一定商业目的，只要有利于中华文化传播，符合文化安全的选题均可。同时，选题和（线上或线下）展览内容应该匹配，一个选题可对应多个展览形式；反过来，某种展览形式也可对应多个选题。针对某博物馆、某文化活动或某项展览，也可开发（实物或数字）文创产品；有明确的主题要求，也利于艺术和设计创作，甚至利于市场推广。目前，博物馆在这方面的工作精细度尚需提高。

四环：常设展、巡展、微博物馆、文创系列、系列宣传

常设展、巡展、微博物馆、文创系列、系列宣传……这些都是最常见的博物馆"文化产品"。常设展、巡展和微博物馆既可分开考虑，也可并行，比如置于某商场中的微博物馆，可长期设置或临时设置，对应着常设展或巡展内容。即使不针对某项展览或活动，博物馆也可有独立的"系列宣传"内容，用来推广博物馆文化品牌，或引发大众对某文化主题的关注。

总之，数字时代的中国博物馆将迎来"换道超车"的好机会；中国博物馆实物藏品及数字博物馆平台能互相策应、各展所长，把博物馆塑造成中国文化的当代"神庙"，让数字平台支撑中国文化"传播"；教育、研究和文旅等行业，都能依赖这个平台和这些展厅而推进各自行业的发展。中华文明将同时具备物质形态和数字形态，文化自信和时代自豪感，将是所有人"讲好中国故事"的共同心理和情感底色！

作者简介

聂影 博士、博导，清华大学美术学院环境艺术设计系长聘副教授。

1996年获北京工业大学建筑系工学学士，2000年获清华大学美术学院工业设计系文学硕士，2006年获清华大学美术学院绘画系文学博士。2000年至今担任清华大学美术学院教师、副教授。

研究方向：设计伦理、设计文化、数字时代的空间形态和空间建造。

主要著作：《后现代建筑二十讲》《混凝土艺术》《观念之城》等。

发表论文：《中国现代设计审美体系建构研究》《迪士尼乐园启示——巨型文化产品开发的控制与困境》《博物馆文创产品的设计开发新思路》《数字时代与室内设计教育》《数字时代的室内设计行业研究》《e时代的设计革命》《设计史的宽容与偏狭》等。

第二章

中国博物馆展览工作流程新模式

赵晓祎

摘要

　　数字时代背景下，社会经济变革使得博物馆展览工作内容得到延伸，当前工作流程越来越不能满足博物展览工作需求。因此，需要提出新的工作模式更好地推进博物馆展览工作，提升展览质量，满足观众需求。线上展览、线下展览、社会教育以及文创研发工作需要统筹规划，使展览达到最佳效果。此外，应建立科学的展览评价标准，且需要对展览数据进行分析、优劣进行评价，为今后展览工作提供参考依据。

1. 研究背景

"融媒体"时代下，社会生活的方方面面都发生了巨大影响，社会、技术和经济变化加速，人与人的交互主要以互联网为媒介。数字技术的不断发展也在潜移默化地改变着人们的生活——人们在学习、生活和工作中大量地使用互联网，线上与线下快速融合带来行业的融合，行业的边界不断被击穿，跨界合作已成为大趋势。

博物馆展览工作新契机

展览是博物馆的重要工作内容，它能全面反映一个博物馆的综合实力，是文物藏品保护与研究成果的体现，是实现博物馆文化价值和核心功能的基本方式，也是博物馆直接服务观众的重要手段，展览水平直接体现着一座博物馆的综合水平。线上与线下的融合已深刻影响着大众的生活方式，线上展览对于观众愈发重要，博物馆需要着重提升线上展览的水平，并且要将线下展览与线上展览更好地融合在一起，以满足观众需求。

目前，中国线下展览水平在不断进步，已经形成了一套基本的工作流程，但仍有进步的空间。比如，盲目追求展览形式"新""奇"而忽视形式与内容是否匹配、观众数量超出预期时在展览现场缺乏引流方案致使体验感下降、互动设备维护不及时降低观众参与程度等。

2020年新冠疫情期间线上展览异军突起，一些不具备举办线下展览条件的博物馆将原定的线下展览改为线上展览，并发挥了重要作用。5G网络、智能手机日益普及，线上展览参观因便捷等优点被观众所青睐。线上展览不受开馆时间的限制，可以实现24小时不闭馆展出，同时也是永不撤展的展览，只要观众持有智能手机具有网络就能"进馆"参观。展览上"线"，云直播将成为发展趋势，展览将不再受展厅面积、展线长度及展出时间等传统场馆展览的制约。

如今的博物馆数字化愈加开放，线上展览发展迅速、样式多元化，逐步成为一种常态化的模式。线上展览空间改变了观众观看展览内容时的线性习惯，观众不再根据展示建筑的指引一步一步进行信息的获取和收集，而是可以根据自己的需要随意而自由地选择参观的方式和步骤，突破了展示空间的束缚。线上空间扩充了展示内容的容量，不同于实际的建筑空间有一定的容量限制，它可以根据所展示信息的需要不断地进行扩充发展。线上展览依靠着强大的数字媒体录入和输出能力，这种数字化的呈现能够展示更多的细节和内容。

从展览技术看，目前线上展览仍有待提高，技术应用上缺乏合理性，部分展览呈现效果低质化，开发中运用的技术与展览主题内容之间匹配度不高。目前各博物馆的线上展览都处于探索阶段，还未能找到一个较好的线上展览工作模式，且未能将线下展览与线上展览融合。融媒体时代下，观众对于展览有了新的参观需求，现有的博物馆展览陈列工作流程不满足于展览展示需求，为呈现出更多精彩的展览，博物馆方亟须调整工作流程。

博物馆展览社会需求分析

大众生活方式改变

家庭中使用的各种电子产品，如电视、冰箱等设备可以联通智能操控。汽车可以通过智能导航准确定位，免去在旅途中向陌生人问路的尴尬。社交软件既是交流方式也是娱乐方式，例如"抖音""微信"等软件同时兼具交流与娱乐功能。

大众获取信息的途径已经发生改变。在数字技术介入大众生活以前，获取信息的方式主要为报纸、杂志等途径。而当今大众获取信息的途径更为多元化，电脑、电视、手机都能成为获取资源的渠道，流量竞争日益凸显，大众的注意力逐渐成为稀缺资源，各行各业的竞争开始聚焦在消费者注意力上（流量竞争），所有能吸引大众注意力的事物都被称为"流量入口"。网络的传播、聚合效应越来越强，各行各业的竞争越来越残酷。

大众的消费方式也已发生改变，支付方式由现金转为刷卡再变为手机支付，纸币转换为电子货币和数字货币，虚拟消费成为发展趋势。我们不必在高速公路上排队等待人工收费，也无须在景区外排队购买门票。消费场景也由实体转向虚拟，网上消费成为主流，商品由在商店陈列售卖转为通过网站或者小程序等线上平台销售。互联网的快速发展使产品创新、实践、反馈和优化的周期变得很短，使得以互联网为支撑的智能化大规模定制成为可能，大众对于个性化消费的需求日益旺盛，在商品中加入个性化元素，让消费者参与商品制作环节成为新趋势，个性化消费时代已经到来。

观众对展览有新需求

大众文化生活所发生的巨大改变在博物馆展览行业尤为突出，从科学发展和技术革命的角度来说，互联网成为对博物馆展览影响最直接的技术背景。

首先，作为信息的守护者和人类文化记忆阐释者的博物馆，受到了互联网的直接挑战。通过网页搜索、云空间海量存储、移动端的普遍使用，互联网用户可以轻易地获取数以百万计的展览相关信息以及背后的文化信息。

其次，互联网还挑战了博物馆展览的权威性。在互联网上，专家们对于文化的权威解读常常会被质疑。互联网合作式的创造知识、分享知识的平台特征，让人们形成了对多角度理解的认可习惯，以及使用者自己也可以贡献想法的观念。

最后，更重要的是，互联网还进一步改变了人们对文化体验活动的需求。2017年2月国家文物局印发的《国家文物事业发展"十三五"规划》中明确提出了智慧博物馆建设的相关内容，运用物联网、大数据、云计算、移动互联等现代信息技术，研发智慧博物馆技术支撑体系、知识组织和"五觉"虚拟体验技术，建设智慧博物馆云数据中心、公共服务支撑平台和业务管理支撑平台，形成智慧博物馆标准、安全的技术支撑体系。①

中国博物馆展览发展进入新的时期，更多人关注展览，也进一步对博物馆展览提出了新的要求。基于互联网的发展和对外交流的加强，中国的博物馆展览与世界有了更多的碰撞，先进的理念、技术手段和丰富的资源被不断地补充到中国博物馆的事业发展中来。②

博物馆展览工作范围延伸

观众在行为习惯中对于互联网及手机的依赖程度极高，通过手机在线上购

---

① 中国旅游研究院文化旅游研究基地，河南文化旅游研究院.中国文化旅游发展报告［R］.北京：中国旅游出版社，2019：59.
② 中国港口博物馆编.见证·共享·弘扬2019年中国涉海类博物馆馆长论坛文集［G］.宁波：宁波出版社，2021：10.

物、查阅信息、学习交流等行为已十分日常。线上展览的设计与制作变得尤为重要，如何让线上展览与线下展览相互配合呈现最佳效果，是各博物馆需要思考的问题。因此，制作优秀的线上展览也是今后各博物馆在进行展览工作中的重要部分。未来观众可能会像关注线下展览一样关注线上展览，所以博物馆方要搭建专业的线上展览策划团队，虽然技术问题可以通过寻找合作单位完成，但是线上展览的策划工作需要具有专业知识的工作人员完成。

教育活动的创意与展览陈列息息相关，展览陈列需要教育活动来进行进一步的解读与传播。公共教育帮助观众进一步理解展览，根据不同年龄观众的心理特点和行为特点，策划同一主题下不同层次、不同系列、不同形式和角度的面向不同观众的活动，在专业人士的带领下，帮助观众从科学的角度去探究展览。这意味着社会教育应尽早介入展览的策划过程，它是展览工作的重要组成部分，社会教育策划工作与展览工作同步进行，能够使二者配合更好，从而提升文化传播效率。

展览文创产品作为展览阐释途径的另一方面是其丰富了展览内容，突破了展览表现形式的局限性，展览的呈现有较多的要求和规律束缚，而文创产品则受限较少，可以有更为大胆的创新。随展文创研发工作与展览陈列工作的关联度将会更高，观众对于观展体验感的要求将会更高。在观展结束后，能够购买到优质的文创产品，会使展览带给观众的体验得以延续。为提升文创产品与展览的契合度，展览陈列工作过程中要将文创研发工作纳入考量范畴，保证文创研发团队是在准确理解、掌握展览信息的基础上开展工作，并预留出充足的研发时间。

此外，在展览设计中，内容设计应该优先于展品形式、空间效果设计以及技术的使用。在当下的展览设计中将重点放在追求创新展项上面，而非观众对展览需求的现象时有发生，这恰恰曲解了展览设计的初衷，不能满足观众参观需求，仅有外表形式的展项就像是一件没有灵魂的装置。

在博物馆展览工作模式中，需要在展览策划中将线上展览、社会教育及文创研发工作纳入考量范畴,它们是博物馆展览工作的重要组成部分。

2. 当前博物馆展览工作流程及分析

博物馆展览工作流程现状

目前,中国博物馆展览陈列工作以线下展览制作为主,线上展览制作、社会教育及文创研发作为次要环节。线上展览工作及文创研发开展较晚说明博物馆人员结构不支持线下线上同步开展工作,这与博物馆目前的工作体制有一定关系,也是未来展览工作中急需解决的问题。

博物馆的展览工作主要是针对线下展览,一般由馆方确定展览主题、展品及学术大纲,展览设计及施工工作交由合作单位完成(也有部分博物馆自主完成设计),线上展览作为辅助方式在部分展览中偶尔出现,通常以外包方式完成,设计制作周期较短,也缺少专业的策划。针对展览的公共教育策划工作多在布展过程中实施,大多情况下,展览空间较少为社会教育预留空间,社会教育活动的设计介入展览工作环节较晚。此外,博物馆多会要求文创部门生产一些针对线下展览的随展文创产品,博物馆线下展览工作团队将展览相关信息转交给文创部门后便不再参与文创研发过程,由文创部门自主解读材料后进行文创研发工作。

线下展览

现有博物馆展览陈列工作一般以博物馆方确定展览主题、展馆和展览时间为工作起点,展览主题及展馆的确定直接影响着后续展览内容、展览规模、展

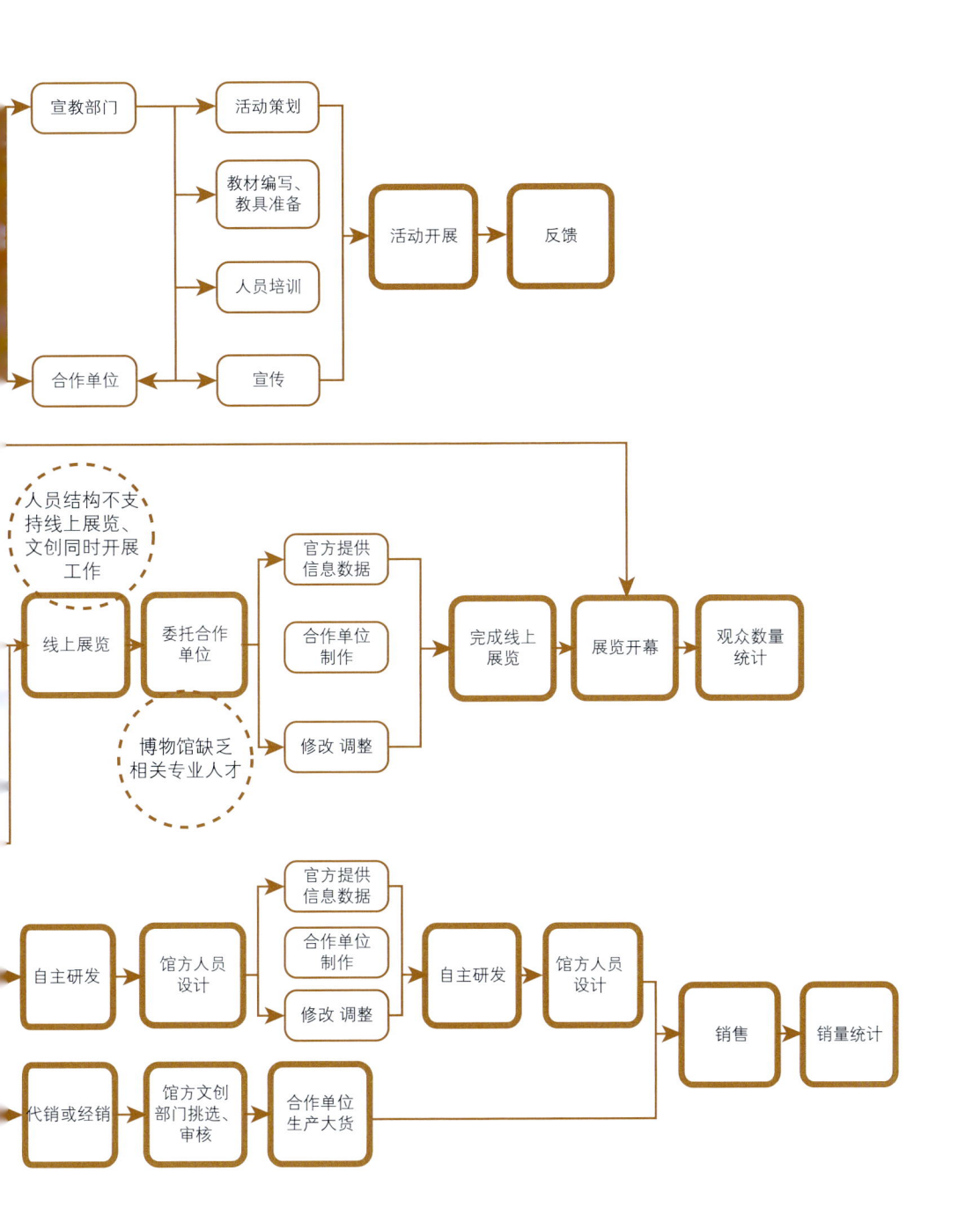

```
宣教部门 → 活动策划
         → 教材编写、教具准备         → 活动开展 → 反馈
         → 人员培训
合作单位 ← 宣传
```

(人员结构不支持线上展览、文创同时开展工作)

```
线上展览 → 委托合作单位 → 官方提供信息数据
                      → 合作单位制作     → 完成线上展览 → 展览开幕 → 观众数量统计
                      → 修改 调整
```

(博物馆缺乏相关专业人才)

```
自主研发 → 馆方人员设计 → 官方提供信息数据
                      → 合作单位制作     → 自主研发 → 馆方人员设计 → 销售 → 销量统计
                      → 修改 调整
代销或经销 → 馆方文创部门挑选、审核 → 合作单位生产大货
```

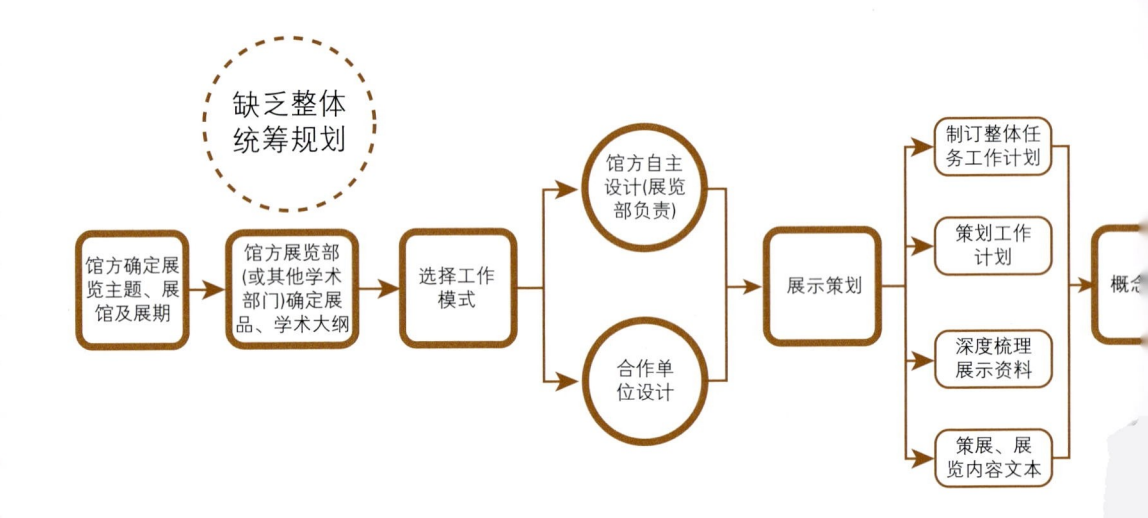

```
                                                          ┌──────────┐
                                                          │制订整体任│
                                                      ┌──→│务工作计划│
                                                      │   └──────────┘
                                      ┌─────────┐     │   ┌──────┐
                                   ┌─→│馆方自主 │     │   │策划工│
     ╱ ‾ ‾ ╲                       │  │设计(展览│     ├──→│作计划│
   ╱ 缺乏整体╲                     │  │部负责)  │     │   └──────┘
  │ 统筹规划 │                     │  └─────────┘     │
   ╲        ╱                      │      │           │   ┌──────────┐
     ╲ _ _╱                        │      ↓           │   │深度梳理  │
                                   │  ┌──────┐        ├──→│展示资料  │
┌────────┐   ┌──────────┐  ┌──────┐│  │展示  │┌──────┐│   └──────────┘
│馆方确定│   │馆方展览部│  │选择  ││  │策划  ││概念│
│展览主题│→  │(或其他学术│→│工作  │┤  └──────┘│      │   ┌──────────┐
│、展馆及│   │部门)确定展│  │模式  ││      ↑           │   │策展、展  │
│展期    │   │品、学术大纲│ └──────┘│      │           └──→│览内容文本│
└────────┘   └──────────┘           │  ┌──────┐            └──────────┘
                                    └─→│合作单│
                                       │位设计│
                                       └──────┘
```

```
                                                                    ╭─ ─ ─ ╮
                                                                    │社会教育│
                                                                    │工作介入│
                                                                    │ 较晚 │
                                                                    ╰─ ─ ─ ╯
                                                                       │
                                                                       ▼
                                                                   ┌────────┐
                                                                   │ 社会教育│
                                                                   └────────┘
                                       ┌──────────┐
                                       │展品布置   │
                                       │效果设计   │
                                       └──────────┘
                                       ┌──────────┐              ┌────────┐
                                       │立面图文信 │          ┌──▶│ 场外加工│
                                       │息展板设计 │          │   └────────┘
┌──────┐   ┌──────────┐  ┌────┐  ┌──────────┐  ┌────┐  ├──────────┤  ┌────┐  │   ┌────────┐
│展示分析、│   │上展图片、 │              │独立展项   │              │   │ 现场施工│
│设计说明 │──▶│初步设计│──▶│展品等资料 │──▶│深化设计│──▶│设计       │──▶│施工│──┼──▶└────────┘
└──────┘   │统计归档   │              └──────────┘              │   ┌────────┐
┌──────┐   ├──────────┤              ┌──────────┐              ├──▶│多媒体设 │
│展示形式 │   │展示形式   │              │落实展品   │              │   │备安装   │
│概念设计 │   │设计深化   │              │上展文字   │              │   └────────┘
└──────┘   └──────────┘              │图片展品   │              │   ┌────────┐
                                       │说明       │              └──▶│调试布展│
                                       └──────────┘                  └────────┘
                                       ┌──────────┐
                                       │施工图     │
                                       │绘制       │
                                       └──────────┘
                                                                  在施工或施工完成后
                                                                       │
                                                                       ▼
                                                                   ┌────────┐
                                                                   │文创产品│
                                                                   │研发     │
                                                                   └────────┘
```

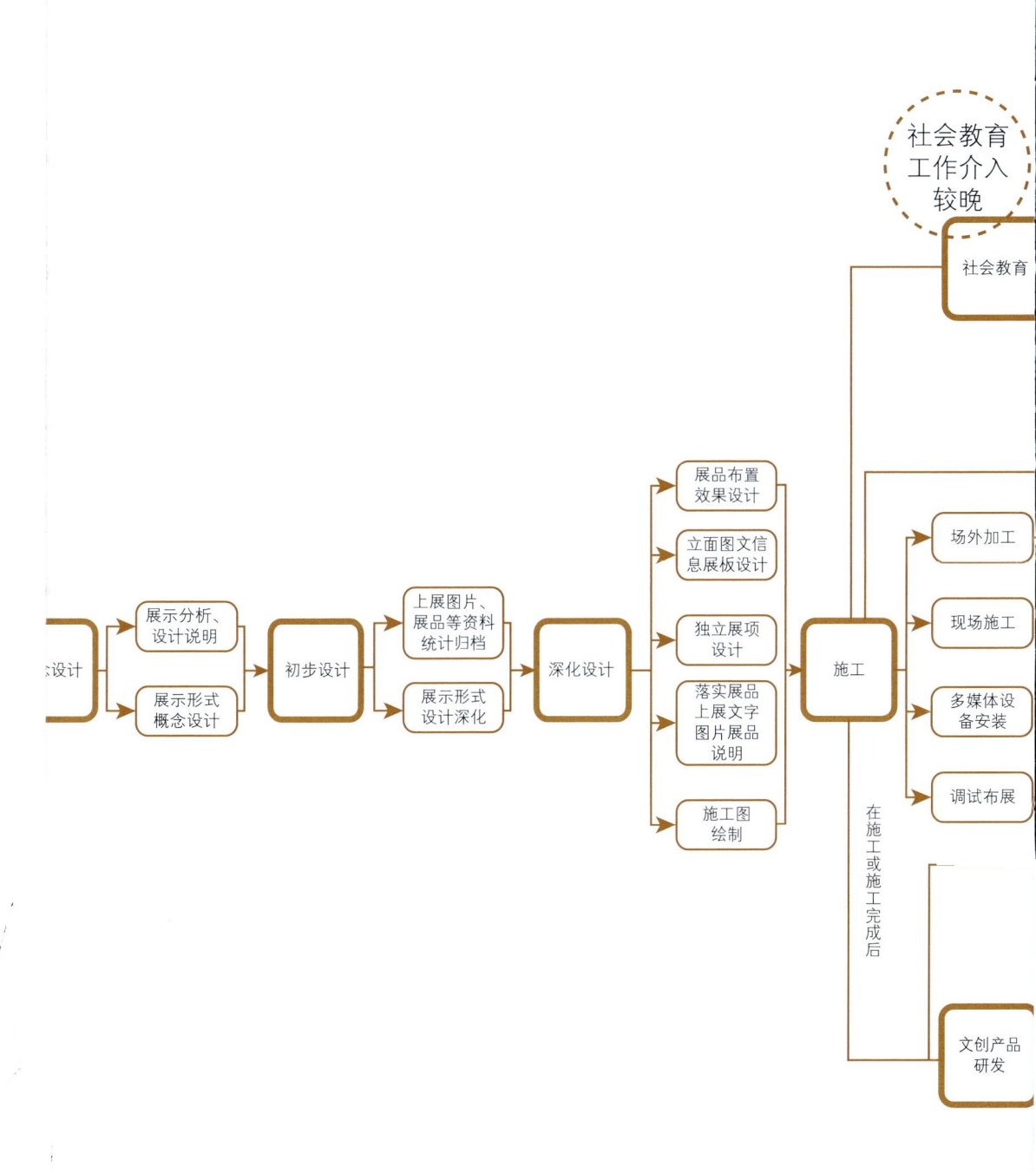

图 2-1 目前博物馆工作流程

览表现形式、展品类型及数量等。

馆方在选定展览主题时一般会根据博物馆定位、藏品以及上级单位要求等多方面因素确定展览主题，虽然展览主题及展馆一般会在上一个年度确定并上报上级单位，但是馆方也会根据当年实际情况对展览时间及展馆进行调整。展览主题的拟定一般由博物馆展览部（或相应部门）进行初步拟定，经馆方批示后再呈报上级单位备案。

第二步工作便是确定撰写学术大纲及展品，馆方的展览部会成立临时展览工作组，工作组成员一般为展览相关领域的专家。比如，展览主题为清代书画展，那么展览工作组的成员就以清代书画专家为主，由该群体负责学术大纲的撰写工作。展品选定则需要由展览部与文物管理部门共同协商完成，展览部拟定符合展览主题的展品清单，文物管理部门会根据展品的情况来判断拟定展品是否能够展出。

展览的设计一般由两种方式完成：一种是由馆方的工作人员完成，另一种是寻找合作单位完成展览设计。接下来便是展览内容策划设计，在展览学术大纲的基础上进行二度改编和创作，将学术资料、展品形象资料转换为可供展览形象设计和创作的展览内容剧本。完成展览内容策划设计后便开展展览概念设计，进行展示分析、设计说明，展示形式概念设计。初步设计则是对上展图片、展品等资料统计进行归档。接下来进行深化设计，展品布置效果设计，立面图文信息、展板设计，独立展项设计，落实展品上展文字图片说明及展品说明和施工图绘制。在完成展览的设计工作后，便开始进行线下展览的施工，具体包括场外加工、现场加工、多媒体设备安装及信息确认以及调试、布展等工作。

以博物馆举办的书画类展览为例，一般由博物馆的书画部撰写学术大纲及提供基础信息，与展览部共同沟通调整学术大纲，由展览部进行基础的形式设计（在展览施工制作工作中，有可能是由博物馆展览部工作人员自己设计、定制展具等，也有可能外包给其他公司完成）。

线上展览

早在 20 世纪 90 年代，随着"数字博物馆"概念的产生，线上展览已经开始进入人们的视野。[①] 21 世纪早期，网上博物馆的虚拟展厅就正式出现于大众面前。[②]

根据技术划分，目前中国线上展览主要有三种模式：集中呈现展品的图文目录，模拟动态文件夹、交互式画册、云端数据库等；依靠地图照相或者软件建模，真实复原实体场景，观者根据信息提示在箭头引导下可 360 度全方位"漫游"，具体有"虚拟模式"和"实物投影"两种形式；"全虚拟空间"具体分为全虚拟场景——搭建非日常实体展场与模拟交互展线，有拓宽层次和深化场景体验两种形式。

根据策展逻辑划分主要有两种形式：一种是作为线下展览的"替身"，另一种是独立的线上展览。

伴随数字信息的飞速发展，全球各大博物馆、美术馆等早已建立起自己的线上展览模式，中国现有的三种模式都是基于博物馆展览行业发展形成的。

文创研发

文创研发工作开展也相对较晚，由博物馆文创部门在展览设计完成后，有时甚至在展览施工后才开始进行设计生产。文创研发工作一般由博物馆自主研发或是代销、经销方式实现。若是博物馆自主研发，一般由馆方工作人员确定开发类别并完成设计后再寻找加工工厂生产产品，若是代销或经销方式则一般由馆方工作人员挑选与主题相关的产品进行售卖，在展期结束后进行产品的销量统计。此外，由于部分展览的展品比较难找到合适的文创研发点，导致文创

---

① 贺凌宇. 场景视域下线上展览发展研究[D]. 北京：北京印刷学院，2021.
② 简·基德. 新媒体环境中的博物馆 跨媒体、参与及伦理[M]. 胡芳，译. 上海：上海科技教育出版社，2017：12.

产品在上市后的反响一般。另外，展览预留给随展文创研发时间较少，产品从设计到生产通常十分紧张，对产品品质产生了一定影响。

社会教育

中国一些大型博物馆的社会教育多针对常设展览或博物馆自身历史文化开展，临时展览的社会教育活动由于展览时间有限，所以其社会教育活动的设计相对而言较为单一，仍有提升的空间。另外，针对临展的公共教育活动在展示策划及设计阶段均未纳入考量范畴，社会教育活动的策划一般在施工布展环节开展。博物馆展览的社会教育活动一般由博物馆的宣教部门或是合作单位（针对博物馆开设美育课程的机构）开展，主要工作内容有与展览策划方沟通、课程内容策划、课程路线设计、教材编写、教具准备、人员培训及宣传等，研发期一般需要二十天左右，社会教育活动一般贯穿整个展期，并通过活动参与者当场反馈评估社会教育的效果。

中国博物馆展览工作问题

中国博物馆在工作中缺乏对观众的深入了解，展览评价体系仍有改进空间，管理结构需要适当调整，现有的工作模式越来越难以满足观众需求。

缺乏对观众的深入了解

展览策划团队缺乏对观众的深入了解。对于中国大部分博物馆展览策划团队而言，展览开幕时，他们的主要工作便宣告结束，继而投入新的展览项目中。大部分策划团队的工作人员并没有长时间观察展览现场的观众观展情况，这使得展览的策划很可能会与观众的参观需求有脱节，长此以往使得展览不能满足观众的需求。

巴尔的摩艺术博物馆在 2022 年举办"守护艺术"（Guarding the Art）展中选择了 17 名安保人员进行策划，每位参与的安保人员将从博物馆藏品中挑选出一件展品，作为客座策展研究员，这些安保人员将与该馆全体员工一起挑选展品，并从时代、作品体裁、文化以及媒介方面诠释作品。① 巴尔的摩艺术博物馆选择安保人员参加项目是基于安保人员接触展览和展品的时间比其他工作人员更长的原因，对观众的充分了解是展览工作非常重要的部分。

目前，中国博物馆对展览观众的感受了解多通过统计参观人数、媒体随机采访，以及网络留言等方式，缺乏直接且全面的了解，这导致展览的策划工作与观众脱节，致使展览不能很好地满足观众需求，不利于提升展览水平。策划团队需要对观众有直接且深入的了解，从而能够及时了解观众的观展行为习惯及需求，不断调整工作模式，从而制作有吸引力的展览，满足观众需求。

展览评价体系略有欠缺

中国博物馆展览工作比较明显的问题是缺乏科学合理的展览评价体系。

目前的展览评价体系多是由政府及主管部门发起的行政考核，而由博物馆自发展开的科学、实时的展览评估活动相对较少，尚未形成全方位、多层次的展览评估体系。因此，尽管国内博物馆界在展览评估方式的探索及评估指标的构建等方面开展了一些有益的尝试，但仍存在展览评估覆盖范围有限、标准界定不清、评估构成相对单一、评估结果共享不足等问题。现有评价体系在监管博物馆展览质量、推进展览规范化与科学化发展及提升展览社会效益等方面的作用有限。

因为评估对象所覆盖的范围较为有限，展览评价体系越来越不能满足全国各类博物馆展览的评估需求。"十大精品"评选与定级评估侧重于对优秀实践

---

① 爱德华·甘茨."守护艺术"——巴尔的摩艺术博物馆将邀请安保人员策展［EB/OL］.［2021-09-26］. http://www.hongbowang.net/news/hw/2021-09-26/20303.html.

的选拔与评定，主要面向"精英式"的展览项目，无法覆盖和适应全国数万个不同类型与规模的展览项目。展览评估实践所采用的标准体系尚不完善，或将影响评估结果的客观性与公正性。对于展览评估来说，评估过程中主观因素影响较大。

中国博物馆展览评估以总结性评估为主，全方位、一体化的展览评估体系未完全成形。博物馆展览是一项集学术、文化、思想、技术于一体的系统工程，其中每一个环节都是影响展览成败的重要因素。因此，对于展览的评估应当贯穿展览项目的全过程，即应配合展览工程各阶段开展形成性评估和总结性评估。展览形成性评估的缺位，使得展览项目在策划和实施过程中缺乏有效监督和管理依据，诸多问题未能在策划、设计和施工阶段及时发现并修正，进而影响展览效果的呈现及社会效益的发挥，这也是造成当下不少展览的策划初衷与最终呈现大相径庭的重要原因之一。

视角较为单一，目前中国博物馆展览评审成员以文博领域的专家评审为主，缺乏其他领域人员参与博物馆展览评审，评审视角的单一不利于全方面评估、客观地评价展览。

就评审结果而言，未能实现评估资源共享，评估结果对博物馆与公众的开放度有限。正如上文所及，展览评估的内容应涵盖从策划、设计、施工直至开放的全过程，其评估结果是反映展览综合水平、分析展览优秀做法与薄弱环节等信息的一手资料。因此，展览评估结果的发布一方面可为各级文物行政部门加强全国及地区博物馆展览质量管理提供依据，另一方面也可为博物馆及时调整和完善陈列展览提供依据，同时对于其他相关主题的展览策划而言，展览学术资料及观众研究成果亦可实现共享。然而，当前的展览评估活动却处于相对封闭的状态。

管理结构尚有调整空间

博物馆缺乏有效的奖励机制，展览的效果与员工利益分配关联较低，因此较难调动博物馆员工的积极性。工作人员在按时举办展览的基础上尽可能简化自己的工作内容,"怕麻烦""怕担责任"成为诸多员工工作时的心态,在这样的工作状态下,线下线上与文创统筹规划无疑提升了工作的繁复程度,工作职责也较难界定,所以馆方员工并不愿意改变现有的工作模式。在现有工作机制下,博物馆方负责展览的工作人员通常将展览作为外包项目给合作单位完成设计及施工,由于缺乏有效的奖惩机制,馆方基层工作人员缺乏工作积极性,对于举办展览,特别是举办优秀展览的动力不足,并且在工作中,馆方工作人员与合作单位的配合度也偏低,因此很难出现非常令人"惊艳"的展览。所以,博物馆管理制度应考虑分层级,且需明确管理重点,根据展览特性灵活调整管理政策。

3. 博物馆展览核心工作分析

线下展览与线上展览的联动配合

博物馆展示空间的灵活性特点将愈发明显,主要体现在虚拟空间和现实空间的相互介入,以及由此带来的空间观念和空间形态的变化。博物馆展览空间设计既需要考虑线下展览空间,又需要考虑虚拟展览空间。线上空间展示和实体空间展示是一种相互促进的状态。虚拟展示传播大量信息,刺激观者对展品的兴趣,引发他们更进一步想要了解展示作品的兴趣,实体展示空间满足观众观摩真迹、交流互动的需求,这种合作互补的关系对于展示的长远发展是非常有益的。

在线上展览的实际应用中,已经产生了诸多问题。中国博物馆推出的独立线上展览较少，线上展览多作为线下展览的辅助出现。线上展览的筹备基本上在线下展览施工结束后才得以展开，线上展览在线下展览开幕后才上线的情况时有发生。博物馆的线上展览一般多针对常设线下展进行制作，临展及特展较少配有线上展览。观众进入线上展览参观时经常会遇到诸多不便，比如一些藏品无法拉近看到细节，以及场景转换不流畅。有些线上展览可能只做了局部线下展览复刻，导致观众无法在线上了解展览全貌。此外，线上展览宣传较少，许多观众都未能及时获得线上展览的信息。因此，部分观众认为现有的线上展览缺乏存在价值与意义，既不能满足观众观看实物展品的需求，又不能获取更多有效的信息。

展览文创产品研发工作

观众在观看展览后，在文创店内看到具备展览元素且制作精良的文创产品会产生消费欲望，观众渴望将观展的美好记忆以实物的方式留存下来。随着近年来博物馆文创热度不断攀升，观众对于文创产品的期待值也越来越高，逛文创店成为观众在观看展览后的一项重要活动，观众对文创产品的理解也有了变化，不少观众能够将博物馆文创与旅游纪念品区别对待。

由于观众对文创产品的关注，使得文创产品与展览之间应为一体化关系。文创产品是展览与观众之间的纽带，以文创产品为载体，通过其宣传影像吸引更多观众参观展览。另外，优质的展览能为文创研发带来更多的设计灵感，展品蕴含的文化元素是文创研发的基础，精彩的展览能够激发观众购买文创产品的欲望。

目前的文创研发工作开展也相对较晚，由博物馆文创部门在展览设计完成后，有时甚至在展览施工后才开始进行设计生产。由于博物馆通常将展览工作与文创研发工作视作完全独立的两个部分，所以在进行展览工作时，展览工作者与文创研发工作者较少有沟通。缺乏与展览策划方的沟通，文创研发团队通常是比较被动地获取展览信息且完整度较低，对于展览的理解不够深入，不利于随展文创产品水平的提升。因此，在现有文创研发团队与展览工作团队缺乏合作的工作方式下很难推出高品质文创。

展览社会教育活动的执行

社会教育能够更好地阐释展览。[①] 对于展览观众，虽然从整体而言，参观展览与参加社会教育活动都是双向的，但是，二者相对比，通过参观展览而获取知识是单向的，通过参加社会教育获得则是双向的。展览陈列是博物馆实现其教育功能的重要途径，博物馆工作人员通过整合、转化藏品、研究成果等各个方面的资源，通过展品与展品之间的关联，形式设计上的引导和烘托，图片和文字的辅助点拨等来深入浅出地对观众进行直观的教育，通过观众的自主参观来完成教育环节。公共教育活动是在轻松、活泼的氛围下，由馆方人员或外聘专家带领观众来互动、探索和体验的，可以启发和增进观众对藏品、展览或其他文化知识的理解和感悟。

教育活动的创意大量地、直接地来源于展览陈列，展览陈列需要教育活动来进行进一步的解读。博物馆作为非强制性的学习场所，展览陈列作为教育手段已为大众所熟知，但是展览陈列毕竟只是一个单向的传播过程，受众被动地接受信息。所以，不光是应该在展览开展后深度挖掘展览的知识点与趣味点，根据不同年龄观众的心理特点和行为特点，策划同一主题下不同层次、不同系列、不同形式和角度的面向不同观众的活动，而且更应该最开始就介入展览的策划过程，深入了解展览从无到有的过程，这样才能策划出独具眼光、饶有效

---

① 吴明.展览文创产品开发——博物馆展览阐释的新途径[J].博物院，2019（5）：72.

果的教育活动。将一件、一个类型或者一个系列的藏品做深、做透,将展览的主题思想、某个章节或者某个展厅做深、做透,而非浅尝辄止,教育活动才能跟整个博物馆所承载的有形和无形的文化遗产产生有机的联系,相得益彰,全方位地为观众打造历史文化体验和感受,以及学习的氛围和服务。

针对展览开设的社会教育活动策划工作启动较晚,且多与展览工作分开完成,所以展览空间在设计时对于教育活动空间的重视程度不够,尤其是临展展厅,有时没有预留足够的社会教育活动空间,不能很好地配合教育活动组织实施,从而在一定程度上影响社会教育活动的效果。此外,展览策划团队与社会教育策划团队的沟通与交流略有欠缺,会降低课程内容与展览内容的配合度。

4. 博物馆展览工作流程新范式

整体统筹线上线下展览、公共教育及文创研发工作

线上展览、线下展览、公共教育及文创这四部分工作应整体统筹规划,根据不同展览特征调整四部分的工作进度。线上展览与线下展览从不同角度呈现展览内容,使展览更为立体,帮助观众能够更深入地理解展品,而非简单的信息传递。文创产品与展览的高度配合能够提升产品吸引力,增强观众的购买欲,从而提升产品的市场影响力。与展览度契合高的文创产品能够强化观众对展览的感受与记忆,观众通过购买文创产品的方式将展览留存下来,能够保存对展览的记忆,是展览的一种延续。社会教育的策划应纳入展览策划工作中,并尽早开展。在馆方的展览策划团队中,应有四部分工作人员,即线下展览策划、线上展览策划、社会教育活动研发及文创研发人员,四个小组应同时推进

工作，自展览设计初始阶段将文创研发与线上展览筹备纳入考量范畴，使得展示逻辑能够既适合线下展览与线上展览，又能与社会教育活动及文创研发逻辑相匹配。

多视角的博物馆展览评价

多视角的博物馆展览评价应从不同视角开展博物馆展览评价工作。目前中国开展的博物馆展览评估基本由国家文物局主管、中国博物馆协会协同各级文物行政部门实施，评委会成员亦由主管部门任命或随机抽选产生。参评专家来自博物馆、教育、文化等相关行业，评价角度相对单一，未将其他领域人员纳入参评体系中。博物馆展览评价的主体来源多样，容易从不同维度去评价展览。

1997年国家文物局首次主办上一年度全国文物系统"全国博物馆十大陈列展览精品"评选活动之后，我国开始进行两年一度（从2013年开始一年一度）的"全国博物馆十大精品陈列展览精品"评选，旨在让博物馆树立精品意识，建立具体展览评分细则，引导我国博物馆陈列展览发展的方向，提升我国博物馆陈列展览的水平。"全国博物馆十大精品陈列展览精品"推选属于官方层面的博物馆展览评价活动。关于评选的标准，虽然先后公布了三个官方文件（分别是《全国博物馆十大陈列展览精品评选活动办法》《全国博物馆十大陈列展览精品评选章程》《全国博物馆十大陈列展览精品推介办法》），但是均没有涉及具体的评分细则，博物馆展览评价需要有具体细则。

博物馆展览评价工作分为定量数据统计与定性评价两部分。定量数据统计的信息包括展览陈列、展览教育、展览宣传及展览文创四部分内容（表2-1），是开展后续展览定性评价工作的重要参考数据。

表 2-1　展览工作定量数据统计表

展览陈列	展览经费
	展厅面积
	展品数量（线上、线下）
	展览交互项目数量
	观众接待量（性别、年龄比例、观众身份比例）（线上、线下）
	观众在展厅停留时间
	线下展览安防、消防情况综述，重要文物展柜特别防护措施，展线和展厅出入口、应急照明、消防栓及灭火器等的放置与标识情况等
	线上展览信息安全
展览教育	教育活动次数
	教育活动人数
展览宣传	获知展览途径
	各媒体平台浏览量统计
展览文创	文创产品种类和数量、定价情况、销售量和销售额
其他	展览期间交通情况

说明：此表用于收集展览的基础信息，作为评价重要依据之一。

定性评价的主体主要有：文博专家评价（表2-2），来自博物馆展览行业的专业评价，其评价主体多为文博领域的专家学者，由博物馆协会等文博机构组织；观众评价（表2-3），观众的身份背景不同，对于展览的理解也有所差异，展览工作者和观众对展览的评价有时会出现较大差异，观众的评价可以成为展览工作者未来工作中的重要参考依据，对展览工作的发展有着重要意义。加强观众视角评估，展览作为博物馆服务社会大众、实现社会责任的基本手段，观众是其生命之所系。因此，一项成熟的展览评估应当充分考量观众评价的因素，实现观众判断与专家判断的双重标准。现有观众对展览的评价方式以展览工作人员向观众发放问卷的形式出现，问卷内容设置较为简单，内容覆盖不全，观众评价应从"展览""社会教育""文创"及"服务"四个方面进行评价。同行工作者评价（表2-4），评价主体多为展览策划公司及设计师等相关行业人员，从专业的视角结合自身工作经验对展览进行定性评价。文旅行业评价（表2-5），许多在网络上传播广泛的展览吸引诸多观众前往展厅"打卡"，从而带动展馆附近消费，甚至可以带动区域经济。评价主体主要为文旅行业工作者、与文旅相关的企业及与博物馆展览业有合作关系的企业，评价的重点在于展览对于该区域经济所发挥的作用。

此外，还应建设"评审人员"储备库，确保"文博专家"展览评审成员、"同行工作者"评审成员与被评估的展览具有较高的匹配度，不同类型展览的评审人员应有所区分，使得上述两类评审主体的评价更为科学合理。并且，"评审人员"储备库应不断发展，分类不断细化。被纳入储备库的成员应定期进行评审培训，保证其在评审工作中能够更为客观、公正。

表 2-2　展览工作文博专家评价表

文博专家评价内容	专家评价要素	专家评价标准	评分占比
陈列展览内容设计	1. 展示资料	是否有充足的学术支持。 5分 /4分 /3分 /2分 /1分	15%
	2. 选题策划	（1）展览选题个性化特征。 5分 /4分 /3分 /2分 /1分 （2）展览定位、传播目的。 5分 /4分 /3分 /2分 /1分	
	3. 展品选择	（1）线上展览展品选择、安排情况。 5分 /4分 /3分 /2分 /1分 （2）线下展览展品选择、安排情况。 5分 /4分 /3分 /2分 /1分	

续表

文博专家评价内容	专家评价要素	专家评价标准	评分占比
陈列展览内容设计	4.展览内容	（1）线上展览主要内容，展示单元安排，各单元之间逻辑关系，展览"故事线"设计思路等采用了哪些学术界研究的最新成果和观点等。 5分/4分/3分/2分/1分 （2）线下展览主要内容，展示单元安排，各单元之间逻辑关系，展览"故事线"设计思路等采用了哪些学术界研究的最新成果和观点等。 5分/4分/3分/2分/1分	15%
	5.文字说明	（1）线上展览文字的设计安排。 5分/4分/3分/2分/1分 （2）线下展览文字的设计安排。 5分/4分/3分/2分/1分	
陈列展览形式设计	1.艺术表现	（1）线上展览中各重点、亮点部分的设计思路，设计艺术风格。 5分/4分/3分/2分/1分 （2）线下展览中各重点、亮点部分的设计思路，设计艺术风格，展览图片、图表的设计安排，光源选择，展览灯具数量和布点安排等，展板的风格设计、形式设计和内容设计的衔接等。 5分/4分/3分/2分/1分	15%
	2.空间规划	（1）线下展览对建筑空间的利用，展览空间规划。 5分/4分/3分/2分/1分 （2）线下展览展线设计，展线、展项设计中的人体工程学因素，参观氛围营造。 5分/4分/3分/2分/1分 （3）展览公共空间（游客中心、游客休息区、商店等）情况等。 5分/4分/3分/2分/1分	
	3.模型搭建	线上展览模型搭建。 5分/4分/3分/2分/1分	

续表

文博专家评价内容	专家评价要素	专家评价标准	评分占比
陈列展览形式设计	4. 辅助展品	线下展览辅助展品等的采用、排列思路、摆放方式与互动性等。 5分/4分/3分/2分/1分	15%
陈列展览制作情况	1. 制作施工	线上及线下展览制作综述。 具体： （1）线下展览展柜、展架、展台等展示设备的设计和选用情况，新技术、新材料的合理应用，展览符合建筑、装饰工程、环保、安防、消防要求以及国家相关规范的情况。 5分/4分/3分/2分/1分 （2）线上展览技术选择介绍。 5分/4分/3分/2分/1分	15%
陈列展览制作情况	2. 展览维护	线上及线下展览日常维护情况。 具体： （1）线下展览展柜对微环境的控制，温湿度、虫菌害的监控情况。 5分/4分/3分/2分/1分 （2）线上展览出现故障能否及时维护。 5分/4分/3分/2分/1分	15%
陈列展览制作情况	3. 安全设施	（1）线下展览安防、消防情况综述，重要文物展柜特别防护措施，展线和展厅出入口、应急照明、消防栓及灭火器等放置、标识情况等。 5分/4分/3分/2分/1分 （2）线上展览信息安全。 5分/4分/3分/2分/1分	
宣传情况	展览传播力与影响力	展览宣传情况综述，大众媒体、网络媒体对展览的报道等，利用互联网新媒体（微博、手机移动应用等）对展览的推广情况。 5分/4分/3分/2分/1分	10%

续表

文博专家评价内容	专家评价要素	专家评价标准	评分占比
观众服务	满足观众需求	（1）线下展厅语音导览服务情况，标识引导系统和观众服务设施配置。 5分/4分/3分/2分/1分 （2）线上服务是否全面。 5分/4分/3分/2分/1分	15%
社会教育	教育活动	（1）线上教育活动的组织实施。 5分/4分/3分/2分/1分 （2）线下展厅教育活动的组织实施。 5分/4分/3分/2分/1分	15%
文创产品	文创产品研发情况	（1）文创产品的品类。 5分/4分/3分/2分/1分 （2）文创产品的质量。 5分/4分/3分/2分/1分	15%

说明：对各项内容进行评分，根据不同评比内容分数所占比例计算总分数。

表2-3 展览工作观众评价表

观众评价内容	观众评价标准	评分占比
展览	（1）印象最深刻的展品/最感兴趣的单元。 （2）展品介绍是否便于理解？　是/一般/否 （3）展览内容介绍信息查询技术是否完善？　是/一般/否 （4）展厅照明是否舒适？　是/一般/否 （5）展厅的色彩感觉是否舒适？　是/一般/否 （6）交互项目是否有趣？　是/一般/否 （7）在展厅停留时间。	20%

续表

观众评价内容	观众评价标准	评分占比
社会教育	（1）是否享受讲解服务？ 是/一般/否	30%
	（2）讲解员内容、语速及态度。	
	（3）是否参加除讲解类的其他教育活动？印象最深刻的教育活动有哪些？	
文创	（1）能否选到心仪的产品？ 能/否	20%
	（2）产品与展览的关联度：有关联/无关联	
服务	（1）展厅工作人员服务态度是否良好？ 是/否	30%
	（2）空气流通及清新度：优质/一般/较差	
	（3）展厅内卫生情况：优质/一般/较差	
	（4）休息座椅是否充足？ 是/否	
	（5）交通是否便利？ 是/否	
	（6）展厅现场是否井然有序？ 是/否	

说明：对各项内容进行评分，根据不同评比内容分数所占比例计算总分数。

表2-4 展览工作同行业者评价表

同行工作者评价内容	同行评价要素	同行评价标准	评分占比
陈列展览内容设计	1. 选题策划	展览选题个性化特征	15%
	2. 展品选择	（1）线上展览展品选择、安排情况 （2）线下展览展品选择、安排情况	
	3. 展览内容	（1）线上展览主要内容，展示单元安排，各单元之间逻辑关系 （2）线下展览主要内容，展示单元安排，各单元之间逻辑关系	

续表

同行工作者评价内容	同行评价要素	同行评价标准	评分占比
陈列展览内容设计	4. 文字说明	（1）线上展览文字的设计安排 （2）线下展览文字的设计安排	15%
陈列展览形式设计	1. 艺术表现	（1）线上展览中各重点、亮点部分的设计思路、设计艺术风格。 （2）线下展览中各重点、亮点部分的设计思路、设计艺术风格，展览图片、图表的设计安排，光源选择，展览灯具数量和布点安排等，展板的风格设计，形式设计和内容设计的衔接等。	15%
	2. 空间规划	（1）线下展览对建筑空间的利用，展览空间规划。 （2）线下展览展线设计，展线、展项设计中的人体工程学因素，参观氛围营造。 （3）展览公共空间（游客中心、游客休息区、商店等）情况等。	
	3. 模型搭建	线上展览模型搭建	
	4. 辅助展品	线下展览辅助展品等的采用、排列思路、摆放方式、互动性等。	
陈列展览制作情况	1. 制作施工	线上及线下展览制作综述。 具体： （1）线下展览展柜、展架、展台等展示设备的设计和选用情况，新技术、新材料的合理应用。 （2）线上展览技术选择。	15%
	2. 展览维护	（1）线上及线下展览日常维护情况。 （2）线下展览、展柜对微环境的控制，温湿度、虫菌害的监控情况。	

续表

同行工作者评价内容	同行评价要素	同行评价标准	评分占比
宣传情况	展览传播力与影响力	展览宣传情况综述，大众媒体、网络媒体对展览的报道等，利用互联网新媒体（微博、手机移动应用等）对展览的推广情况。	10%
观众服务	满足观众需求		15%
社会教育	教育活动	（1）线上教育活动是否具有吸引力及与展览的配合度。 （2）线下展厅教育活动是否具有吸引力及与展览的配合度。	15%
文创产品	文创产品研发情况	文创产品的设计	15%

说明：对各项内容进行评分，根据不同评比内容分数所占比例计算总分数。

表2-5 文旅行业评价表

文旅行业评价内容	文旅行业评价标准	评分占比
博物馆收益	（1）文创产品、特色餐饮的收益及与展览相关的文艺演出等活动收益	20%
	（2）经济效益和社会效益是否相结合	20%
对相关产业的影响	（1）博物馆附近的酒店及餐厅收益	30%
	（2）展览期间来该城市旅游人数数量变化	30%

2. 定性评价

可根据陈列展览内容设计情况、陈列展览形式设计情况、陈列展览制作情况、宣传情况、社会教育情况、文创产品研发情况、展览工作人员情况几方面进行评价。

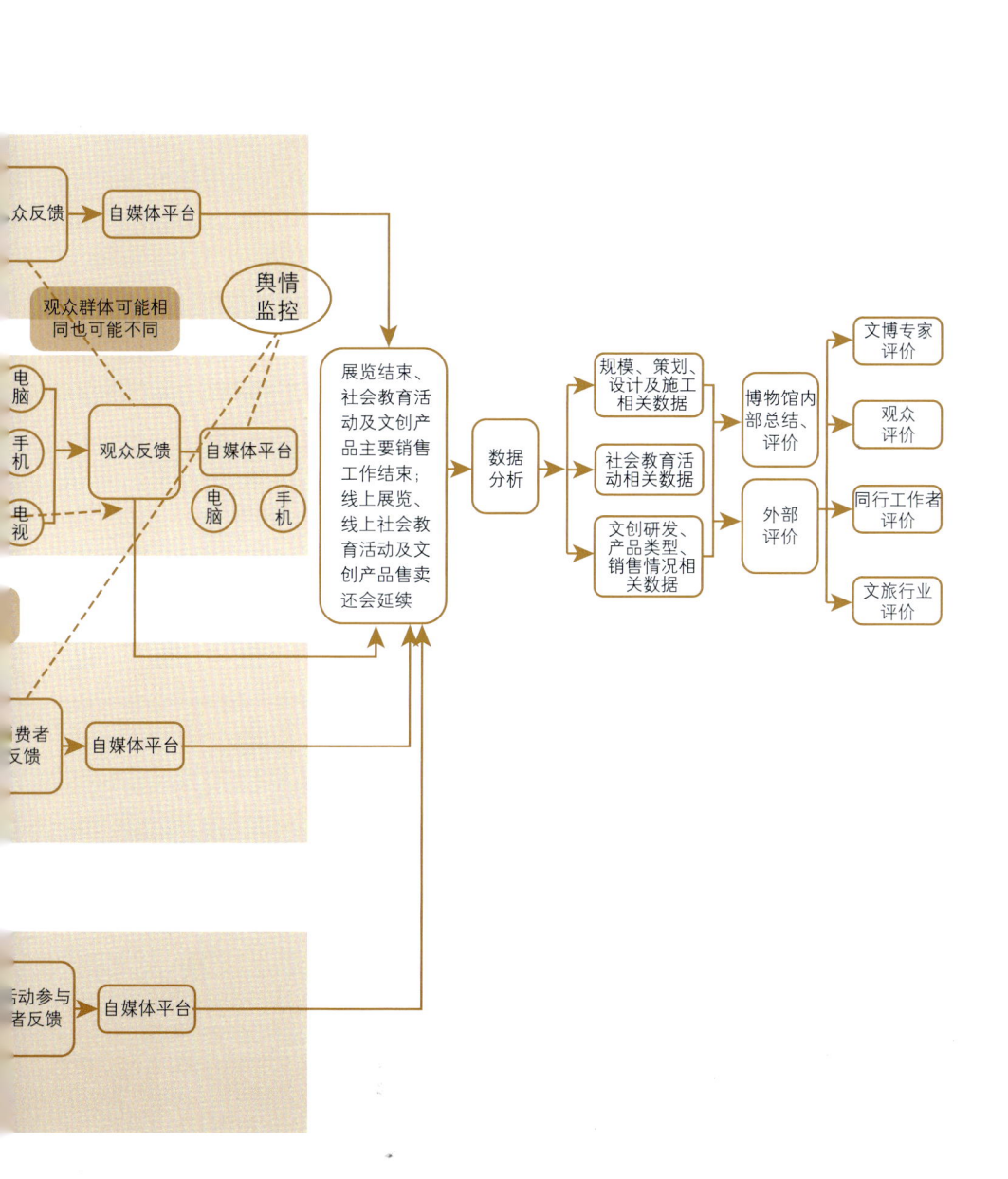

| 众反馈 | → | 自媒体平台 |

观众群体可能相同也可能不同

舆情监控

| 电脑 | → | 观众反馈 | → | 自媒体平台 |
| 手机 |
| 电视 |

电脑　手机

展览结束、社会教育活动及文创产品主要销售工作结束；线上展览、线上社会教育活动及文创产品售卖还会延续

→ 数据分析 →

- 规模、策划、设计及施工相关数据
- 社会教育活动相关数据
- 文创研发、产品类型、销售情况相关数据

→ 博物馆内部总结、评价

→ 外部评价

- 文博专家评价
- 观众评价
- 同行工作者评价
- 文旅行业评价

| 费者反馈 | → | 自媒体平台 |

| 活动参与者反馈 | → | 自媒体平台 |

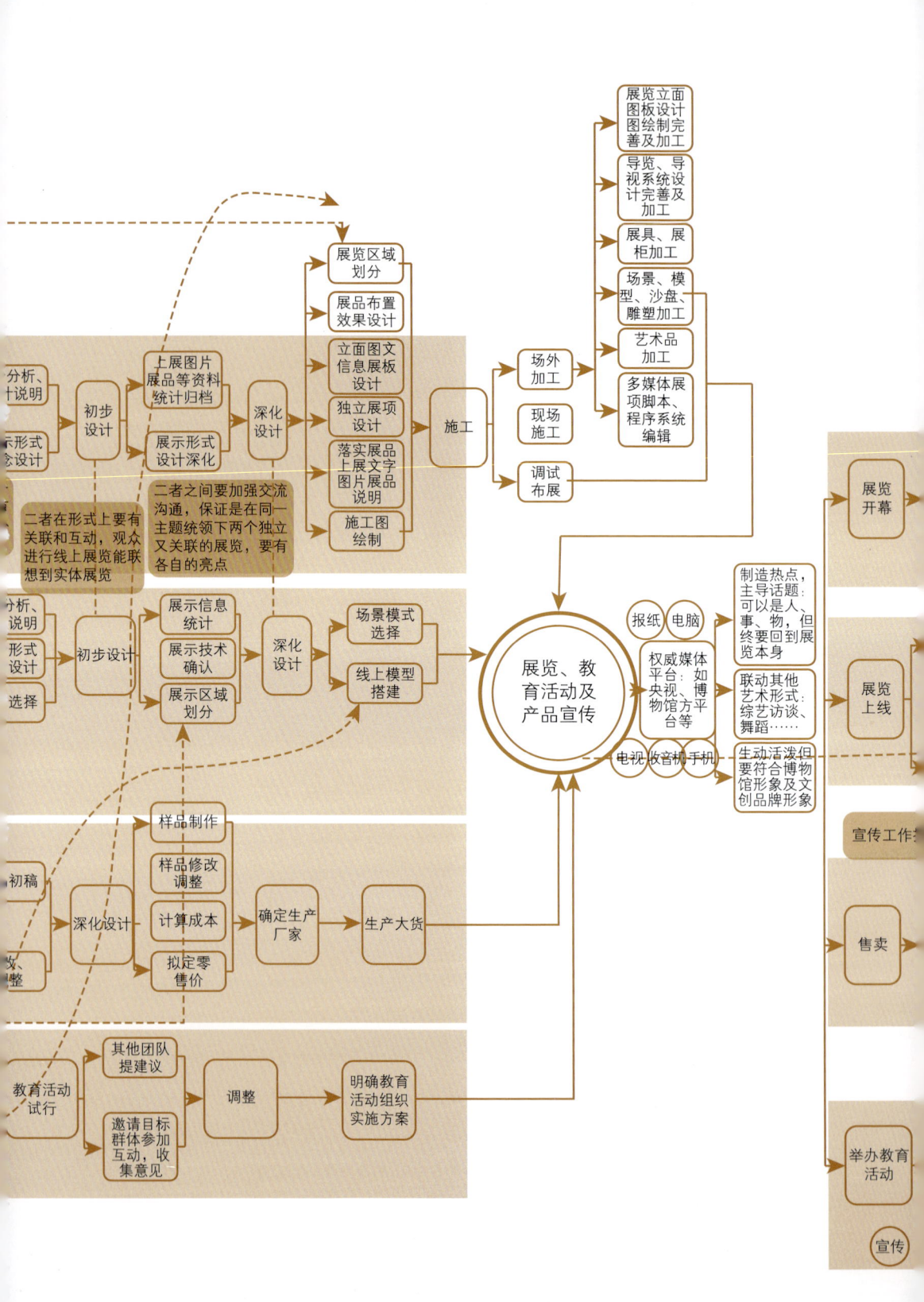

图 2-2 博物馆展览工作流程新模式

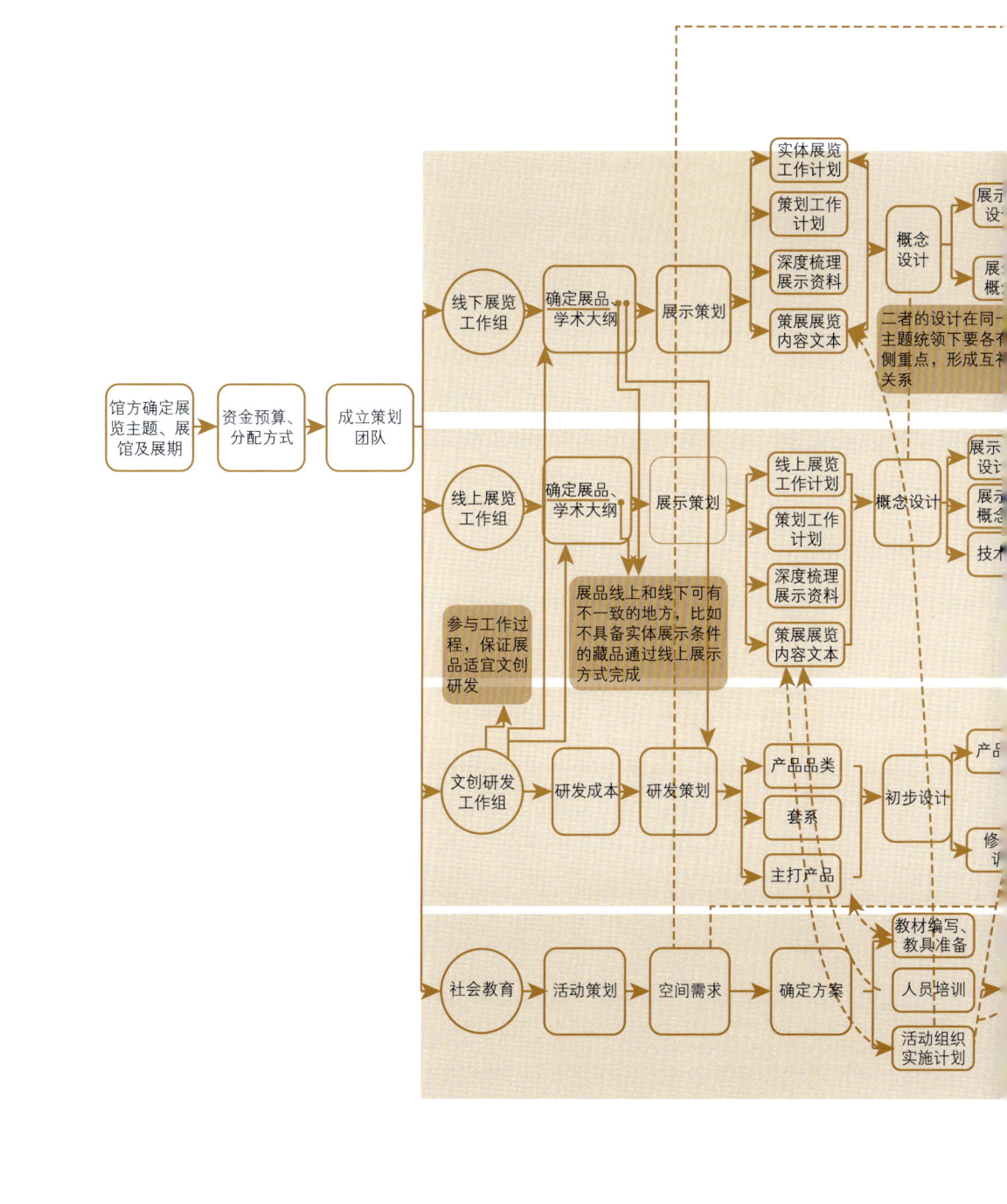

```
馆方确定展 → 资金预算、 → 成立策划
览主题、展    分配方式     团队
馆及展期
```

线下展览工作组 → 确定展品、学术大纲 → 展示策划
- 实体展览工作计划
- 策划工作计划
- 深度梳理展示资料
- 策展展览内容文本
→ 概念设计 → 展示设计 / 展示概念

二者的设计在同一主题统领下要各有侧重点，形成互补关系

线上展览工作组 → 确定展品、学术大纲 → 展示策划
- 线上展览工作计划
- 策划工作计划
- 深度梳理展示资料
- 策展展览内容文本
→ 概念设计 → 展示设计 / 展示概念 / 技术

展品线上和线下可有不一致的地方，比如不具备实体展示条件的藏品通过线上展示方式完成

参与工作过程，保证展品适宜文创研发

文创研发工作组 → 研发成本 → 研发策划
- 产品品类
- 套系
- 主打产品
→ 初步设计 → 产品 / 修订

社会教育 → 活动策划 → 空间需求 → 确定方案
- 教材编写、教具准备
- 人员培训
- 活动组织实施计划

博物馆展览工作新流程

博物馆展览工作需将线下展览、线上展览、公共教育与文创研发统筹规划。不同展览的工作环节与时间节点会根据实际情况有所差异，在实际工作中，工作人员需根据展览实际情况对工作步骤进行相应调整。

策划环节

博物馆在完成一个展览项目时，首先应明确展览主题、展馆及展期，并确定资金预算与分配方式。展览成立的策划团队应分为四个小组，即线下展览组、线上展览组、社会教育组及文创研发组，自展览设计初始阶段将社会教育、文创研发与线上展览筹备纳入考量范畴，使得展示逻辑能够既适合线下展览与线上展览，又能与社会教育及文创研发逻辑相匹配。

线下展览工作组及线上展览工作组均需根据各自特点确定展品及学术大纲并开展展示策划工作。由于文创研发组需要明确其研发成本再开展研发策划工作，研发成本对于研发的策划工作有着重要影响，所以在开展策划及后续设计等工作前需要明确研发成本，根据研发成本再确定产品品类、套系等策划工作。社会教育活动则需要先开展初步的策划工作，以便尽早向线下展览工作组明确所需空间条件。

线下展览与线上展览展品及学术大纲可以有所差异，比如一些不具备线下展示条件的展品（如展品的保存现状不具备展出条件或展品不在馆内等）可以通过线上展示方式完成，学术大纲也可根据线上与线下的特点做相应调整。在此过程中，文创研发团队要及时获取展品信息，并与线上展览及线下展览工作组及时沟通，保证展品具备文创开发的条件。线下展览、线上展览与文创研发要根据预算金额分配每部分工作的成本。

线上展览策划工作也需像线下展览一般，完成详细的展览工作计划、策划工作计划、整理展示资料以及策展等工作环节，而非像以往直接进入展览制作环节，文创研发要根据研发费用明确产品品类、套系及主打产品。社会教育活动研发要启动教材编写、教具准备，明确活动组织实施方案并培训工作人员，在此过程中，教育活动研发人员在编写教材过程中要与展览工作组加强沟通，应在完整把握展览信息、深入理解展览脉络及策展思路的基础上设计教学方案。教具的研发可以与文创产品研发相结合，研学用品可作为部分文创产品进行售卖。

设计环节

线下展览的概念设计主要包括展示分析、设计说明及展示形式概念设计，线上展览除上述两项工作外还包括技术选择工作，线上展览使用的技术要符合展览的策划，避免"炫技"现象出现。

在后续的初步设计环节，线下展览需要完成上展图片、展品等资料统计归档和展示形式设计深化工作。线上展览不同于线下发展固定的参观路线，其参观路线更为自由，因此在线上展览的初步设计环节区域划分及技术使用尤为重要，需要完成展示信息统计、展览技术确认，以及展览区域划分等工作。文创研发则需完成产品初稿及修改调整。社会教育活动需要进行试讲以便调整方案，在试讲过程中还需其他工作组成员以及教育活动目标受众群体参加此环节，综合双方建议进行调整。

进入深化设计阶段，线下展览需要完成展品布置效果设计、立面图文信息展板设计、独立展项设计，落实展品上展文字图片展品说明及施工图绘制等工作。相应地，线上展览则需要完成场景模式选择及线上模型搭建工作，而文创研发工作需要完成样品制作与修改。

实施环节

线下展览进入施工阶段，具体包含线上模型搭建、现场施工、多媒体设备安装、调试及布展工作，文创研发工作需要完成大货生产，社会教育活动则需明确最终组织实施方案。

在展览宣传方面，线下展览在权威媒体平台（如博物馆的官方网站、央视等）需要制造热点并能主导话题，热点话题可以是与展览相关的某件展品或某个人物，以此吸引大众，最终再将话题引入展览本身，还可以通过其他艺术形式，比如综艺访谈或与展览相关的舞蹈作品。线下展览的自媒体平台则以展示展览现场相关的图片及视频为主。线上展览的权威媒体平台发布的宣传稿件标题一定要"抢眼"，要有一定冲击力，才能吸引观众进入线上展厅。

然后是线下与线上展览开幕、文创产品售卖及社会教育活动启动。最后，需要专业的舆情监控体系，收集观众、消费者及教育活动参与者的评价。自媒体平台在此环节将发挥重要作用，用户在自媒体平台分享的体验感受具有极高的参考价值。对于一些可以及时调整的问题，工作人员可在展期过程中立即修正，提升后续用户的体验感；对于无法及时修正的问题，则需在今后的展览工作中避免发生。

评价环节

多视角展览评价，评价主体由文博专家、观众、同行工作者及文旅行业工作者等不同领域人员构成。博物馆展览评价工作将由定量信息统计与定性评价两部分组成。统计的信息包括展览陈列、展览教育、展览宣传及展览文创四部分内容，定量信息的统计是开展后续展览定性评价工作的重要参考数据。将评价结果进行数据化处理，建成全国共享的展览数据分享平台。在该平台上，用户可以看到不同主题展览的数量、规模、策划、设计及施工等数据；不同类型的社会教育活动数量、研发周期以及受众者反馈；不同类型文创产品数量及售卖情况等数据，都为展览工作者提供了参考依据。因此，展览工作的最后环节即为展览信息收集整理及评价分析工作，并将数据提供给"全国展览信息数据库"，实现评估资料共享，为后续展览工作的展开提供实践数据，从而促进展览行业的发展。

改变展览项目的组织与工作分配模式

调整策展组成员构成

成立策展组，成员由线下展览、线上展览、社会教育及文创工作人员共同构成，打破以往策展组以线下展览工作人员为主的单一模式，重大事项由策展组成员投票决定。策展组成员的调整能够尽早将线上展览、社会教育及文创研发工作纳入展览工作考虑范围。

调整科室划分模式

在以往的博物馆展览工作中，线下展览、线上展览、社会教育及文创四个工作团队有各自独立的组织结构，四个部门在进行科室划分时会有相似的科室，比如行政、宣传及舆情监管等。工作人员在工作方式上有共同之处，只是针对的具体内容不同，而由于四个部门相互独立，所以需要四组工作人员从事该类型工作。

而实际上，线下展览、线上展览、社会教育及文创四部分工作需要统筹规划，那么在分工上则不需要四套班底工作模式，根据实际工作内容，以提升工作效率为目标，打破以往僵化的部门科室划分模式。比如，线下展览宣传、线上展览宣传、社会教育活动及文创产品宣传可由同一批工作人员负责，不必由于部门不同而设置四个宣传科室。此外，观众反馈及舆情监管也是同理，线上展览与线下展览可共由一个负责观众反馈的科室负责，文创产品由于牵扯销售及售后服务等问题可单独设置科室负责消费者反馈工作，社会教育的反馈在活动结束后根据教具使用情况及互动情况即可获得。

馆方工作人员奖励机制

根据展览评价结果评定展览工作者的工作状况，以此作为奖励机制的考核标准。国有博物馆属于公益事业单位，实行的是事业单位绩效工资制度，员

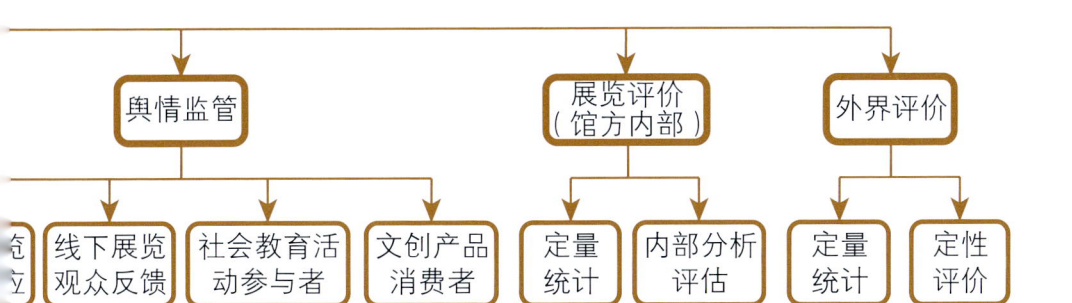

```
                    ┌─────────────┐         ┌─────────────┐      ┌─────────┐
                    │   舆情监管   │         │   展览评价   │      │ 外界评价 │
                    │             │         │ (馆方内部)  │      │         │
                    └──┬───┬───┬──┘         └──┬───────┬──┘      └──┬───┬──┘
        ┌──────┬───────┤   │   │               │       │            │   │
     ┌──┴──┐ ┌─┴───┐ ┌─┴──┐ ┌┴────┐        ┌──┴──┐ ┌──┴──┐       ┌─┴─┐ ┌┴──┐
     │线下 │ │社会 │ │文创 │       │        │定量 │ │内部 │       │定量│ │定性│
     │展览 │ │教育 │ │产品 │                │统计 │ │分析 │       │统计│ │评价│
     │观众 │ │活动 │ │消费 │                │     │ │评估 │       │    │ │    │
     │反馈 │ │参与者│ │者   │                │     │ │     │       │    │ │    │
     └─────┘ └─────┘ └─────┘                └─────┘ └─────┘       └────┘ └────┘
```

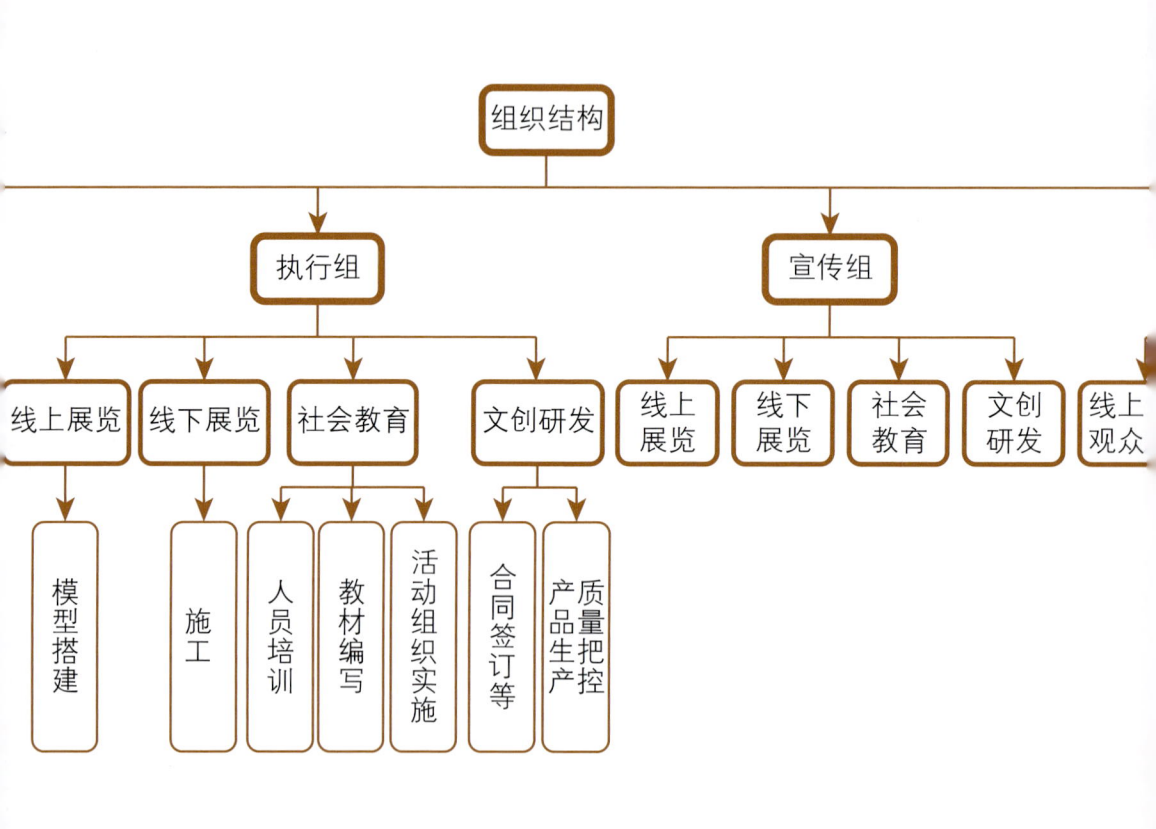

图 2-3　博物馆展览项目的组织与工作分配模式

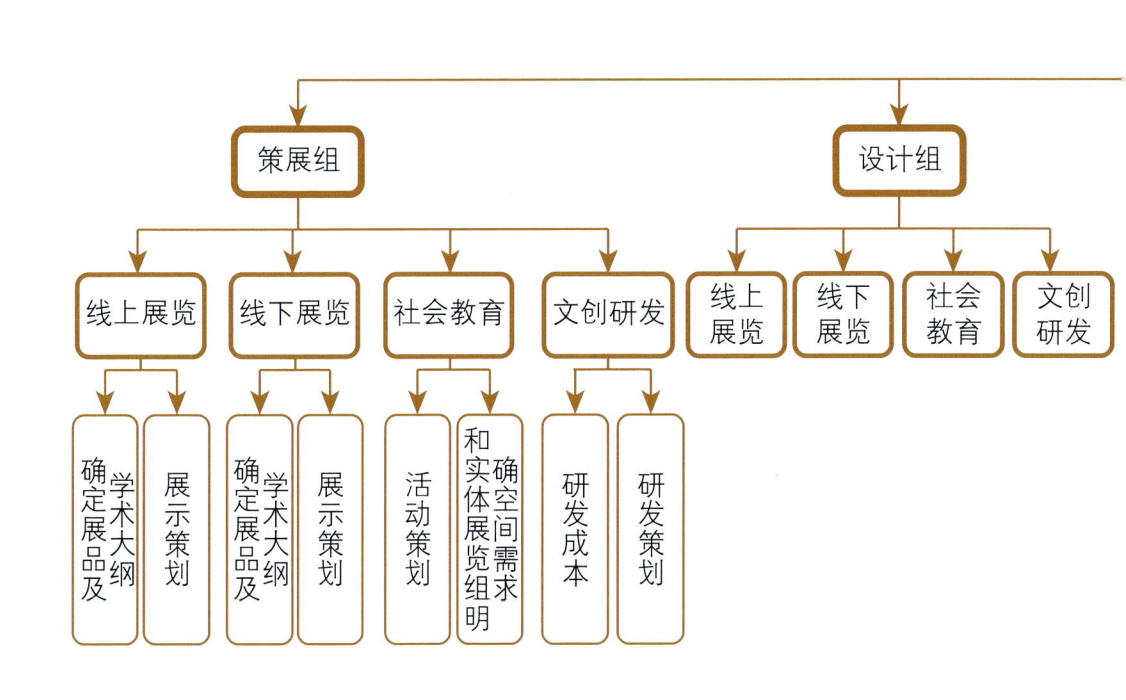

```
                    策展组                                    设计组
         ┌────┬────┬────┬────┐              ┌────┬────┬────┬────┐
      线上展览 线下展览 社会教育 文创研发        线上展览 线下展览 社会教育 文创研发
       ┌─┴─┐  ┌─┴─┐  ┌─┴─┐  ┌─┴─┐
    确定 展示 确定 展示 活动 确定  研发 研发
    展品 策划 展品 策划 策划 空间  成本 策划
    及学      及学       需求
    术大      术大       和实
    纲        纲         体展
                        览组
                        明
```

策展组 → 线上展览 / 线下展览 / 社会教育 / 文创研发
- 线上展览：确定展品及学术大纲；展示策划
- 线下展览：确定展品及学术大纲；展示策划
- 社会教育：活动策划；确定空间需求和实体展览组明
- 文创研发：研发成本；研发策划

设计组 → 线上展览 / 线下展览 / 社会教育 / 文创研发

工的收入与博物馆的社会效益关联度较低，导致冗员与核心人才不足的现象并存。部分员工有"大锅饭"思想，事务越多，工资不涨，不如"事务减少，工资照拿"，主观上没有提高博物馆社会效益的动力，就难以在行动上积极服务公众。鉴于现行国有博物馆的绩效管理机制对职工缺乏激励作用，因此，亟须建立一套与职工薪酬挂钩的绩效管理机制，调动职工的积极性，以便向公众提供多元化、多样性的文化服务。

馆方工作人员的奖励机制可以与展览评价相关联，多视角的展览评价可以让更多工作者的劳动成果得到认可，也大大增加了其获得奖励的几率，从而打破"干多干好一个样、干好干坏一个样"的状况，充分调动馆方工作人员的积极性，从而促进展览水平的提升。

调整博物馆合作设计师收益分配

以文创产品研发为例，博物馆与合作单位一般采取代销或者经销方式进行合作，产品的著作权归双方共有或是博物馆方所有，设计师不能完全享有产品的著作权，也不能以产品设计者身份进行宣传或参加设计类比赛。现行的合作方式无法吸引优质的设计师参与博物馆的文创研发工作，因此博物馆方应调整合作设计师的收益分配模式以及著作权所有模式，调动一流设计师参与博物馆文创工作的积极性，让优秀的设计不断地出现在博物馆工作中。

5. 小结

线上与线下的融合已经深刻影响着大众的生活方式，观众对于展览的需求也产生巨大变化，目前的博物馆展览工作模式仍有提升空间。首先，需要明确当今博物馆展览工作范畴已不再仅仅是单一的线下展览策划布展，而是包含线上展览策划设计、社会教育活动策划设计以及文创产品研发等多方面的工作，展览工作范畴的延伸需要我们打破固有展览工作思维，以新的工作方式完成展览。

具体而言，展览工作者需要统筹规划线上展、线下展、社会教育以及文创研发工作，改变以往线下展工作优先，线上展、社会教育及文创研发工作启动过晚的状态，要加强四方面工作人员的沟通合作，使各环节逻辑关系更紧密，达到最佳效果。此外，建立科学的展览评价标准，既能对优劣进行评价，又是大型数据库，对展览数据进行分析，为今后的展览工作提供参考依据。

展览是体现博物馆价值及灵魂的关键，也是衡量博物馆研究水平及质量的重要路径，是实现博物馆自身角色定位及其社会职能的必由之路。优质的展览能够更好地发挥博物馆职能，科学的展览工作模式是展览品质的保证，展览工作模式需要不断调整和完善，才能促进博物馆展览的创新与发展。

作者简介

赵晓祎　故宫博物院馆员。

2014 年获中央美术学院艺术管理系艺术学学士学位，2016 年获美国萨凡纳艺术与设计学院艺术管理系文学硕士学位，2020 级清华大学美术学院博士在读。

发表论文：《故宫博物院艺术衍生品现状研究分析》《故宫博物院展陈空间新尝试》《前门街区文化产业开发新思路》《故宫古建保护与展陈工作的启示》《故宫文创产品线上运营现状与发展》。

第三章

"网红展"的现象研究及启示

刘思佟

| 摘要 |

  作为一种现象级存在,"网红展"正在迅速发展。本章将深入剖析"网红展"的现象,探究其中的网红化传播特征。通过对展览主题、传播内容、传播媒介、传播主体关系等方面的分析,解读"网红展"产生的效果反馈,揭示其对文化本身的消极影响。同时,分析产生消极影响的根本原因及其背后的本质逻辑,界定本章的关键问题。最后,根据"分众"的方式提出解决方案,对展览进行分级化设定,以达到展览的目的。

第三章 "网红展"的现象研究及启示

1. "网红展"现象概述

"网红"与"网红展"现象

"网红"是指在网络媒介环境下，由网红主体、技术媒介、资本运作及大众心理共同促发的一种社会现象。起初，"网红"的狭义概念指"网络上走红的人"，包括个人化营销及公司化运作两种模式。在此阶段，"网红"仅具有名词属性。一般来说，网红具备几个特性：①草根性，多为素人，通过网络平台得到知名度；②具有大量的粉丝，关注度较高，拥有独特的个人魅力、可信性与专业性；③与粉丝的互动性较强；④以互联网为平台崛起，"爆红"之后，通过互联网的平台形成社交资产并实现变现；⑤具有典型的亚文化特征。

随着"网红"这一概念的泛化及词性的转向，"网红"这个词逐渐开始具有形容词属性，由最初的指代"人"到如今泛指一切具有网红属性的物品、景点、事件及行为。这时，"网红"这一概念形成了贯穿日常和网络生活的特有逻辑，出现了"网红餐厅""网红景点""网红建筑""网红奶茶"等，为"网红展"的出现提供了现实语境。

据《经济日报》报道，截至 2019 年 1 月，已有近 10 亿人走进博物馆观看

展览，各种类型的艺术展览风靡，其中有摄影展、书画展、美术展等传统型艺

"WAVELENGTH：出厂设置"展 　　　　"潮流教父"KAWS展

"糖果乌托邦"展 　　　　兰登国际"雨屋"展

"蜷川实花展：虚构与现实之间" 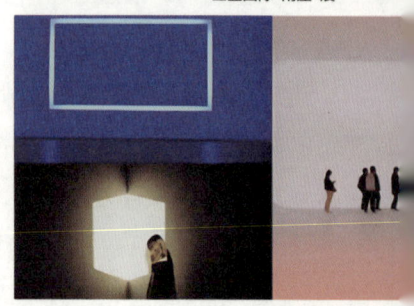　　　　詹姆斯·特瑞尔个展

图3-1　层出不穷的"网红展"

术展览，也有当代装置艺术展、新媒体展览等，当然也不乏承载着后现代主义

"棉花糖与白日梦"展

草间弥生个展："我的一个梦"

莱安德罗·埃利希个展："虚·构"

"随物生心"展

teamLab"花舞森林"展

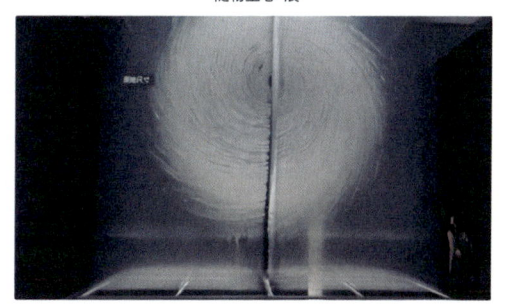

"感知边缘"展

艺术风格的展览——"网红展"。①

"网红"逐渐成为新时代最风靡的流行语和话题标签之一，某种程度上，"网红展"可以说是网红现象在当今社会文化领域的一种"变现"。② 在体验型经济的当下，"网红展"作为一种现象级存在（图3-1），呈现出雨后春笋般的增长势头。国内外大小展览迎合人们的拍照打卡需求，其体验价值远超内容本身。即使没有去过，我们也可能在社交媒体上浏览过这些展览。年轻人的亚文化潮流在网红化展览浪潮下得以发酵，其原因值得深思。

"网红展"的概念溯源

在《三联生活周刊》2018年第43期的文章《有一种展览叫"网红展"》和《到底该如何定义"网红展"》中，作者指出"网红展"不具备"令人仰慕的高贵传统艺术"和"匪夷所思的当代艺术作品"的特点，相反，网红展更像是一系列超现实的场景陈列，让观众无须做任何功课即可获得轻松愉悦的体验。文章提到这种体验或许让人联想到《娱乐至死》中赫胥黎式的文化滑稽戏和奥威尔式的体验。

成都当代美术馆执行馆长蓝庆伟在《艺术当代》发表的一篇文章中对"网红展"做出了定义。他认为，"网红展"是一种旨在吸引非艺术行业网民的展览形式，其直接强调与大众消费之间的关系。由于其英文翻译为"pop-up-exhibiton"或"made-for-instagram exhibition"，因此也被称为"快闪展"。在《艺术与活动》一书中，希拉里·杜克罗斯（Hilary du Cros）和李·乔利夫

---

① 详见《经济日报》多媒体数字报刊2019年1月10日《乐见"10亿人次走进博物馆"》一文。

② 详见《凤凰艺术专题 | 2019年中国当代艺术主题综述（九）：2019中国当代艺术"网红展"综述》一文。

（Lee Jolliffe）将"快闪展"的概念追溯回到了 2007 年。[①]

"网红展"于 2016 年问世，由美国策展人 Maryellis Bunn 和 Manish Vora 共同策划的"冰淇淋博物馆"（图 3-2）所引领。当时，两位策展人并没有意识到这场展览会成为一个"网红"，因为展览中并没有包含任何关于冰激凌的历史和文化内容。相反，展览中展示了丰富多彩的甜点装饰和色彩饱和度较高的展品，如大型甜筒、巨型棒冰和彩虹糖泳池等，供人们拍照打卡。这种新型展览概念成功吸引了广大 Instagram 用户的青睐，成为当时备受追捧的"网红展"，这是"网红展"的最初实践者之一。

图 3-2　冰淇淋博物馆

"网红展"的类型

通过剖析当前被观众所认知的"网红展"，可以发现其具有不同的传播属性，并可以将其划分为不同的类别（图 3-3）。这种分类有助于更明确地界定"网红展"的概念。因此，本章将在此基础上，对"网红展"进行进一步探讨。

---

① 翁美霞."网红艺术"与当代艺术的趋同[D].广州：广东工业大学，2021.

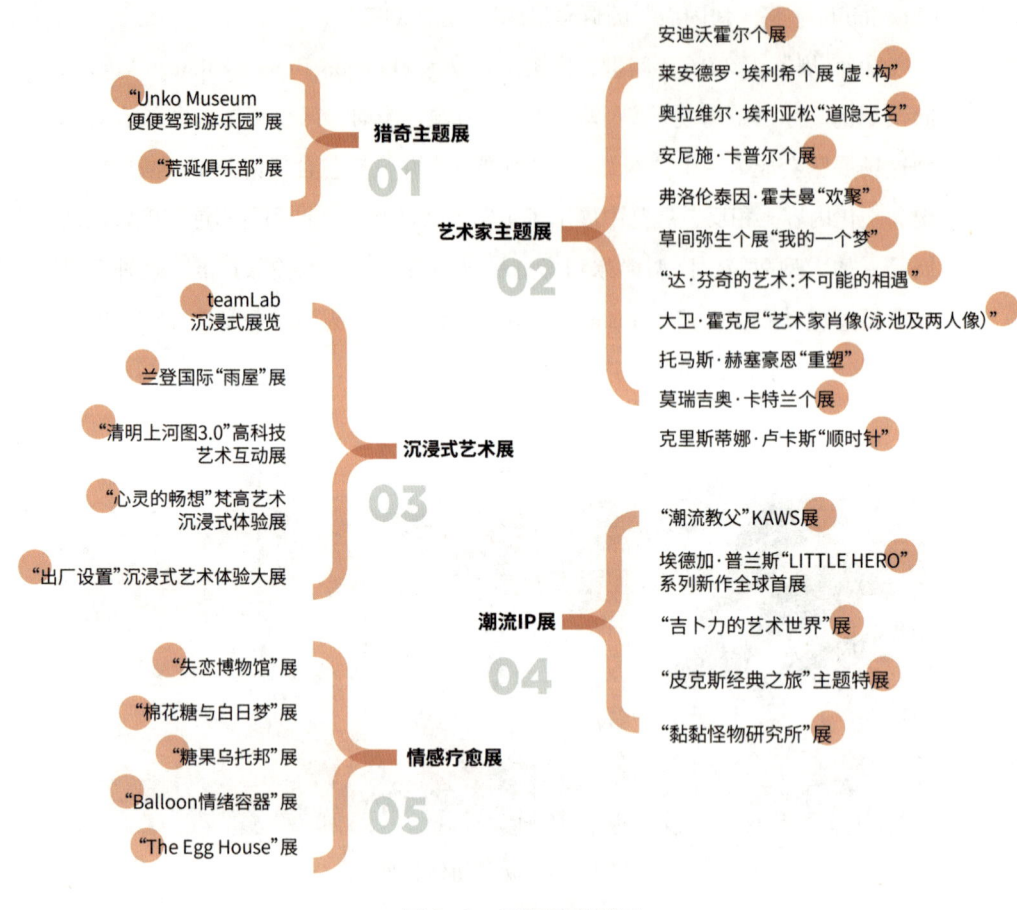

图 3-3　网红展类型图

01 猎奇主题展
- "Unko Museum 便便驾到游乐园"展
- "荒诞俱乐部"展

02 艺术家主题展
- 安迪沃霍尔个展
- 莱安德罗·埃利希个展"虚·构"
- 奥拉维尔·埃利亚松"道隐无名"
- 安尼施·卡普尔个展
- 弗洛伦泰因·霍夫曼"欢聚"
- 草间弥生个展"我的一个梦"
- "达·芬奇的艺术：不可能的相遇"
- 大卫·霍克尼"艺术家肖像(泳池及两人像)"
- 托马斯·赫塞豪恩"重塑"
- 莫瑞吉奥·卡特兰个展
- 克里斯蒂娜·卢卡斯"顺时针"

03 沉浸式艺术展
- teamLab 沉浸式展览
- 兰登国际"雨屋"展
- "清明上河图3.0"高科技艺术互动展
- "心灵的畅想"梵高艺术沉浸式体验展
- "出厂设置"沉浸式艺术体验大展

04 潮流IP展
- "潮流教父"KAWS展
- 埃德加·普兰斯"LITTLE HERO"系列新作全球首展
- "吉卜力的艺术世界"展
- "皮克斯经典之旅"主题特展
- "黏黏怪物研究所"展

05 情感疗愈展
- "失恋博物馆"展
- "棉花糖与白日梦"展
- "糖果乌托邦"展
- "Balloon情绪容器"展
- "The Egg House"展

图 3-3　网红展类型图

（1）猎奇主题展

通过抓取观众的猎奇心理设置的猎奇主题展。例如"Unko Museum 便便驾到游乐园""荒诞俱乐部"等（图3-4）。这类展览通常以异想天开、古怪、离奇的主题为特点，强调观众的参与性和互动性，甚至会涉及一些让人感到"恶心"或"不可思议"的元素。这种类型的网红展通常会吸引既有的粉丝群体，也会吸引一些因为好奇而前来探索的观众，其传播特点在于独特性和新鲜感。

"Unko Museum 便便驾到游乐园"展　　　　　　　　　　"荒诞俱乐部"展

图 3-4　猎奇主题展

（2）艺术家主题展

依据著名艺术家具备的自身流量属性所打造的超级大展。例如，安妮施·卡普尔个展、"心灵的畅想——梵高艺术沉浸式体验"展、大卫·霍克尼"艺术家肖像（泳池及两人像）"、弗洛伦泰因·霍夫曼"欢聚"展、"达·芬奇的艺术：不可能的相遇"展、草间弥生"我的一个梦"、莫奈特展、克里斯蒂娜·卢卡斯"顺时针"展览等（图3-5）。这种类型的展览通常依托艺术家本身的知名度和影响力，聚焦其代表作品，旨在通过更生动、更真实、更身临其境的方式来呈现艺术家的创作理念和人生历程。

（3）沉浸式艺术展

通过新媒体艺术的手段打造具有沉浸式观展体验的艺术场景，从而吸引大量流量。这些展览通过打造网红场景来获得关注，如 teamLab "花舞森林"、兰登国际"雨屋"等（图3-6）。此外，还有传统艺术展通过新媒体技术手段进行升级，从而"翻红"，例如《清明上河图3.0》高科技艺术互动展等。这类新型艺术展览的特点在于，它们将艺术与科技、体感、互动等元素结合在一起，通过利用数字技术来将观众带入一个可以身临其境的艺术场景中，让观众可以在其中获取前所未有的观展体验。

安尼施·卡普尔个展现场　　　　　　　　心灵的畅想——梵高艺术沉浸

弗洛伦泰因·霍夫曼"欢聚"展　　"达·芬奇的艺术：不可能的相遇"展　　莫瑞吉奥·

图3-5　艺术家主题展

兰登国际"雨屋"展　　　　　　teamLab"花舞森林"展

图3-6　沉浸式艺术展

大卫·霍克尼"艺术家肖像（泳池及两人像）"展

莫奈特展

（4）潮流 IP 展

通过巧妙地运用各种潮流 IP 进行品牌化和文创化的展览，可以为观众打造一场丰富多彩的文化盛宴。这些 IP 形象都拥有广泛的粉丝群体和深厚的文化背景，将其与艺术跨界结合，能够引发人们的情感共鸣和文化思考，探讨当代艺术的多样性和创新性（图 3-7）。

（5）情感疗愈展

还有一类特别受欢迎的"网红展"类型，被称为情感疗愈展。这类展览会将心理或社会问题的局部放大，比如失恋、压力、抑郁等，并通过体验式和趣味化的方式呈现，让这些问题变得更为生动和展览化。"失恋博物馆"网红展、"棉花糖与白日梦"和"Ballon 情绪容器"艺术疗愈展等都是这类展览中备受追捧的代表（图3-8）。这种类型的网红展强调情感共鸣和治愈效果，在传播

"潮流教父" KAWS 展 　　　　　　　　"吉卜力的艺术世界"展

图 3-7　潮流 IP 展

"失恋博物馆"展 　　　　　　　　"Balloon 情绪容器"展

图 3-8　情感疗愈展

过程中特别吸引年轻人和那些遭遇情感困扰的人。通过观展,观众能够释放情感,以一种积极的方式面对自己的困境。因此,在未来策划类似展览时,可以加强情感疗愈元素,创造更深层次的参与感,让观众在享受文化和娱乐的同时,也能够获得内心的治愈和安慰。

"皮克斯经典之旅"主题特展

"棉花糖与白日梦"展

"网红展"的流行成因

（1）体验经济、网红经济

在体验经济时代，安迪·沃霍尔曾预言"每个人都可以成名五分钟"，现如今，"网红展"越来越成为时代的潮流。展览通过为观众提供全新的体验感受，满足人们追求"快速满足感"的需求，同时通过"打卡式"体验刺激观众在社交媒体上的二次传播，实现了体验经济时代下的传播特征。然而，在这个过程中，观众对于艺术家和作品的感受和体悟却往往被忽略，甚至被大打折扣。

（2）文化艺术土壤

在牛津通识读本《当代艺术》中，英国艺术评论家朱利安·斯塔拉布拉斯提到了当代艺术的三个主要特征：与大众文化的合谋和竞争、装置艺术的兴起以及与时尚领域的关系日益密切。在这种背景下，展览空间的转变也成为一种趋势。传统的美术馆、画廊、博物馆等展览场所已经不再仅仅起到承载作品的"容器"作用，而更多地朝向了提供观众体验的文化教育或文化消费空间转变。因此，这些展览空间的形式也趋向于多元化，展示手段和方式趋向于更加创新与多样性，以满足现代社会观众对于文化体验的多元化需求。同时，这也为"网红展"的兴起提供了良好条件。

（3）艺术媒介多元化

数字时代下，新媒体艺术呈现出交互性、实时性、体验性等多重重要特征，这些艺术形式的变革为"网红展"的兴起提供了强大合力。在全球知名数字艺术家团队 teamLab 的数字艺术秀中，通过人与人、人与场景的交互，每个人都能在其中感受到数字技术所带来的超越物质的艺术享受。在这个没有界限的场域中，观众能够体验五感联动下的繁华"视"界，达到与艺术作品互动共创的境界。而在兰登国际的"雨屋"中，也呈现出数字技术缩短了观众与舞台的距离，营造了表演者与观看者微妙互动的魅力。这部作品作为美国纽约现代艺术博物馆生态主题展览的一部分，创造出了一个特别的展览空间，在那里大雨持续不断，但却不会淋湿观众的身体，给观众带来了前所未有的触感、视觉和听觉体验，营造了表演者与观看者的微妙互动。

（4）审美高级化——品位焦虑

"品位"的英文翻译是"grade"，该词后来演变为一个更抽象的概念，即"鉴赏力"（discrimination）。[①] 人们的"品位"在社会发展、传播媒介和心理等多方面因素中塑形，在消费文化盛行与人们趋同审美倾向的当下，"品位焦虑""小红书打卡"等大众媒介在不断强化"高级感"，使得人们更倾向于"高级化"审美，以迎合大众的审美倾向，从而更愿意选择去迎合社会的"品位"偏好，由此也带来了消费方式及生活方式的转变。

（5）媒体的深度融合

在媒体深度融合的环境下，"网红展"获得了更好的发展机遇。以往传统的展览方式已经无法满足观众的文化需求，而"网红展"正是通过深度融合的方式，将线上和线下的体验结合起来，使观众在享受视觉、听觉和互动体验的同时，也获得了更丰富多彩的文化体验。同时，"网红展"也通过社交媒体的传播和影响，不断扩大其影响力和知名度。因此，媒体的深度融合促进了"网红展"的不断发展，也为未来的多媒体发展带来了更多的机遇与可能性。

---

① 杨依晴."打卡热"中的青年时尚品位分析［D］.上海：华东师范大学，2020.

2. "网红展"的"网红化"特征

"网红化"是指在"网红"概念普及的基础上,通过抽象化提取"网红展"的共性特征,并将其运用于当下盛行的网红经济时代的展览活动中。这种现象主要表现在展览的传播速度、传播模式和传播内容所体现的特定文化和亚文化特征上。表现为以下几个方面:

展览形式"网红化"

"网红展"的展品通常要具备"高颜值"的属性,即要极具审美感,并且配以视觉设计、灯光、音乐等氛围营造手法,以夸张的手法给观众带来强烈的视觉冲击和体验。因此,有些展品本应只是媒介,但在"网红展"中却成了焦点。例如,霓虹灯光束、氛围灯、电视机等展品在网红展中非常常见,形成了一种极具视觉冲击力的景观现象。

传播主体关系"网红化"

在传播过程中,传播主体不仅是内容的输出方,同时也是传播行为的起始点,由此负责对内容进行的收集、整理、选择、处理、加工和传播。在"网红展"的传播中,传播主体呈现多元化的形态,包括展览官方、艺术家、策展人及受众。其中,以展览官方为中心的传播主体,通过各种渠道向艺术家和策展人裂变式传播信息,并不断地将信息传播给受众,而受众本身也是传播主体中的重要角色。此外,各传播主体之间还表现为网络状、交互式、裂变式的传播

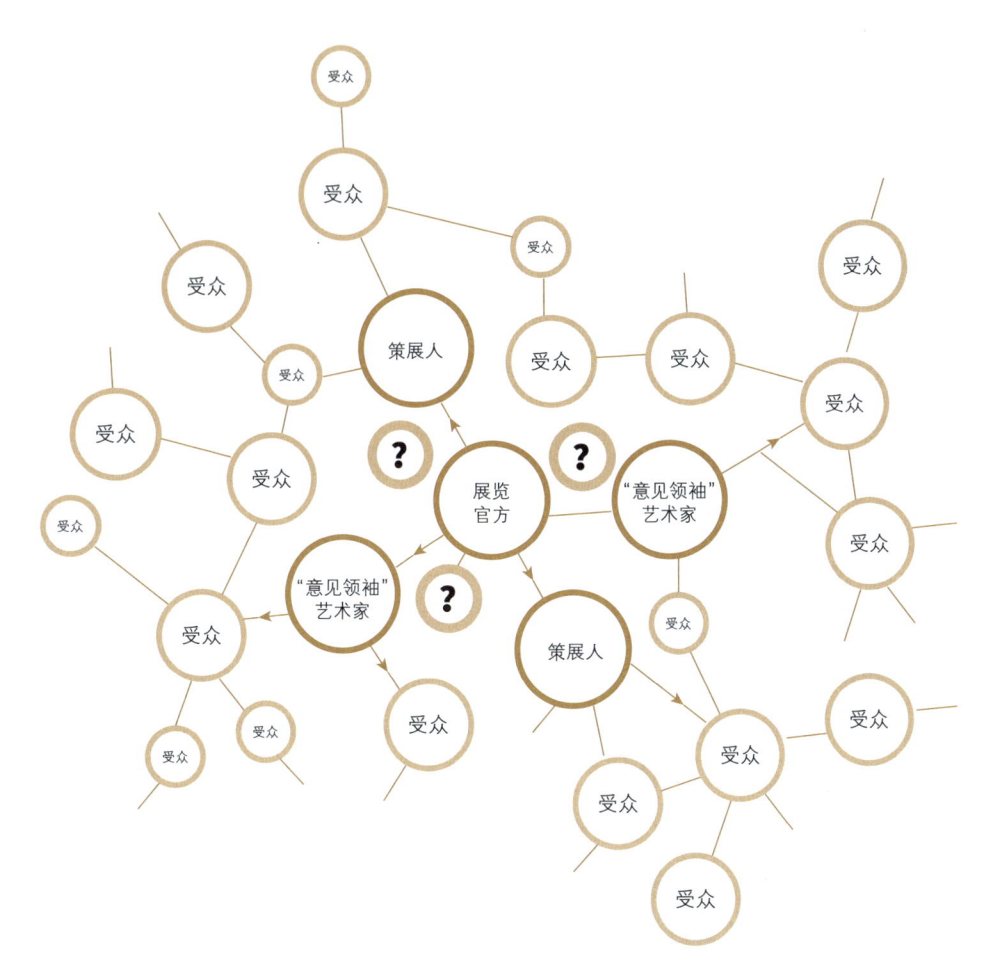

图 3-9 传播主体关系图

关系，反映了互联网时代的网络传播特征（图 3-9）。

传播媒介"网红化"

在融媒体时代，"网红展"传播媒介具有网红化、多元性、融合性和交互性等特征。传播学研究者马歇尔·麦克卢汉在《理解媒介：论人的延伸》中提出了"媒介即人的延伸"的概念。媒介是人类感知能力的延伸和拓展，是人体的延伸。在社会传播过程中，人与人之间的交流必须依靠媒介，随着媒介的变迁与发展，人们可以在短时间内达到高效传播。互联网技术的更新拓宽了人的延伸范围，打破了传统媒介的传播机制，使传播方和接受方成为统一体。网络媒体作为新媒介能够引导大众舆论发展，使人们更自由地表达和解读，更新传统媒介的传播方式。这体现了"网红展"传播媒介的"网红化"，解构了传统媒介的权威，赋予受众更多的主动权和解读权。

运行模式"网红化"

"网红展"实质上是数字营销下的一种艺术品营销模式，其背后有独特的运营和盈利模式，逐渐演变成为一种行之有效的艺术品变现方式。据报道，北京和上海的一些 A 级售票展览门票价格在 80~150 元，每个展览的购票人数为 10 万~15 万人次。经过初步预算，仅北京和上海的泛艺术展的收入规模就达到 10 亿元。此外，中国大火的 teamLab 沉浸艺术展观展人数估计门票收入超过 2400 万元。RET 睿意德商业地产研究中心测算结果显示，2019 年，"网红展"市场规模高达 68.1 亿元。"网红展"的盈利模式包括展览门票本身和展览衍生品的文创。此外，通过与艺术家合作打造艺术化 IP、与各大前沿艺术科技领域实现跨界合作和进驻商业地标等方式，也可以实现艺术变现。通过这些手段实现艺术变现塑造了独特的"网红展"品牌形象，并挖掘了艺术作品创造力背后的经济潜能。

每个"网红展"的背后都需要上、中、下游的协同运作，其中上游负责创作核心内容，中游负责策划宣传和搭建场景，而下游则负责在平台基础上实现变现。然而，这些展览的受欢迎程度也衍生出了一些问题。一些商业化的展览可能存在低质量和缺乏创意的内容，迫使观众在高昂的时间和金钱投入下去观看。因此，在深入挖掘新型艺术展的潜力的同时，也需要对其进行规范和监管，确保展览质量和关注度的平衡。

3. "网红展"的"网红化"本质及问题界定

展览的目的在于通过传播精神价值和文化内容，创造社会性和参与性文化仪式。传播仪式观认为，传播的目的不仅局限于政治和经济层面，还包括文化分享等方面的美学体验。因此，在展览中，信息传递是服务于文化仪式的，人们在展览中表达了对展览和文化的崇敬感。而"网红展"展览形式的本质在于现实的展览场景与社交媒体反馈之间的互动，观众的反馈代表着大众话语权的掌握，是对展览的二次传播。该展览的传播路径包括两方面：一方面，展览方通过传播媒介向观众传达内容，观众成为传播的受体，而展览方则是传播的主体；另一方面，观众通过社交媒体反馈意见，展览方成为传播的受体，观众则成为传播的主体（图 3-10）。

图 3-10 传播路径关系

该路径反映出"网红化"展览本质上是一种互动体验，其传播特征主要在于观众与展览之间距离的缩短。因此，在传播过程中，受众反馈的差异性对传播效果产生了显著的影响。从积极的角度来看，"网红展"本身对大众艺术审美素养的提升有一定的促进作用，同时在传播过程中也会形成话题和热度，为文化关注度的提升做出了一定的贡献。然而，"网红展"也存在一些消极影响，例如受众在社交媒体平台上对展览进行过度渲染和烘托，导致舆论倾向的出现，同时也会出现恶意评价和反馈，对展览本身产生不利冲击。除此之外，从艺术感知的角度来看，"网红展"传播路径的"景观化"倾向、夸张化和商业化的倾向可能会对艺术作品本身的价值和审美产生消极影响。具体来说，这种展览充斥着"快餐式"消费的特征，使得大众的观展体验更多的是"无感观展"，人们无法真正感受到艺术作品的价值和魅力，而是被单纯的视觉消费取代。这可能导致大众对艺术作品的真实感知和欣赏产生偏差和误解，也弱化了整个文化市场的精神内涵和思想表达。此外，"网红展"所呈现的视觉效果往往是过于夸张和商业化的，而这也会影响观众对真实艺术品的欣赏和体验。

"网红展"在主题设定、传播主体、传播媒介、运行模式方面体现出鲜明的"网红化"特征，这种展览传播方式对社会文化的认知和审美具有一定的积极影响，但如果过度追求"网红化"，可能会导致文化质量的削弱和文化泡沫的形成。因为"网红化"展览的传播过程中，受众的主观性和个人差异很大，容易引发信息的扭曲和偏颇，影响文化自身的正常传播。然而，"网红化"现象目前无法避免，展览官方或策划者必须积极应对其影响，利用"网红化"特点进行传播，避免其带来的负面影响。可以通过提高展览质量、设置丰富多彩的主题以及发挥互动性等方式来增强观众的参与度和对展览的认知与欣赏。同时，通过合理设计展览传播策略，把握社交媒体传播的特点，达到展览真正的传播目的。展览策划者应注重展览内容的质量和受众需求的匹配，使"网红展"成为一种有意义的文化体验。

4. "网红展"的辩证之思

"网红展"的"网红化"传播特征，在一定程度上是对传播内容的解构和文化本质的冲击，从博物馆方的角度来说，对待网红展的态度是一种辩证的。展览方可以利用网红展的创新方式吸引年轻人群体，为博物馆带来更多的参观者和曝光度。这种展览形式可以将传统文化和艺术以娱乐化的方式呈现，增加观众的互动和参与感，促进文化的传承和推广。例如2023年6月，国家博物馆为一件馆藏精品——西汉错金银云纹青铜犀尊专门举办了一个展览，名字叫作"数说犀尊"。这个展览充分利用了国博的自身优势，挖掘出了展品本身的历史文化信息，又通过数字技术和各种融媒体手段，打造出一种中国博物馆的全新展览类型。从某种意义上来讲，这一展览引起了受众的广泛关注和自发传播，其本质也逐渐成为"网红"，也即意味着，传统文化的展览并非与"网红"绝对割裂，而是应该在学术及严谨性的基础上，在局部范围内实现其"网红"表现。前文中提到，博物馆方希望借助互联网优势来"打造"网红展，获得大众关注，借此宣传经典藏品文化内容，甚至做好博物馆的"品牌推广"，虽然大众和官方对这种现象的态度都是宽容友好的，但博物馆方一定要明白"网红展"可遇不可求。"网红"的形成是大众传媒与大众心理共振的结果，而非"文化生产"与"文化传播"的本意和本质，所以博物馆也需要保持对网红展内容的审慎态度。一些"网红展"注重形式而忽视了内容的深度和学术性，可能存在商业化和泛娱乐化，以及泡沫化的倾向。博物馆作为文化机构，应当坚守学术和教育的原则，确保展览内容具有严谨性和专业性，而不仅仅是追求短期的热度和流行。

5. "网红展"带来的启示——展览分级

为了弥合"网红化"对文化本身的冲击，应该将观展的大众分为大众观众、粉丝观众和专家观众，考虑到大众观众、粉丝观众和专家观众的主体差异性，应该针对不同类型的人群进行不同级别的展览分类，本章将受众按不同的层级分类，针对不同的人群适用不同的展览传播方式。这也是传播学领域中"分众"的关键概念，能够根据不同的需求和欣赏水平，更好地尊重主体差异性，能够实现展览这一"传播内容"的本质目标。

从受众的层面来看，受众主体的差异性、对展览内容的认知差异以及感知能力等方面的不同，都会导致受众对展览的接受能力有所不同，这也是展览传播需要考虑的问题之一。

从展览传播的层面来看，展览传播的目的在于传播文化价值，但展览本身又具有内容的层次差异，需要考虑如何兼容受众的理解能力。因此，我们提出的"展览分级化"方法就是在传播分众化的基础上，进一步精细化地思考，由此选择不同类型的展览，以满足不同层级受众的需求。

根据不同受众需求，将展览分级化。这种分级化不仅是建立在传播分众的基础上，更是解决了"网红展"带来的"网红化"传播问题。在展览领域中，分级化是一种新的创新，类似于电影的分级，有利于对观众的筛选以及展览内容的有效传播。然而，展览分级并不意味着割裂和分离，而是从展览方和展览策划者的角度对展览进行定位，从而实现其文化意义的传播。同时，大众可以在任意层级了解展览信息，这种分级更具包容性和传播性。实现展览分级后，展览流程也得到了变革和创新，这也为展览方和展览策划者提供了新的思路和工作模式。

线下展览——不同主题

为了更好地满足不同受众的需求,我们将展览分为三个层次:大众级、粉丝级和专业级展览。大众级展览是指根据广大观众的消费取向和审美趣味,以满足大众观展体验的要求。在划分为大众级后,我们将采取底层管控,以提供适宜的场景和形式,让观众获得最佳的展览感受。粉丝级展览则是面向对展览内容有一定认知和追求的受众,例如一些艺术家的个展,这些展览形成了独特的粉丝效应。专业级展览则是针对某领域有深入理解和解读能力的专业人士,他们需要更高的专业度和深刻的认知,并对展览的专业度和价值观进行更严格的把控。这种分级的展览方式将满足不同层次受众的需求和期望,同时提升展览的价值,在社会上产生更广泛的影响。

从宏观层面来看,大众级、粉丝级、专业级三个层级的展览应该在统一价值观的引领和基础上,分化出由浅显到深刻的不同层级的价值观塑造。三个层级的展览都应该设定一定的监管机制,建构事前、事中到事后的监管流程,对展览的价值观、舆论导向和知识体系进行监督和监管。从展览主体来看,除了大众之外,应完善政府行政监管、行业协会监管及专家团队的多元监管主体架构。

当展览实现分级后,在工作流程上(图3-11),首先确认其所隶属的层级。当将展览划定为大众级,其展览形式应该具备较高的大众接受度,通俗意义上来讲,一些极具沉浸式、体验感的展览形式更容易吸引大众,即展览的道具和形式具有多样的特性,因此大众级别的展览所需要的空间尺度较大、陈列密度较小,为受众营造舒适轻松的观展体验感;粉丝级别的展览针对的人群具有相应的认知度和知识储备,因此具有内容性和情怀感的展览形式更适宜此类展览形式;专业级展览则需要具有极高的内容性和专业度,因此其展览形式并不需要过于花哨和流行,更应该追求复原度和内容品质。

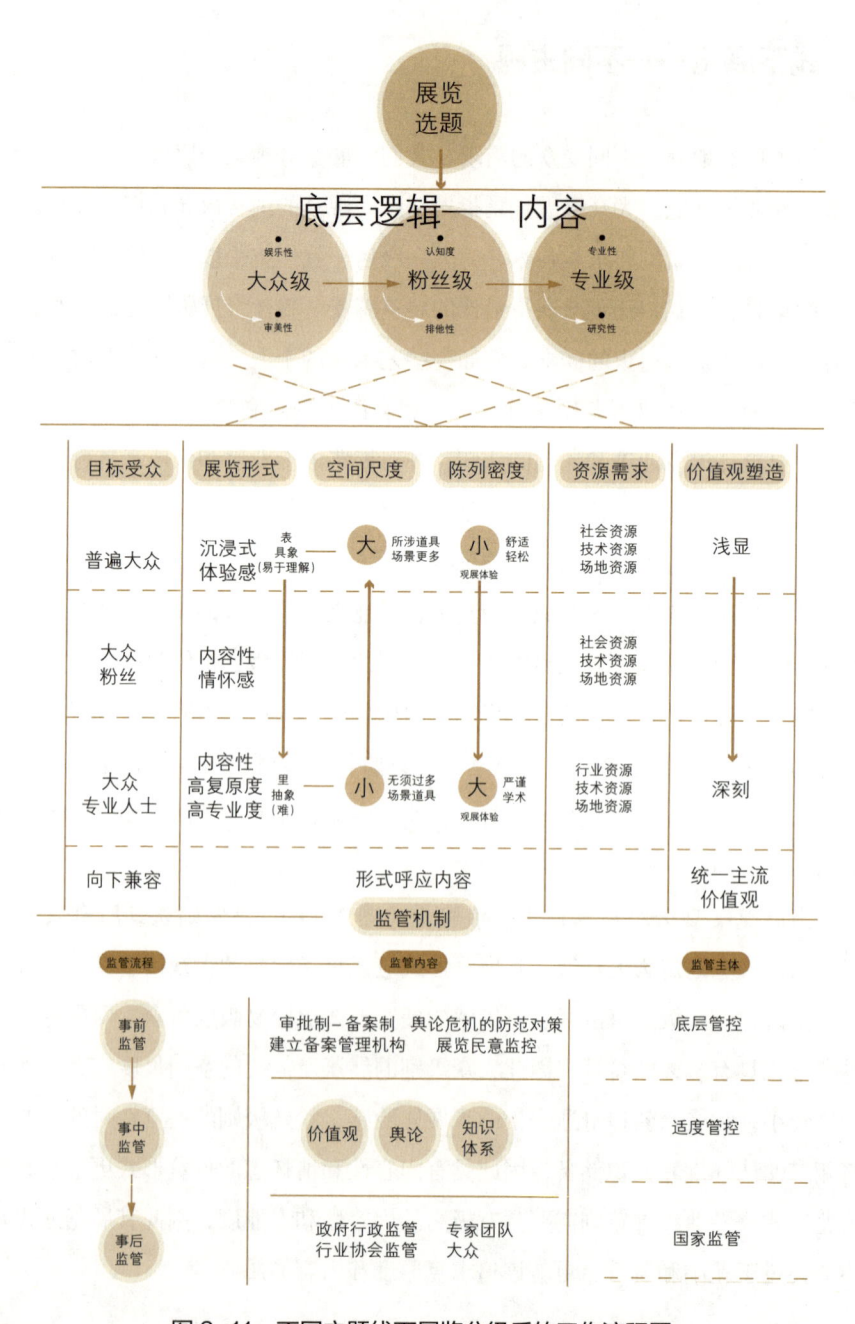

图 3-11　不同主题线下展览分级后的工作流程图

线下展览——同一主题

除了针对不同场景的展览分级设置，同一场景、同一主题下也可以进行展览的分级设计。基于同一展览内容的拆解和解读，划分适合不同受众的展览内容，并通过不同的物理空间或相同的物理空间进行展示。也可以通过不同的层级组合模式，实现多样化的展览模式设置，如针对公共主题等一些场景进行多层次的设置。此外，在同一物理空间中，通过不同类型的展览形式，可以将展览区域划分为大众级、粉丝级和专业级，提供多种不同的层级组合模式。在大众级展区，营造适合受众"打卡"的场景，主要特征为高颜值、时尚性和交互性，以吸引大众群体的关注。在粉丝级展区，针对有一定专业知识的受众进行内容的渗透，可将交互和内容进行融合，实现更好的内容传播，加深受众对展览的理解和认知。在专业级展区，则注重传播文化内核或精神内涵的展览内容，供具备一定高水平认知的受众去解读和感悟。因此，在一个展览空间中，可以设置多个大众级、粉丝级和专业级的展示内容，形成丰富多元且包容的展览空间，满足不同人群的观展需求。最后，展览的内容应该具有向下兼容性，即受众可以在任意的层级中获取不同的信息。通过这样的展览设计，可以提升展览的质量和价值，满足不同层次受众的观展需求。

线上展览

（1）受众分级

线上展览和线下展览的分层方式确实存在差距，因为它们的传播方式和受众接触方式不同。对于线上展览，可以根据主题来进行分层，主题本身就是一种划分层级的依据。同时，数字化时代下，大数据已经提前预知了人们的偏好，将可能较为感兴趣的内容推送至人们面前，这已经完成了初步的"分众"。

基于人们的关注度和兴趣度,我们可以将受众分为四个层级。第一层级是核心受众,他们对主题非常感兴趣,有一定的专业知识和深度了解;第二层级是兴趣受众,他们对主题感兴趣,但没有专业领域的知识或深入了解;第三层级是了解受众,他们对主题有一定的了解和兴趣,但并不是主要关注的领域;第四层级是普通受众,他们对主题的了解程度相对较低,对展览的兴趣程度

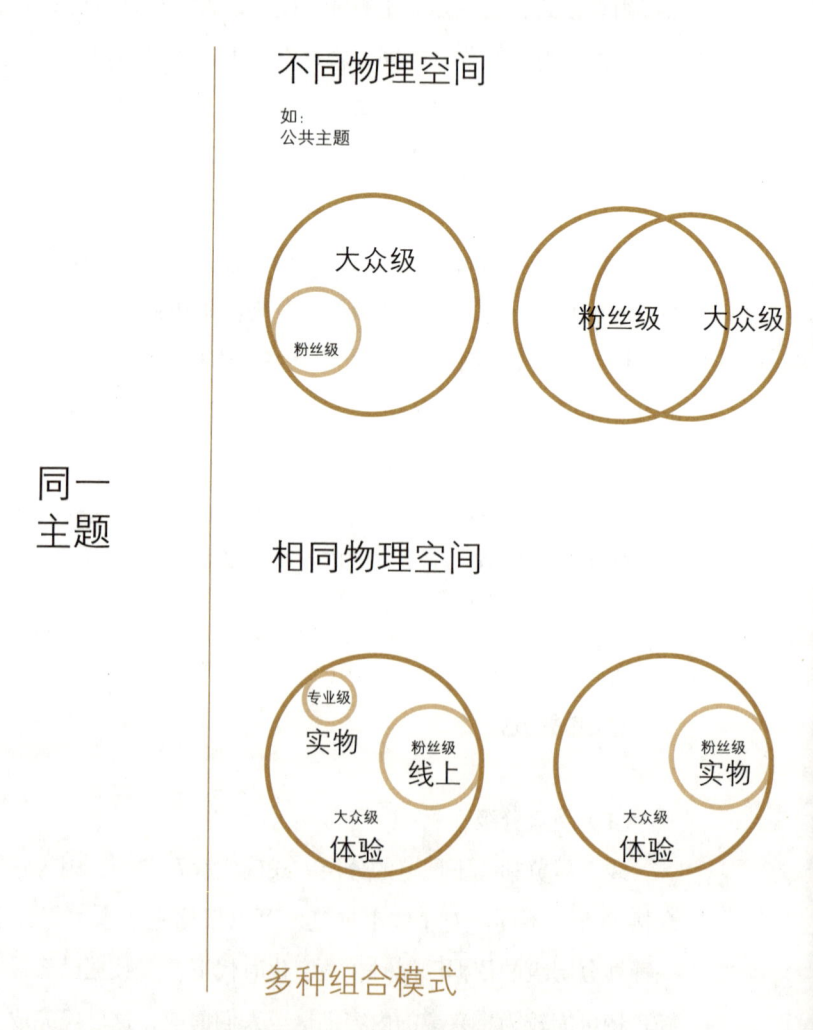

图 3-12　同一主题线下展览分级模式组合示意图

较低。

在线上展览中，可以根据这四个层级的特点，采取不同的展览策略来满足不同层级受众的需求（图3-12）。例如，在核心受众的展览中，可以提供更深入的专业知识和资讯，以及与专家的交流机会；在兴趣受众的展览中，则可以提供更加生动和趣味性的展览形式和内容；在了解受众的展览中，可以提供更

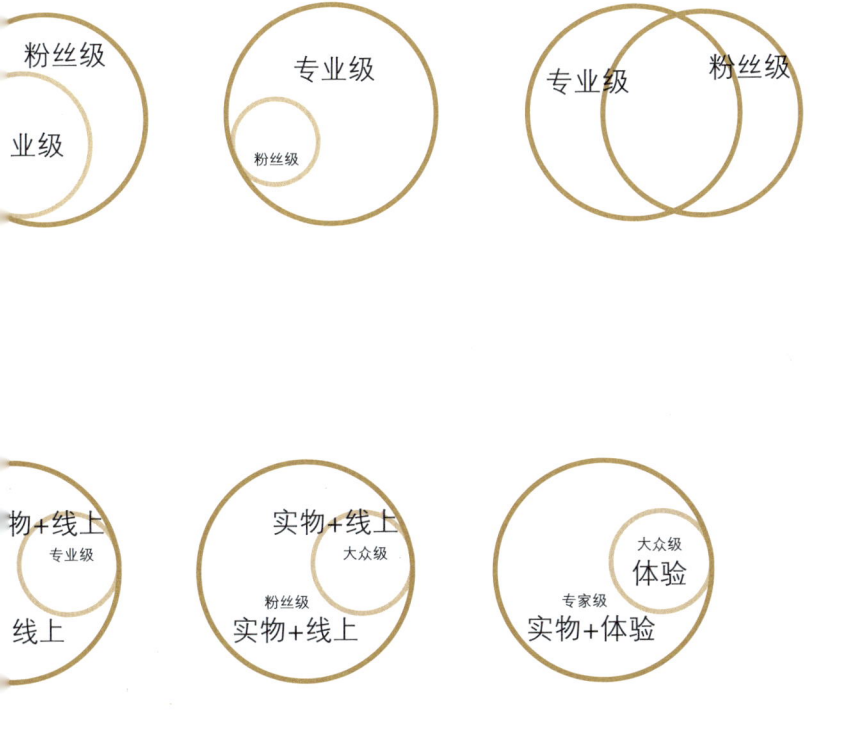

加翔实的知识普及和展览宣传；在普通受众的展览中，则可以提供更加易懂、富有互动性和趣味性的展览内容，从而提升他们的兴趣和参与度。

(2) 内容分级

在线上展览中，根据主题划分展览的不同层级至关重要。除了主题之外，为了更准确地定位受众，可以将展览内容划分为大众级、粉丝级和专业级三个层级。这样可以更好地选择和采取不同的展览形式，以满足不同类型受众的需求。

(3) 推送方式分层

线上展览的成功与否，不仅仅取决于展览的内容，而且还与人们获取展览咨询的渠道和链接方式——入口有关。入口是人们了解展览的第一步，如何选择合适的入口形式，以及针对不同受众群体而设置不同的入口分布也至关重要。

根据受众的阅读方式及观展习惯，可以将入口分为两个不同层面：第一层面是针对热衷于碎片化的信息阅读方式的人群，这部分人群希望快速地获取展览信息；第二层面倾向于专注阅读以及惯于深度阅读的人群，他们希望获取更加全面和详细的展览信息。因此，需要根据不同群体的信息接受习惯实现不同层级的线上展览形式分布，以满足不同受众群体的需求。

从展览入口的角度同样可以将展览划分为三个层级：大众级、粉丝级、专业级。大众级别的线上展览形式多为数字化时代的特征性产物，例如网站端口、微信入口以及 App 入口。这样的方式可以快速且便利地将展览信息传递给广大受众群体，提高展览的曝光度和参观率。粉丝级别的线上展通过微信公众号、小程序等平台实现，可以针对特定的受众群体深入阐述展览信息和主题。在专业级别中，应该通过学术期刊等权威媒体进行传播，以提高展览内容的认知度和专业度，满足更深入的研究和交流需求。

(4) 展览形式分级

根据展览的大众级、粉丝级和专业级，每个层级应该根据不同的受众需求和行为方式设置不同的展览形式（图 3-13）。大众级别的线上展览形式多为数

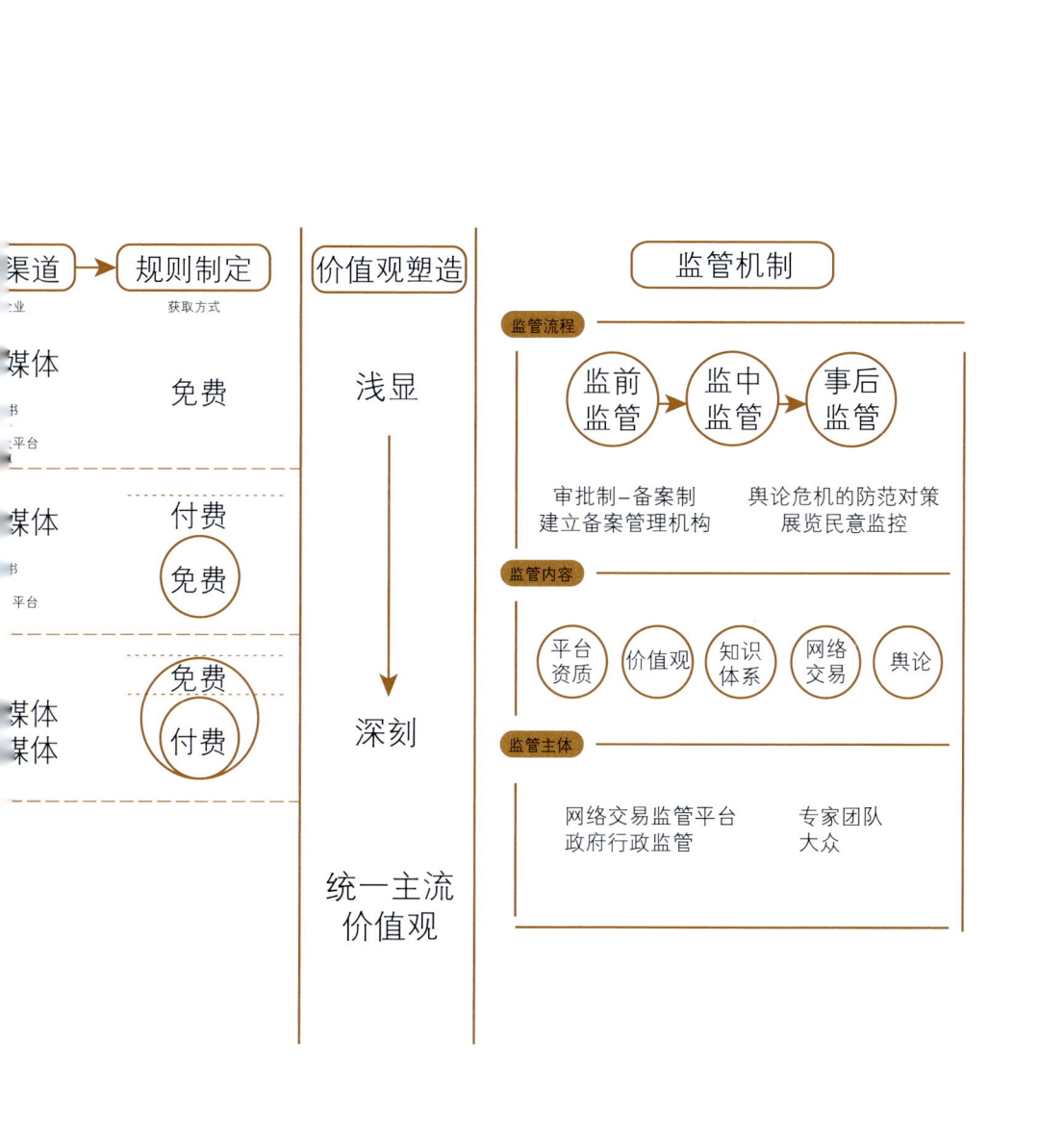

渠道	规则制定		价值观塑造	监管机制				
		获取方式		**监管流程**				
媒体 书 平台	免费		浅显	监前监管 → 监中监管 → 事后监管				
某体 书 平台	付费	免费	↓	审批制-备案制 建立备案管理机构		舆论危机的防范对策 展览民意监控		
某体 某体	免费 付费		深刻	**监管内容**				
				平台资质	价值观	知识体系	网络交易	舆论
			统一主流 价值观	**监管主体**				
				网络交易监管平台 政府行政监管		专家团队 大众		

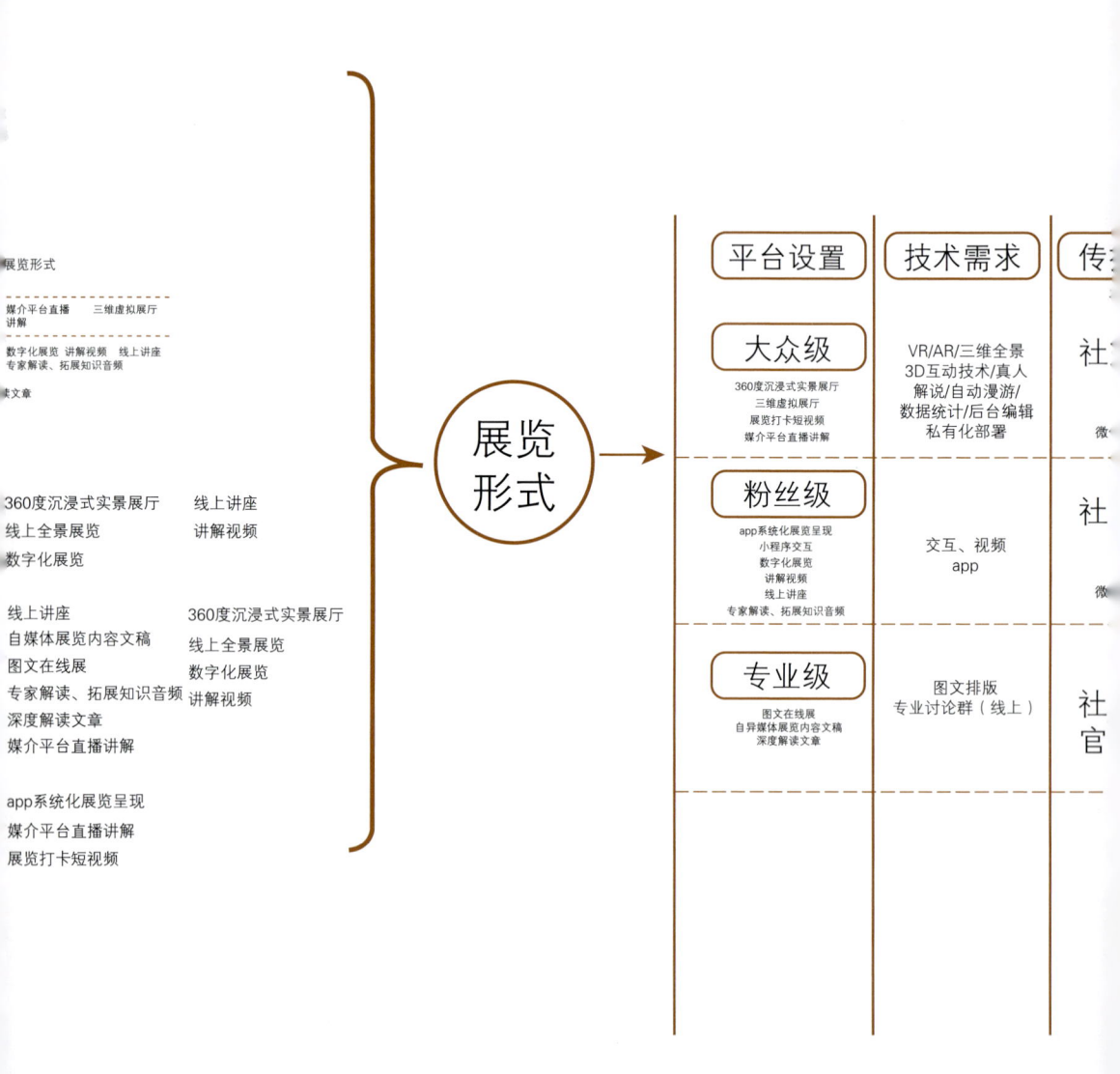

展览形式		平台设置	技术需求	传…
媒介平台直播讲解	三维虚拟展厅	**大众级** 360度沉浸式实景展厅 三维虚拟展厅 展览打卡短视频 媒介平台直播讲解	VR/AR/三维全景 3D互动技术/真人 解说/自动漫游/ 数据统计/后台编辑 私有化部署	社 微
数字化展览 讲解视频	线上讲座			
专家解读、拓展知识音频				
读文章				
360度沉浸式实景展厅	线上讲座	**粉丝级** app系统化展览呈现 小程序交互 数字化展览 讲解视频 线上讲座 专家解读、拓展知识音频	交互、视频 app	社 微
线上全景展览	讲解视频			
数字化展览				
线上讲座	360度沉浸式实景展厅	**专业级** 图文在线展 自异媒体展览内容文稿 深度解读文章	图文排版 专业讨论群（线上）	社 官
自媒体展览内容文稿	线上全景展览			
图文在线展	数字化展览			
专家解读、拓展知识音频	讲解视频			
深度解读文章				
媒介平台直播讲解				
app系统化展览呈现				
媒介平台直播讲解				
展览打卡短视频				

图 3-13　线上展览工作流程图

不同主题

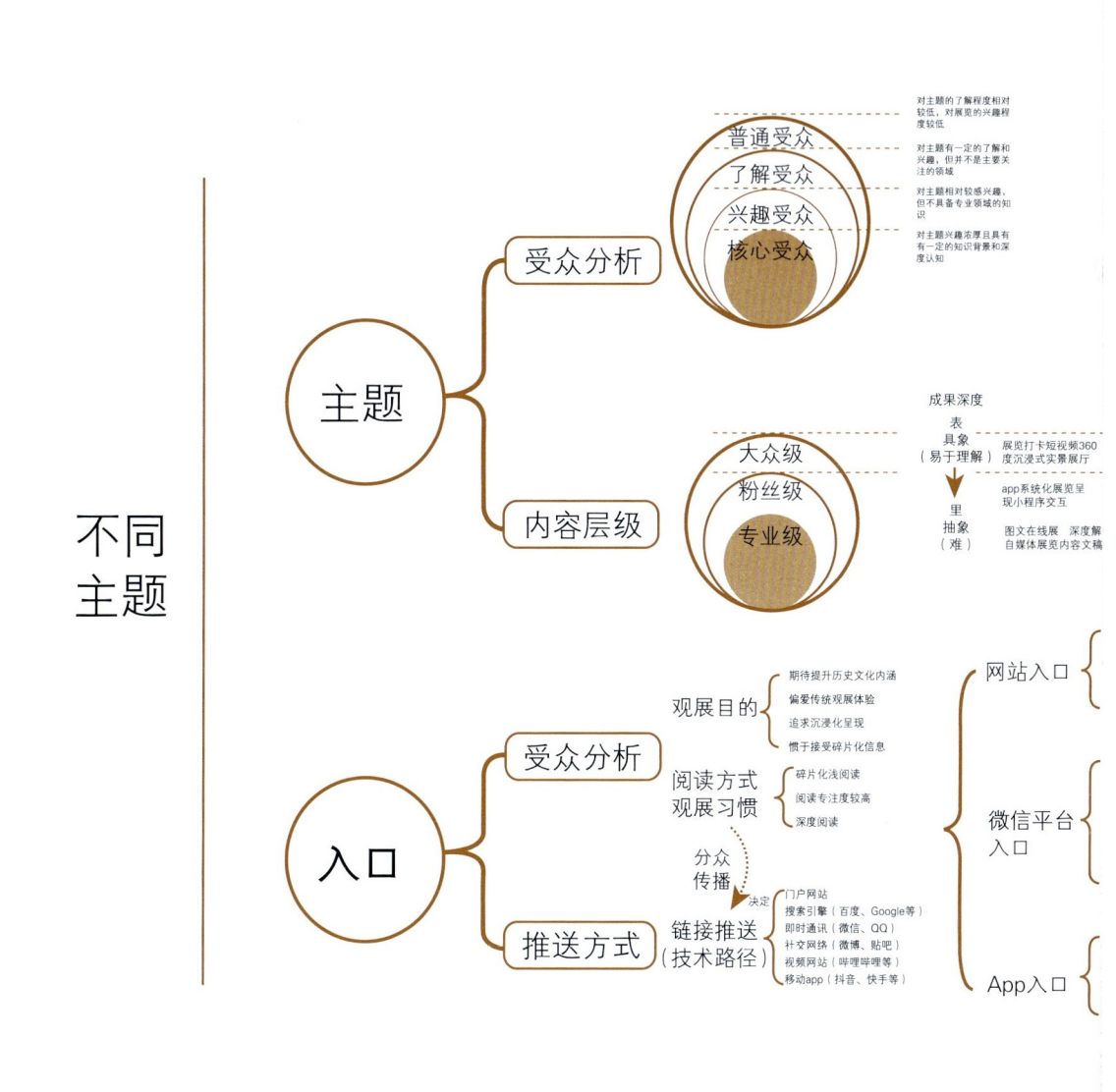

主题

受众分析
- 普通受众 — 对主题的了解程度相对较低，对展览的兴趣程度较低
- 了解受众 — 对主题有一定的了解和兴趣，但并不是主要关注的领域
- 兴趣受众 — 对主题相对较感兴趣，但不具备专业领域的知识
- 核心受众 — 对主题兴趣浓厚且具有一定的知识背景和深度认知

内容层级
- 大众级
- 粉丝级
- 专业级

成果深度：
- 表/具象（易于理解）：展览打卡短视频360度沉浸式实景展厅
- ↓：app系统化展览呈现小程序交互
- 里/抽象（难）：图文在线展、深度解自媒体展览内容文稿

入口

受众分析

观展目的
- 期待提升历史文化内涵
- 偏爱传统观展体验
- 追求沉浸化呈现
- 惯于接受碎片化信息

阅读方式 观展习惯
- 碎片化浅阅读
- 阅读专注度较高
- 深度阅读

→ 分众传播 决定

推送方式

链接推送（技术路径）
- 门户网站
- 搜索引擎（百度、Google等）
- 即时通讯（微信、QQ）
- 社交网络（微博、贴吧）
- 视频网站（哔哩哔哩等）
- 移动app（抖音、快手等）

入口：
- 网站入口
- 微信平台入口
- App入口

"网红展"

主题性 网红化
传播力 快速传播

传播媒介 { 自媒体　B站
　　　　　　　　　小红书
　　　　　社交媒体 { 微博
　　　　　　　　　微信朋友圈
　　　　　　　　　Instagram
　　　　　　　　　抖音
　　　　　　　　　……

传播受众——分众

展览大纲
　展览内容
　　目标受众
　　　内容选择
　　展览主题
技术手段

传播媒介—— 实体宣传
　　　　　　物料载体

展览大纲
　展览内容
　　目标受众
　　　内容选择
　　展览主题

图 3-14　线上、线下融合式发展分析图

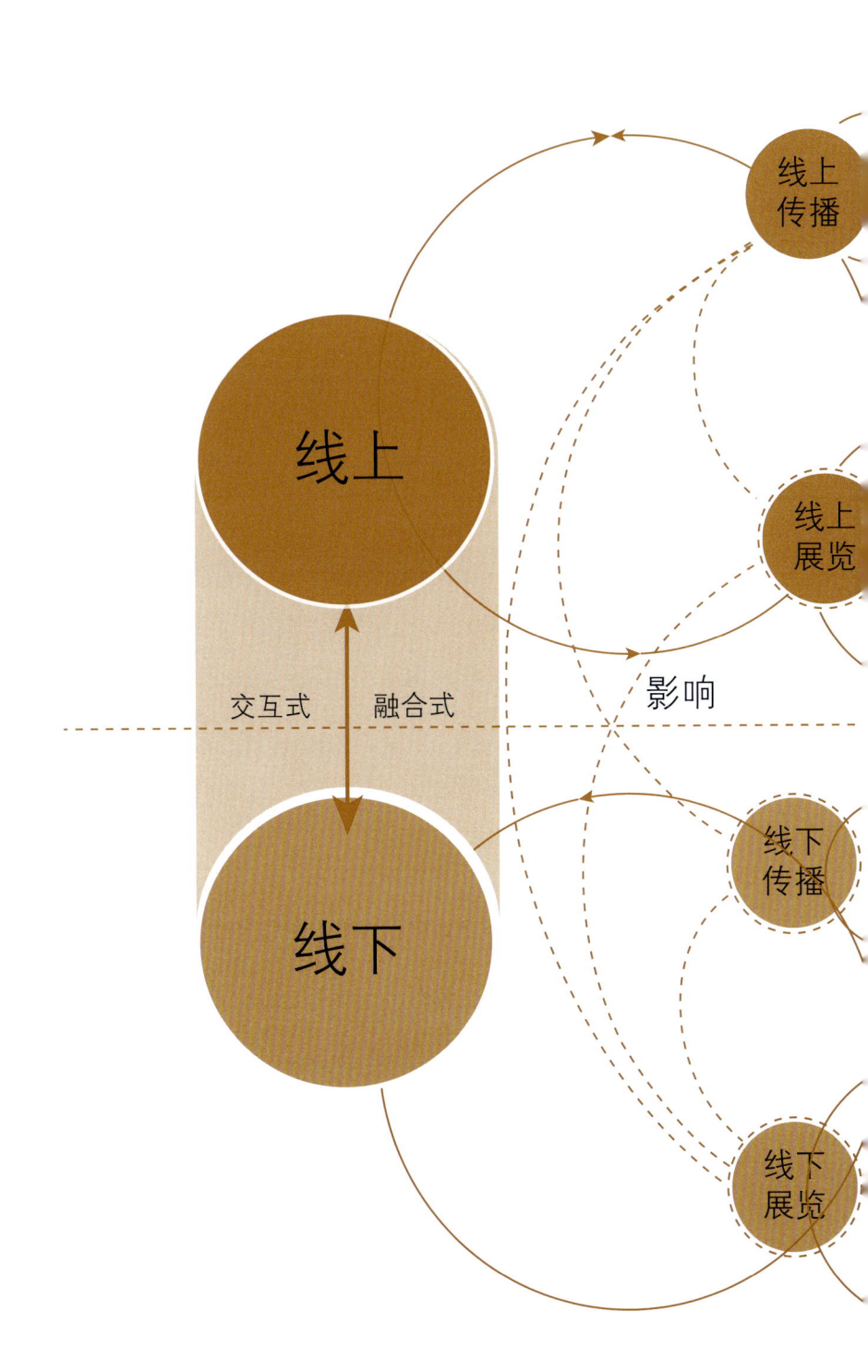

线上

交互式　融合式　　　　影响

线下

线上传播

线上展览

线下传播

线下展览

字化时代的特征性产物，例如360度沉浸式实景展、三维虚拟展、数字化展览等，因其具有大众性和趣味性，适合各种年龄层次的观众，同时也需要有一定的技术支撑。粉丝级别的展览可以采用更多的互动和社交元素，例如App系统化展览呈现、小程序交互等，可以与粉丝群体进行更深入的互动和交流。专业级别的展览平台应根据展览形式的不同层级进行传播渠道和展览规则的制定。大众级别的展览一般为免费对外开放，可以在社交网络和在线媒体上多渠道传播。粉丝级别和专业级别的展览则需要根据内容层级来设定部分免费及部分付费的模块，以提供更加深入的服务和体验。同时，线上展览相较于线下展览更需要一个严格的监管机制，平台应该具有合法的资质和良好的监管水平，从而保证线上展览的质量和安全性。综上所述，通过划分展览形式层级和平台设置的优化，可以更好地满足不同受众群体的需求和行为方式，提高展览的参观率和知名度，同时也为线上展览的监管和规范奠定基础。

6. 小结

基于以上分析，可以将线下展览和线上展览划分为传播和展览两个维度，它们之间相互独立又相互融合，并形成一个整体性的展览传播路径。在这个路径中，根据展览主题性和快速传播力，可以分化出"网红展"这一新的展览形式（图3-14），这一现象发展势头正盛，且具有持续性的发展前景。

本章基于"网红展"现象出发，但更多的是针对这一展览现象所引发的关于展览的思考。对于展览方和策划者而言，他们需要在实现展览传播目的的同时，充分认识到"网红展"的重要性。如果一个展览确实因为一个话题或内容本身而成为"网红展"，那么对于中国当前文化的发展和传播而言，未尝不是一件好事。

因此，展览方和策划者应该注重展览的主题性和内容质量，以确保展览的质量和深度，从而吸引更多的观众和粉丝。同时，在展览传播途径上，也需要充分利用线上传播、线上展览、线下传播和线下展览等不同渠道来推广展览，并在不同平台上做好内容营销和互动活动，以提高展览的知名度和影响力。

总之，有了对"网红展"的深入认识和理解，展览方和策划者可以更好地把握线上展览和线下展览的融合发展趋势，进而在展览传播路径上实现创新和变革，为中国文化的发展和传播做出更大的贡献。

作者简介

刘思佟　清华大学美术学院出行体验设计研究所研究员

清华大学工业设计工程领域工程硕士项目运行管理团队成员

清华大学美术学院工业系博士在读，清华大学美术学院工业系硕士，鲁迅美术学院视觉传达系学士。

获奖情况：2023 国际体验设计百强"十大设计新星"称号；2022 年清华大学优秀助教；2023 GDC Award 学生组金奖；《中国创意设计年鉴·2022-2023》金奖并被收录入编；CGDA2023 平面设计学院奖优秀奖；2023 XI'AN TDC Award 2023 汉字设计奖提名奖；2023 GBIDA 金方杯优秀奖；2023 IDC Awards 国际设计师俱乐部奖优异奖；2021 苏州码子字体设计大赛 B 组金奖；2018 年服务设计项目"耘端"获 FAO 联合国粮农组织"创新实验室"创新孵化最佳设计奖；等。

论文/论著：《AIGC 设计创意新未来》

第四章

中国"博物馆历"的实施路径探索

赵磊

| 摘要 |

　　随着我国博物馆展览建设不断发展和完善，观众参观博物馆的需求也逐日高涨。目前，博物馆新展览的推出缺少全国性集中规划，这也间接导致"5·18"国际博物馆日成为博物馆的全年工作重心。博物馆展览时间的过于集中，侧面造成观众闲暇时的参观需求与博物馆的新展推出时间及频率之间的不平衡矛盾。

　　数字时代的技术发展让人们可以通过电子屏幕在线上观看遥远地区的展览，然而实体空间却很难满足集中人群日益增长的差异化文化观展需求。近年来，各地文化部门在"博物馆热"的浪潮下，组织了一系列集中式的旅游季、文化季活动，极大程度地激活了城市公共空间的文化属性，形成了一年一度的城市文化消费热点。然而，文博领域目前并没有一个连续性举办的国家级博物馆展览季平台活动。面对不同使用者，针对不同使用需求，集中性、系统性的"展览季"文化品牌将为博物馆未来建构新的可持续发展的展览产品线路。本章以博物馆"展览季"为研究方向，从时间维度出发，通过对现有各类展览季组织现状的归纳总结，分析我国博物馆展览季的可行实施路径。

第四章　中国"博物馆历"的实施路径探索

1. 研究背景

背景分析

博物馆展览季中的供需矛盾

随着我国居民生活水平的提高，尤其是在"博物馆热"浪潮下，越来越多的观众及文博爱好者会更高频地走进博物馆，去各地旅游时的行程表中，当地博物馆是必不可少的选项之一。然而，博物馆放出七天后的预约，往往几个小时便约满，供不应求成为常态。虽然我国近年新增及扩建了大量博物馆，各地博物馆也积极推出各类高质量主题展览，但相比居民日益增长的文化需求，供给仍然不足。

第一，文化场馆展览推出时间不平衡，新展缺有空的观众、有空的观众缺新展成为常态。如2023年暑期期间，多地博物馆先后发文表示博物馆预约人数爆满，并报出建馆以来单日观众预约新纪录。然而，供需时间错配问题导致博物馆全年推出的展览过于平均化，未考虑寒暑假及节假日的高峰参观量。近年举办的展览活动数量不断增加，但由于供给精准度不高，常出现供需错配的现象，节假日、参观旺季展览供给不充分，而参观淡季的部分展览缺少观众。

第二，讲解员队伍与观众讲解需求不平衡。前不久发布的《国家文物局关于进一步提升博物馆讲解服务工作水平的指导意见》也提出强化高质量讲解服务供给，不断满足观众参观需求。在门票供求失衡的情况下，各地也出现讲解员预约难的问题。各地博物馆内还出现了"社会讲解员"现象，这也意味着观众对博物馆的关注和对传统文化的需求度增加，可见精准识别观众真实讲解需求的研究必要性。第三，集中化展览文化活动推出及信息宣传供给不平衡。融媒体时代，移动互联网拓宽了人们获取信息的渠道，但目前展览宣传运营平台还不完善，观众仍需逐个博物馆官网或官方小程序查询近期展览宣传信息，对于非文博爱好者而言搜集难度较大。因此，加快建设集中化的"展览季"平台是调和供需矛盾的重要手段之一。

我国现有的大规模博物馆系列活动主要集中在"5·18"国际博物馆日前后，然而，展览的生产与推出时间过于集中，无法让居民在一年中最有闲暇的时间去到博物馆。聂影老师在本书有关"数字时代的'观展方式'"部分提出——实体展览已经成为观展行为中的一个节点，实体空间必须满足更多更精细化的功能需求，才能面对不同使用者的不同使用需求，推出针对集中人群的"博物馆季"。本章讨论重心从时间维度出发，围绕不同使用者的供需矛盾，对学生、工作、退休三种状态的居民时间进行分层分类分析，探讨中国博物馆展览季的实施可能性。

国际博物馆日主题趋势

"5·18"国际博物馆日是全世界博物馆行业内外的一场盛会，由国际博物馆协会（ICOM）于1977年发起并创立。在这一天里，世界各地博物馆都将举办各类展览和讲座活动，让更多的公众了解博物馆、走进博物馆。1992年开始，国际博物馆协会每年都会为它设置一个特定的活动主题，国际博物馆日主题的设计是一种制度性设计，其存在具有重要意义。2023年5月18日的主题"博物馆、可持续性与美好生活"进一步聚焦博物馆社区福祉和可持续发展做出的贡献，探讨博物馆在当代生活中的独特地位与联动效应。在《再谈博物馆的多元与包容特质》一文中，研究者通过对近三十年来国际博物馆日主题的梳理发现，主题变化越来越从"功能导向"转到"价值导向"，更加注重凸显博物馆在社会生活中的角色。①

中国博物馆与"5·18"

1983年7月，中国博物馆学会正式加入国际博物馆协会，并代行国际博物馆协会中国国家委员会的职责。经文化部和国家文物局同意，民政部于2010年7月批准中国博物馆学会更名为"中国博物馆协会"，并于每年5月18日在全国各省、市、自治区举办形式多样的纪念活动。国有博物馆已于2014年开始逐步免费开放，并逐步增加文保建筑及带动民办博物馆的免费开放。据国家文物局统计，2021年新增博物馆总数达6183家，排名全球前列，免费开放率91%，"到博物馆去"已经成为社会新风尚。②

自2009年起，国家文物局采取与省级人民政府联合主办主会场活动，其余省份结合实际围绕年度主题组织相关活动的方式，庆祝"国际博物馆日"，③截至目前，已相继在各地举办了14届"国际博物馆日"主会场活动。作为文博圈的盛会，博物馆界的众多专业人士及爱好者在这期间汇聚一堂，"5·18"也成为目前国内博物馆最盛大的节日。并且中国主会场除开幕式外，还会将几十项精彩纷呈的文博活动在当地同时举行，如"全国博物馆十大陈列展览精品"等品牌推介活动、重磅推出的新展览、系列讲座和光影秀等。

国际博物馆日的主题发布时间一般是上一年12月上旬，距离"5·18"国

---

① 段勇.再谈博物馆的多元与包容特质[J].中国博物馆，2020（2）.
② 王钰.博物馆文化得到广泛传播[N].人民日报，2022-09-11（5）.
③ 博宣.国际博物馆日中国主会场活动即将在湖北武汉举行[N].中国文物报，2022-05-17.

际博物馆日的活动时间约有半年之久，为各国博物馆响应提供充分时间。历年的国际博物馆日主题多围绕当年热门国际大会或主流话题来设置，如公民社会、全球健康、绿色能源等宏大命题，与各国本土国情及公众生活距离较远，难以形成公众观展的原动力。如图 4-1 所示，当前，我国居民文化消费愈发活跃，人们开始追求高层次的文化消费。社会资金对文化市场的投资热情高涨，文化市场蓬勃发展。然而，文化消费仍然面临总量不足、区域发展不平衡的问题。文化产品生产的速度与质量已远远不能满足公众文化消费的需求。为此，集中推出高质量的展览活动，满足公众日益丰富的文化消费需求是极为紧迫的。国内可充分利用国际博物馆日的全球热度，根据自己的实际情况，制定出与国际博物馆日主题遥相呼应，又适合本国风土人情的中国特色博物馆日主题。并且，每年的主题可聚焦一个文化片区或一类文化类别，年度进行轮换，例如"大运河文化""一带一路""海上丝绸之路等。"

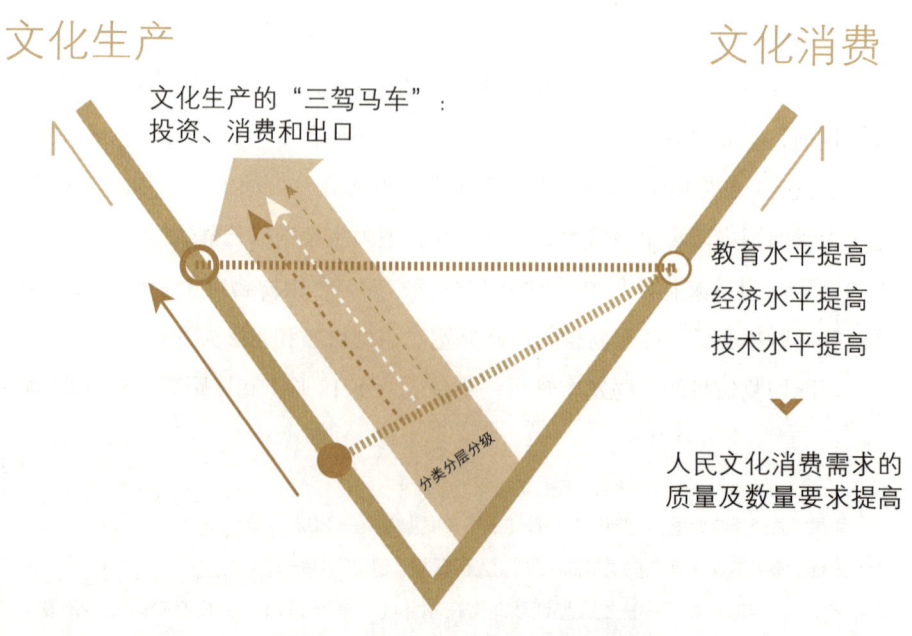

图 4-1　文化生产与文化消费的矛盾

研究思路

近年来，越来越多的人愿意在工作和学习之余去博物馆参观，博物馆逐渐走入人们的生活。然而，由于国内缺乏"双十一""黑色星期五"这样的全民博物馆文化嘉年华，间接导致全国数以万计的博物馆难以同一时间形成合力，全国范围内推出的新展览和新活动较为零散，无法在同一时间连点成线，形成文博研学路线，导致公众有钱有闲时往往无展可看。

本章的研究思路是：以2015年国家文物局举办的"中国博物馆展览季"活动作为切入点，尝试分析该活动未能持续举办的内在原因，具体研究思路如下：

第一，对国内外已有各类展览季活动调研分析，总结归纳以周、月、季为单位的整合型活动组织策略及特点；第二，分析中国博物馆协会每年定期举办的"5·18"博物馆日活动举办趋势；第三，代入中国人的节假日及工作学习休息规律，分析观众最有可能参加展览季活动的不同时段；第四，对全国范围内同时举办博物馆展览季活动所需要的各个环节的工作流程进行分析。

2. 现状分析及解决路径

"展览季"是指由博物馆或社会力量发起的季节性和周期性活动，如表4-1所示，国内外展开过大量集中式文化活动，但名称叫法各不相同，例如艺术季、艺术周、文化季等。

表 4-1 国内外举办的部

序号	区域	活动名称	各类名称	范围	
1	国内	全国博物馆十大陈列展览精品评审（国际博物馆日）	博物馆日	全国	国家文物局
2		《关于开展2015年度全国博物馆展览季活动的通知》	博物馆展览季	全国	国家文物局
3		2014北京·博物馆展览季	博物馆展览季	北京市	北京市文物
4		成博展览季	展览季	成博	成都博物馆
5		苏州文博红色展览季	展览季	苏州市	苏州市文旅
6		上海市文博美术展览季	展览季	上海市	上海市文旅
7		行走河南·读懂中国——博物馆展览季	博物馆展览季	河南省	河南省文旅
8		乐游上海艺术季	艺术季	上海市	上海市文化
9		亲爱的博物馆——2022长沙夏令博物馆联名策划	夏令博物馆	长沙市	长沙市委宣局联动长沙
10		"博物知旅"主题活动季	活动季	江苏省	江苏省文化
11		"羊城之夏"文化季	文化季，广州群众文化品牌	广州市	中共广州市文化馆及
1	国外	5·18国际博物馆日	博物馆日	全球	国际博物馆
2		全球博物馆周	博物馆周	全球	联合国教科
3		世界博览会	博览会	全球	主办国政府
4		意大利"文化遗产周"活动	文化遗产周	全国	意大利政府
5		法国卢浮宫国际艺术展	艺术展	巴黎市	UNEE 欧美
6		埃及国际艺术月/埃及金字塔国际艺术展	艺术月	开罗市	埃及私人公的支持下承
7		威尼斯双年展	双年展	威尼斯市	
8		德国卡塞尔文献展	艺术展	卡塞尔市	弗里德利
9		瑞士巴塞尔艺术博览会	博览会	巴塞尔市	营利性质的
10		纽约亚洲艺术周	艺术周	纽约	
11		东京艺术周	艺术周	东京	

（据笔者不完全统计）

第四章 中国"博物馆历"的实施路径探索

"⋯季"活动案例

举办方	年份	展览季时间
	自1997年持续举办	每年5月18日
⋯士	仅2015年	每年9—11月
⋯育	2014年	2014—2015年
	2020—2023年	
	2021年	5—8月
	2021—2023年	全年
⋯主办，河南博物院、河南省博物馆学会承办	2022年	7.29—12.31（2022博物馆及相关产品与技术博览会后）
	2022年	春夏秋冬四季：秋季（9月至11月）和冬季（12月至2023年2月）
⋯委网信办、长沙市文旅广电局、长沙市教育⋯机构协作组织开展	2022年	7.25—8.25
⋯文物局	2022年	4—8月
⋯广东省广州市文化广电旅游局主办、广州⋯游（体育）局	持续十年左右	6—12月
	自1977年持续举办	5月18日
	每年	4.23—4.29
⋯有关部门举办	自1851年每5年	5月初—10月底（180—190天）
	自1997年持续举办	5月的最后一周
⋯在埃及旅游和文物部及联合国教科文组织	自2021年持续举办	10月底—11月底
	自1895年每2年	4月底—11月底
	自1955年每5年	6月底—9月底
⋯理的国际艺术博览会	自1970年持续举办	
	自2010年持续举办	9月中旬举办一周
	自2021年持续举办	11月第一周

139

国内外"展览季"发展现状分析

国际"展览季"的发展现状

国际上有关展览季的相关活动层出不穷，其中最知名的依然是"5·18"国际博物馆日，其次为每年4月23日至29日的全球博物馆周。每年"国际博物馆日"和"世界博物馆周"期间，许多博物馆和文化遗产都会向公众免费开放，或提供特价优惠，吸引大众参观。

例如，意大利政府自1997年起将每年5月的最后一周定义为"文化遗产周"。在此期间，意大利所有文化景点都可以免费参观，而很多文化遗产保护单位也在周中对公众短暂开放。除此之外，在海外国家举办的类似活动，大多是以博物馆和画廊为主题举办的艺术展或者艺术博览会，而且举办方大多是单个博物馆或者艺术馆本身，鲜有政府主导下的大规模展览季或文化季活动。

国内"展览季"的发展现状

时间回溯至十年前，2014—2015年，国内开始提出"博物馆展览季"理念。如表4-1所示，北京市文物局担当举办的"2014北京·博物馆展览季"活动，在展览季中联合各省市举办了15个交流展览。相关研究者于2016年11月在《北京文博文丛》《首都博物馆论丛》期刊中发表十余篇相关研究文章；2015年国家文物局在《关于开展2015年度全国博物馆展览季活动的通知》文件中提出，为了鼓励全国各地博物馆精心策划、密集推出一系列高水平的展览项目，由国家文物局整合公布博物馆展览季活动推介目录。并提出每年的9—11月为展览季时间，但2015年后并未持续举办。2015年，中国文物报曾发表一篇名为《展览季：奏出博物馆合奏的强音来》的新闻稿，探索如何将分散的展览以展览季的形式进行整合以实现合力。2015—2020年未曾搜索到过多相关信息。

2020—2023年，"展览季""博物馆展览季"的字眼再度频繁出现在公众视野中。例如，2020年，成都博物馆构建以"辉煌成都""多彩文明""艺术典藏"为主题的三大系列展览季①。2021年5月，为庆祝建党100周年，中共苏州市委党史工作办公室、苏州市文化广电和旅游局（市文物局）组织苏州各大博物馆举办"苏州文博红色展览季"②。展览季活动以博物馆为阵地，讲述红色故事，传播江南文化，进一步塑造"江南文化"品牌，提升"百馆之城"知名度。2021年9月，上海合作组织成立20周年之际，上海市推出"上海市文博美术展览季"，③组织全市博物馆、美术馆构建协同机制，共享馆藏资源，强化国际合作，每年在特定时间集中推出上海市文博美术展览季，形成一年一度的城市文化消费热点，打造全球文博艺术展览的"上海时间"。2022年7月，由河南省文旅厅牵头，河南省各文化部门配合承办的"行走河南·读懂中国——博物馆展览季"盛大开幕，"行走河南·读懂中国"也是河南省"十四五"文化旅游融合发展规划中制定的品牌塑造实施方案。与此同时，2022年，全国多省市如上海市、广东省广州市、湖南省长沙市、江苏省也先后推出了各类文化类联合活动，虽然名称叫法各不相同，包括艺术季、文化季、主题活动季等，但本质上都是以博物馆为主体联合各类文化场所举办的联名活动。

国内举办"展览季"的优势

世界各国每年都会举办各种规模的国际综合文化盛宴，这些文化活动不仅仅是作品陈列，也是展示国家综合实力、促进文化交流、提高文化软实力的重要机会。国外举办大型活动往往由非政府组织主导，依托于协会和相关产业企业。中国举办的大型活动通常由政府相关部门主导，借助政府的组织能力和资

---

① 黄晓枫，王立，肖飞舸，魏敏. 再出发，后疫情时代的品牌新道路［N］. 中国文物报，2021-05-11（6）.
② 苏州文博红色展览季启动［N］. 苏州日报，2021-05-19.
③ 资讯［J］. 上海艺术评论，2021（5）.

源统筹能力进行筹备和组织，相较于其他国家而言，国内举办全国性的展览季活动具有较强的组织和管理优势，体现统领全局、科学规划的制度优势。除此以外，国内举办"展览季"活动应紧密联系群众。一方面为各地人们提供更多参观展览体验文化的机会，丰富人们的业余生活；另一方面唤起广大百姓积极主动参与到展览季活动的志愿服务中去，选拔组织在校学生、教师、退休人员加入志愿者队伍中来，为"讲好中国故事"、提高全民参与感提供平台支持。

文物的分散性导致国家对各省市文物资源的调配存在一定的管理难度，对展览的主题选择也造成极大制约，但这一问题在融媒体时代或许可以解决。融媒体时代下，博物馆作为实体传播媒介中的重要一环，中国可以借此机会打造全国性的文物数据平台，由国家对数据平台进行统一管理和统一审核、统一资源分配。数字文物的调动可由国家统一审批，如此可形成良性的互动，也会使得国家对文物和各文物机构的管理更加顺畅，从而增强权威性。通过组织持续、长时段的主题文化活动，吸引更多的人走进博物馆，从而提高城市的文旅消费和知名度。

公众参观节奏与博物馆行政逻辑

展览季中的观众定位分析

打造全国范围内的博物馆展览季文化活动的首要难题，便是明确核心受众群体。张树伟在《"博物馆展览季"品牌的宣传与引导》中提到，展览季定到什么时候是个关键问题：定在节假日（旅游高峰期）还是学生寒暑假？针对本地学生（学期内）还是外地学生（假期）？[1] 针对学生群体、节假日旅游群体还是针对专家，不同的观众定位影响着展览季主题的推出策略。并且，专业级与娱乐级的展览是否可分阶段、分时段推出？这些都是问题。

---

① 张树伟."博物馆展览季"品牌的宣传引导[J].北京文博文丛，2016（S1）.

"展览季"作为时间概念，人们看到它时，往往会首先联想到季节、季度的概念。探讨展览季的观众定位时，时间必然为核心考量因素，且有时间与有需求同等重要，学术圈对于博物馆观众的分类研究并未形成定论。1986年，陈红京首次对研究博物馆观众的理论基础及研究方法作了介绍。[①]21世纪后，我国博物馆观众研究成果明显增多，观众研究成为博物馆研究的重要领域之一。通过对观众进行分类，展览季活动举办才能更准地切中用户需求的要点。《〈博物馆体验再探讨〉与观众研究再思考》一文中，马宇罡对《博物馆体验再探讨》一书中的观众分类观点及其他学者的观点进行归纳：第一，可以从观众个体身份的角度分类（探索者/发烧友/体验者/充电者等）；第二，可以从参观经验的角度分类（有经验/没经验）；第三，可以从团体观众进行分类（亲子/社教）；第四，可以按照参观频率进行分类（经常性观众/偶发性观众/非博物馆观众）；第五，可以按照参观动机进行分类（学习爱好者/博物馆迷/技能培养者/社交者）。[②]

不同年龄、不同生活状态的观众，全年中能来博物馆参观的时间各不相同。在职人员参观博物馆时间多为节假日及双休日期间，学生群体参观博物馆多为节假日及学期内组织的研学活动，老年人参观博物馆多为周内闲暇时间及周末陪伴儿童两类情况。本章围绕以上三类群体将分类聚焦在3~25岁的学生群体、22~60岁的在职群体以及55~60岁的退休群体。

展览季中的馆方行政逻辑

开放时间与开放方式构成博物馆参观规则的主要内容，针对开放时间的研究也为展览季活动合理规划的重要环节。《博物馆评估暂时标准》中规定"国有博物馆每年开放时间应在300天以上，非国有博物馆在240天以上"。我国

---

① 陈红京.对博物馆观众研究的课题和方法[J].中国博物馆，1986（1）.
② 马宇罡.《博物馆体验再探讨》与观众研究再思考[J].科技传播，2021，13（7）.

博物馆全年开放时间有据可循：第一，以"年"为单位。我国大量博物馆目前采取全年无休的开放模式，部分展馆仅除夕闭馆半日或一日。除此以外，当遇到突发性自然灾害或传染疾病时会临时闭馆（如新冠疫情期间）。第二，以"周"为单位。周一闭馆是国内外博物馆的通用规范，适当的喘息有利于文物保护及提供更好的博物馆服务。第三，以"日"为单位。大量博物馆采取9：00~17：00（16：00停止入馆）的开放时间，其中节假日会适当延长开放时间。其中，由于部分新建场馆无自有开放运营部门，导致采取周内开馆、周末闭馆的情况。

博物馆除周一闭馆外，全年基本处于满负荷运行状态。并且，由于公众周内需要上学上班，导致博物馆呈现周内游客稀疏，周末及节假日爆满、一票难求的局面。为缓解这一痛点，部分博物馆尝试在周内的晚上延长开放时间，并结合夜游特点开展"夜游博物馆"的探秘活动，发展夜游经济。例如，国家博物馆举办的"博物馆奇妙夜"活动、广州市推出的"博物馆之夜"、河南省洛阳市推出的"博物馆奇妙夜"主题夜宿活动。其中，浙江省自然博物馆2022年推出的"24小时博物馆"，将沿街300平方米的门面房分隔出来，打造成为相对独立的小型博物馆，并延长夜间开放时间。周内早上10点半开放，晚上24点闭馆，周末全天24小时开放，为在校学生提供课后服务，提高博物馆服务教育功能。

未来，展览季活动的策划也需要结合博物馆方行政的工作逻辑，在博物馆开放时间及博物馆服务公众的可能性上展开深度研究，推进博物馆文化业态服务社会的拓展尝试。

全国性"展览季"的问题与对策

定位误区：时间逻辑与行政逻辑

博物馆策划推出精品展览的时间段，观众没有时间前来观展，观众有钱、有闲的时间段却无展可看。笔者认为，展览季活动难以为继主要由以下两部分原因所造成。

（1）时间逻辑定位误区

现有时间规划下博物馆行业十大精品评选、讲座论坛、新馆开放、新展开幕等活动均集中在"5·18"国际博物馆日附近，当日不仅需要负责评审当年全国十大精品陈列奖，还需发布与当年博物馆日主题相关的系列展览及讲座活动。各博物馆也常以"5·18"为新馆开幕或新展开幕节点，但"5·18"当日非节假日，也往往非周末。为期一周的系列活动公众往往没有时间参与，感兴趣的观众也缺少跨城观看的时间，导致举办机构及参与机构过于疲惫，且成果较少，未产生预想中的社会效益。

基于以上论证，不难发现公众参观节奏与博物馆行政逻辑之间存在供需上的定位矛盾——展览的集中推出季节究竟是为用户服务的"旅游地清单"，还是博物馆科学研究成果的"成果分享会"。

（2）行政逻辑定位误区

现有工作方法及人员组织架构下，博物馆展览活动申报审核均需进行层层审批，行政层级在某种程度上主导了展览实施路径，相反，博物馆专业逻辑并未居于重要地位上。由于缺少核心管理部门，各部门借调人员权责不清晰，这也间接导致难以顺利开展"类展览季"的相关活动。而缺少专门的全国性展览宣推平台也是导致公众对该类活动的了解知之甚少，此类型活动未能实现传播初衷的根本原因。

现行的结构下，已无法负荷展览市场化的运营需求。因此，想要从本源上解决问题、研究博物馆展览季的实施路径，就必然对现有的结构进行调整。

解决路径：时间分离与部门独立

对应上述分析出的两项定位误区，本章围绕一个基本判断展开，博物馆展览季的设立应与博物馆科研类活动"5·18"在时间与空间上进行分离。

①解决路径一：时间分离设立"博物馆历"

时间分离后，策展人与观展人的供需矛盾将在一定程度上进行缓解。如博物馆制定展览计划时，需研究不同时段的主体用户，打造博物馆界的"双十一购物节"。时间分离后，包含且不仅限于以下几项优势：第一，全年活动兼顾不同受众的分众化需求。现有展览季由于对应专业公众及普通公众的展览在时间上混淆在一起，无法通过单个展览兼顾专业性与大众性。同一主题的展览可结合展览季的活动周期分批推出，如优先推出专业展览，后续推出针对学生、爱好者等受众的展览。第二，与各地博物馆的全年工作节奏相匹配。现有展览季时间分散在全年各月，各地政府无法进行区域性联合形成合力作用。故而应依据国际博物馆日的发布周期、"5·18"庆典周围工作安排，合理确立展览季时间，并为策划、制作、宣传工作在时间安排上预留出充分的准备时间。第三，国际博物馆日作为"展览季"发布会。时间分离后，"5·18"当日发布的展览季主题不仅可与国际博物馆日的主题遥相呼应，也可作为当年展览季活动的发布会，为各地博物馆的响应与观众的观展计划提供参考指南。

②解决路径二：设立独立机构"展览季协会"

由于展览季活动超越了博物馆系统的行政边界，需各地政府部门牵头组织，设置国家级展览季独立机构后，将有助于清晰展览季执行过程中工作的权责分配，包含且不仅限于以下几项优势：第一，独立部门统一协调、管理和调配。现有各类展览季活动多为地方文旅局、文物局、网信办联合各大博物馆及美术馆展开活动。设置国家级常设性管理组织机构，对于持续性打造"展览季"品牌具有极大意义。第二，以展览文化产品的方式进行研发。展览季中并未将展览打包为展览产品来进行考虑，单一的展览传播效率有限。未来，可设置研发部门，对高品质的展览进行系列化、标准化研发，并策划研发新文化品牌。第三，线上展览与线下实体展览相呼应。线上展览、线下展览各有利弊，应充分发挥两者优势打好"组合拳"。在展览季活动筹办的前、中、后阶段，线上展览可进行预热、宣传及引流。线下展览使命完成后，可作为线上展览素材与未来的实体或线上展览进行重新组合。

3. 时间分离：设立"博物馆历"

博物馆展览季实施路径中"什么时间干活""什么时间参观"是需要重点探讨的首要问题，下文展开论述的内容包含：第一，分析中国公众有钱有闲的时间段；第二，分析全年中最适合举办展览季的时间段；第三，分析围绕"5·18"国际博物馆日打造博物馆的新年"博物馆历"可能性；第四，分析全年计划中不同阶段针对不同受众群体的定位。

中国博物馆观众参观时间研究

观众年龄及参观峰谷分析

在分析展览季节的举办时间时，不应仅以参观者参观时间为切入点，而应以博物馆的行政工作逻辑为切入点。本章选取国博发布的2017—2022年的观众数据进行分析。中国国家博物馆官网搜索显示，国博自2018年起，每年的1—4月会发布前一年度的数据报告。例如，2023年2月22日发布的报告名为《中国国家博物馆数据报告（2022年度）》。数据报告中包含观众服务、安全保障和陈列展览等信息。观众服务的数据直观地体现出年度、月度中的参观峰值，对于展览季时间的选定具有一定参考价值。下文便从参观人数、峰值低谷、观众年龄三个角度对2017—2022年数据进行比较分析。

表 4-2　2017—2022 年国博参观时间数据

年份	开放时间	参观人数	峰值月份	低谷月份	最大接待日	最小接待日
2017	312 天	806 万人次	2 月	1 月	10 月 1 日	1 月 10 日
2018	279 天	861 万人次	12 月	—	12 月 30 日	—
2019	285 天	739 万人次	7 月	—	2 月 7 日	—
2020	232 天	160 万人次	1 月	—	1 月 17 日	—
2021	311 天	237 万人次	—	—	—	—
2022	284 天	163 万人次	—	—	—	—

参观人数：如表 4-2 所示，以 2019 年年末新冠疫情暴发前后为界限，2019 年前参观人数总体呈缓慢上涨趋势（763 万 -729 万 -755 万 -806 万 -861 万 -739 万）。国博于 2019 年 4 月 10 日为调控人数，开启"单人最高人数限流控制"（单日上限 3 万人），故 2019 年出现小幅度下降。疫情导致 2020 年、2021 年、2022 年参观人数大幅下降，2020 年参观总人数仅为 2019 年的 20% 左右。其中，2020 年全年博物馆闭馆天数为历年最高。

峰谷分析：2017—2020 年，国博公布了单月参观峰值及最大接待日。四年来，峰值月份分别为 2 月、12 月、7 月和 1 月。其中除 2019 年暑期 7 月外，参观高峰月份多为元旦及春节假期期间；全年最大接待日分别为 10 月 1 日（国庆假期）、12 月 30 日（元旦假期）、2 月 7 日（春节假期/初三）及 1 月 17 日（北方小年/周五）。最大接待日均为法定节假日期间，且多数位于下半年春节前夕。

表 4-3　2017—2022 年国博观众年龄比例

年份	1~17 周岁	18~24 周岁	25~30 周岁	31~35 周岁	36~40 周岁	41~64 周岁	65 周岁
2017	17%	83%					
2018	12.4%	87.6%					
2019	10.13%	14.43%	12.54%	14.43%	13.73%	32.01%	5.73%

续表

年份	1~17周岁	18~24周岁	25~30周岁	31~35周岁	36~40周岁	41~64周岁	65周岁
2020							
2021	12.09%	14.03%	14.12%	12.53%	14.64%	27.56%	5.03%
2022	19.24% （1~18周岁）	37.32% （19~35周岁）			37.58% （36~59周岁）		5.86% （60周岁及以上）

观众年龄：如表4-3所示，国博对观众年龄的统计也体现出社会变化趋势，如2019年前观众数据仅区分为未成年与成年，2019年开始对观众的年龄进行细分研究。2022年"老人年龄新标准"公布后，人群分类对老年人的划分调整为60周岁以上。2018年、2019年、2021年、2022年四个年度公布了不同年龄段的观众参观比例，其中2019年、2021年、2022年三个年度公布的数据较为详尽。经对比发现，18岁以下观众在参观总人数中总体呈上升趋势，19~35岁人群呈平稳趋势，36~59岁人群呈下降趋势，60岁及以上呈上升趋势。其中，增长最大的为未成年群体。

不同观众的空闲时间分析

截至2022年年末人口数及其构成统计数据，我国总人口约14.1亿人，其中各级各类学历教育在校生2.91亿人，专任教师1844.37万人，全国在职职工8.8亿人。全国60岁及以上老年人口达2.8亿，其中65周岁及以上2亿人。不同年龄、职业的观众在全年中拥有不同数量、长短的空闲时间。如表4-4所示，从不同人群的空闲时间对人群进行分类，可分为在校、在职、退休三个人生阶段。其中，在校状态包含学生群体及教师群体，在校学生根据不同学段又可分为小学至研究生（6~25岁），教师也作为唯一拥有寒暑假的就业群体；在职状态可分为全职就业及自由职业，全职群体的工作规律包含双休、单休、调休、倒班等多种方式；退休状态法定为女性50~55岁以后、男性60岁以后（法律规定60岁及以上为老年人）。

表 4-4　不同状态观众的空闲观展时间分析

	分类	在校人员		在职人员		退休人员
		学生群体	教师群体	全职就业	自由职业	
年	节假日	●	●	●	●	●
	寒暑假	●	●	—	—	—
周	工作日	●	○	○	●	●
	双休日	●	●	●	●	●
日	早上	○	○	○	●	●
	下午	○	○	○	●	●
	晚间	●	●	●	●	●

在校状态人员空闲时间分析：由表 4-4 分类可见，在校状态的学生及教师群体的隐性观展时间最长，也是最值得作为主要用户去深挖的一类群体。以高考为界，高考前的学生主要作为线下展览用户，小学、初中阶段的儿童需要由家长或老师协同带领参观；高考后的学生作为独立的成年个体，多为自发观展行为，博物馆常作为假期旅游目的地中的重要站点。

在职状态人员空闲时间分析：在职状态的人群在三类人群中的空闲时间最少，线上展览对于在职状态的人群最为友好，在工作日内可利用碎片化休息时间选择线上展览进行参观学习。周末及节假日会携带家眷及儿童前往线下博物馆参观学习。

退休状态人员空闲时间分析：退休状态人群全年空闲时间最长，现今退休的中老年人中大学教育比例较低，线上展览对于退休后的中老年人而言操作难度较大。但在未成年学生寒暑假期间，"年轻的爷爷奶奶"可以作为陪伴儿童前往线下实体博物馆的主力军。

观众全年节假日时间分析

我国假期主要包含双休日、法定节假日及寒暑假三种类型。其中，双休日即每周工作五天、休息两天；依据《全国年节及纪念日放假办法》规定，我国的法定节假日共计 11 天（3 天小长假含周末），含周末调休节假日共计约 31 天；我国学校普遍实行两学期制，一个学年分为两学期，前半学期 9 月至次年 1 月，下半学期 3 月至 6 月，中间包含寒暑假两个长假。

依据上文中观众的三种分类，退休人员全年放假为 365 天；在校人员全年放假约 160～180 天（双休日、节假日、寒暑假）；在职人员全年放假约 115 天（双休日、节假日）。寒假与元旦、春节、情人节、元宵节四节重叠，"5·18"位于劳动节与端午节之间，暑假期间无法定节假日。

基于以上分析，笔者认为展览季可围绕寒暑假，分夏季和冬季两季举办较为合理。夏季展览季（上半场）为 7—8 月，在"5·18"国际博物馆日之后；冬季展览季（下半场）为 1—2 月，其间包含重大传统节日，更具年节属性。

"博物馆历"模式下的全年安排

"博物馆历"新模式

（1）"博物馆历"概念解释

对于我国百姓而言，"新年"有两重含义，阳历年的元旦与阴历年中的春节。对于博物馆行政工作而言，每年贺岁档与春节档是全年中最繁忙的观众接待时段，也是需要全力推出新展览庆贺年节的时候。除此以外，全年中最重要的新展览活动会尽可能赶在"5·18"当日开幕，为国际博物馆日献礼。

参观博物馆是学习历史文化，积累文化知识的重要过程。伴随着文化旅游强劲复苏，公众参观博物馆的需求激增，越来越多的人走进博物馆，夏日酷暑与冬日冰寒都阻挡不了公众参观的热情。博物馆热也带火了一系列博物馆文创。例如，近年来各大博物馆卖得最火的文创日历（《故宫日历》《国博日历》

《陕博日历》等），与传统日历上简单罗列的时间数字不同，文创日历别出心裁地在每一页都印刷了自己的精美馆藏作品，并且带有一些文字说明。[①] 以博物馆生产端为主体开发的"博物馆日历"作为日历类的印刷产品融入了百姓的日常生活中，传统年节与馆藏精品文物的结合，让时间更有温度。伴随博物馆参观热，也促生出 iMuseum、VART、每日故宫等消费端展讯服务平台。然而，目前并没有一款"产品"能够打通生产端与消费端，为全年的展览活动推出提供数据支撑与推送服务。本章中笔者对"博物馆历"的构想来源于打造博物馆界的狂欢日，假使未来以"5·18"为节点划分博物馆工作新旧年份，进一步强化"5·18"的发布属性与节日属性。将国际博物馆日抬升为中国博物馆界的"新年"，这一天将不仅是博物馆年度活动的分水岭，也是一年一度展览季活动的开始。

（2）"夏、冬两季"展览模式

如图 4-2 所示，"博物馆历"模式下的日历为当年的"5·18"至次年"5·18"。

前文对观众参观时间分析中可得出：第一，峰值月份及最大接待日集中在 12 月至次年 2 月范围内；第二，18 周岁内的未成年观众成为观展的主力军（馆校合作政策）；第三，在校人员及退休人员的空闲观展时间最长；第四，寒假期间与多个节假日重叠。为此，笔者认为展览季可以在校学生为主要用户群体，采取夏、冬两季的展览模式，其中夏季为上半场、冬季为下半场。夏季场重研学、冬季场重年节氛围及满足家庭出游需求。学期内的淡季期间，可针对退休赋闲在家的老年群体开展相关活动。

（3）"博物馆历"构成部分

展览季不仅是一个时间的概念，它还是对全国博物馆资源整合的重要平台。"博物馆历"的实施路径中必然包含时间逻辑与行政逻辑双重层面，合理

---

① 张正元. 对我国博物馆文化创意产品的涉及反思 [J]. 四川戏剧，2019（12）.

官业内的年度盛会

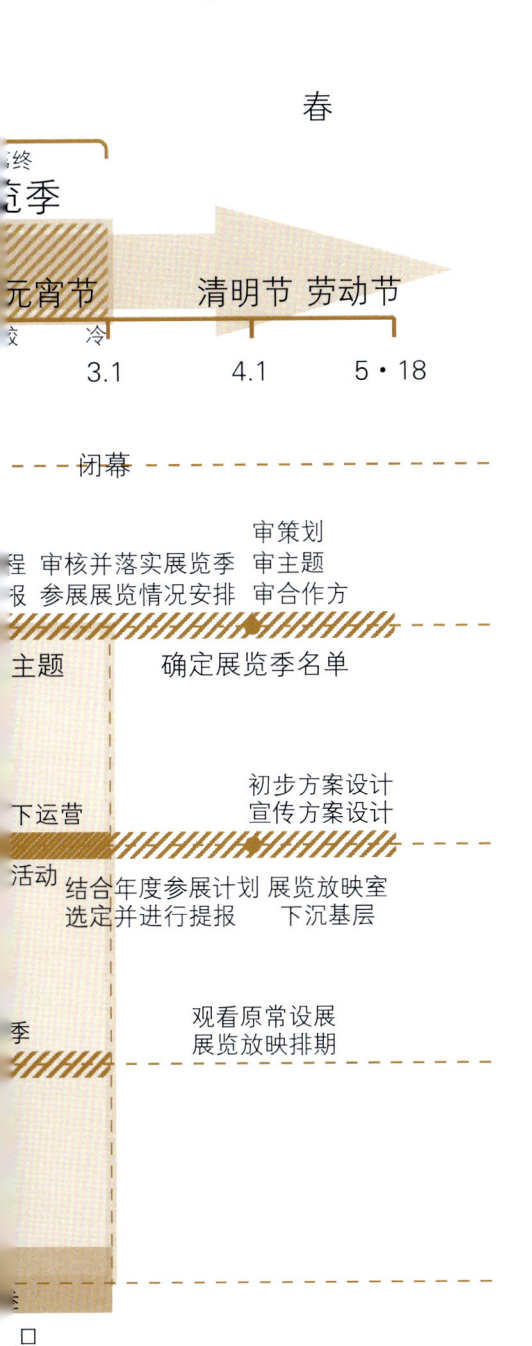

春

终
览季

元宵节　　清明节　劳动节
冷
　　3.1　　　4.1　　　5·18

- - - 闭幕 - - -

　　　　　　审策划
程 审核并落实展览季 审主题
报 参展展览情况安排 审合作方

主题　　确定展览季名单

　　　　　初步方案设计
下运营　　宣传方案设计

活动　结合年度参展计划 展览放映室
　　　选定并进行提报　下沉基层

季　　　观看原常设展
　　　　展览放映排期

□
游

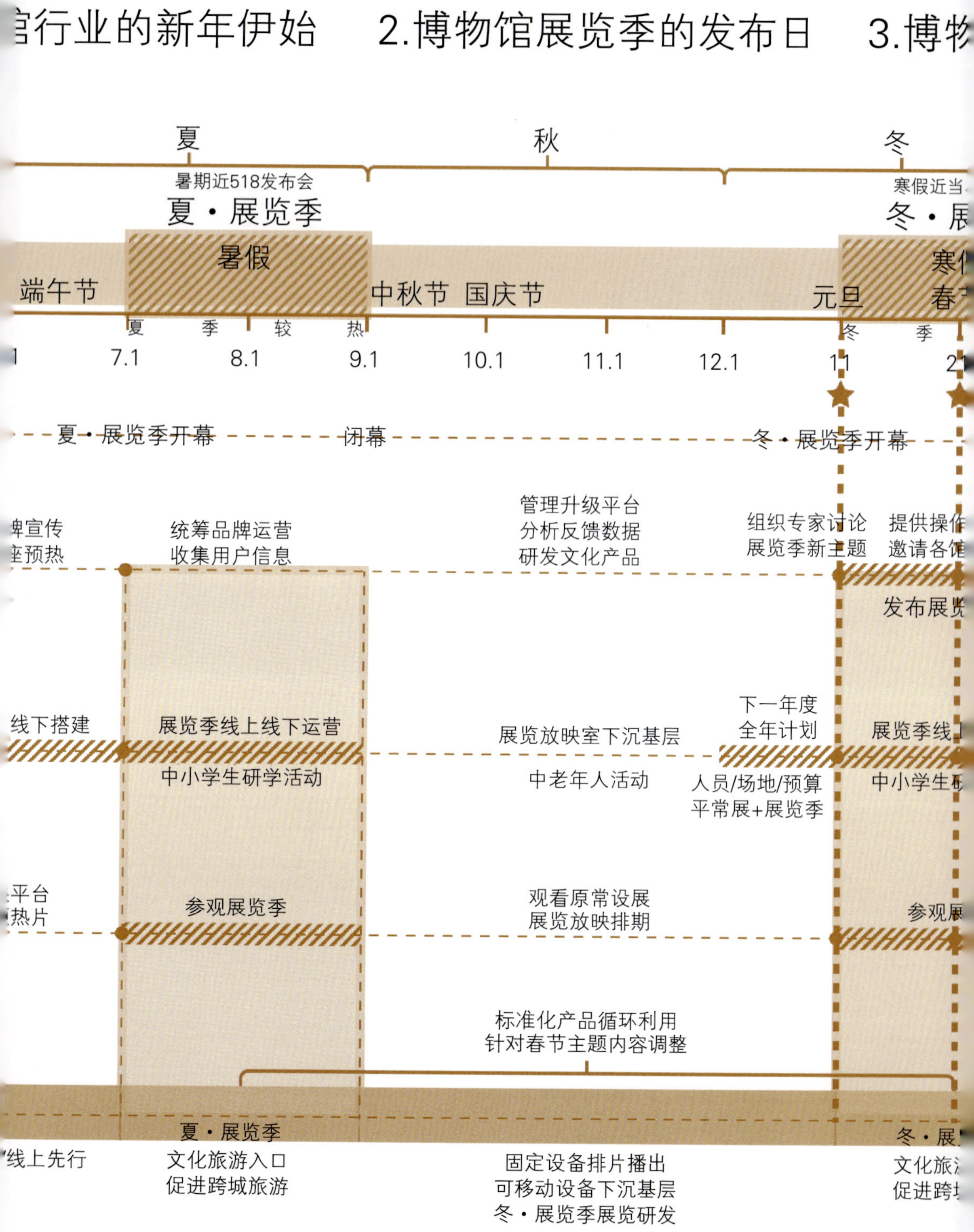

行业的新年伊始　　2.博物馆展览季的发布日　　3.博物

夏　　　　　　　秋　　　　　　　冬

暑期近518发布会　　　　　　　　　　　　　　寒假近当
夏·展览季　　　　　　　　　　　　　　冬·展

暑假			寒

端午节　　　　　　　中秋节　国庆节　　　　　　　元旦　　春

夏　季　　较　热　　　　　　　　　　　　冬　季
7.1　　8.1　　9.1　　10.1　　11.1　　12.1　　1.1　　2.1

夏·展览季开幕 --------- 闭幕 ----------------- 冬·展览季开幕

管理升级平台　　　组织专家讨论　提供操作
牌宣传　　　统筹品牌运营　　分析反馈数据　　展览季新主题　邀请各馆
预热　　　收集用户信息　　研发文化产品

发布展览

下一年度
线下搭建　　展览季线上线下运营　　展览放映室下沉基层　全年计划　　展览季线

中小学生研学活动　　　中老年人活动　　人员/场地/预算　中小学生
平常展+展览季

平台　　　参观展览季　　观看原常设展　　　　　　　参观展
热片　　　　　　　　展览放映排期

标准化产品循环利用
针对春节主题内容调整

夏·展览季　　　　　　　　　　　　　　冬·展
线上先行　文化旅游入口　　固定设备排片播出　　文化旅游
促进跨城旅游　可移动设备下沉基层　　促进跨
冬·展览季展览研发

图4-2　"博物馆历"时间安排示意

1.博物馆

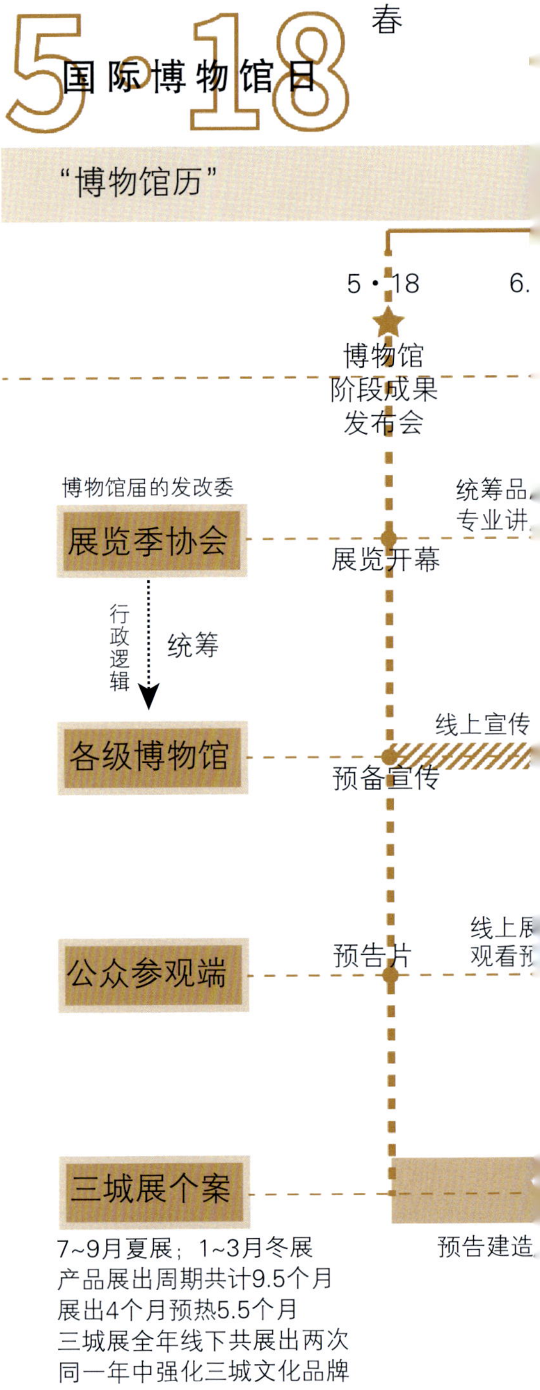

5·18 春

国际博物馆日

"博物馆历"

	5·18	6.
	博物馆阶段成果发布会	
博物馆届的发改委		统筹品专业讲
展览季协会	展览开幕	
行政逻辑 → 统筹		
各级博物馆	预备宣传	线上宣传
公众参观端	预告片	线上展观看预
三城展个案	预告建造	

7~9月夏展；1~3月冬展
产品展出周期共计9.5个月
展出4个月预热5.5个月
三城展全年线下共展出两次
同一年中强化三城文化品牌

的时间规划是展览季成功的必然前提。参考以往"类展览季"活动举办经验，"博物馆历"的构成中需包括展览季协会、各博物馆、企业、公众四个组成部分。其中，展览季协会负责统筹与管理，各级博物馆负责响应与申报，企业挑选合适的展览进行投资冠名，公众选择喜欢的主题安排观展行程。

全年工作及参观节奏

（1）展览季协会全年工作节奏

国际博物馆协会于每年12月初发布来年的活动主题，如2023年国际博物馆日主题于2022年12月2日发布："博物馆、可持续性与美好生活"。展览季协会的全年工作依据其工作特点可划分为三个阶段，每个阶段4个月左右。其中，第一阶段为12月初至次年5月（"5·18"），第二阶段为5月（"5·18"）至8月底，第三阶段为9月初至12月初。第一阶段中包含冬季展览季，第二阶段中包含夏季展览季。

第一阶段为展览季协会工作的重中之重，主要包括两大板块工作：其一，来年的展览季活动研发及审核工作。对于展览季协会而言，全年工作高峰期位于国际博协发布主题后、"5·18"博物馆日活动前，即12月初至次年5月18日前。在这5个月期间内，展览季协会需组织专家研讨主题（元旦前探讨）、发布主题及响应流程（元旦发布）、确定参与博物馆的名单（春节后确认）、审核博物馆的概念方案（4月审核）、筹备"5·18"当日的发布准备等事宜。其二，筹备当年冬季展览季活动的开展工作。

第二阶段为"5·18"发布后，包含夏季展览的筹备期及展出期。两部分工作重心为：其一，夏季展览季筹备期，负责审核夏季展览季的申报文件，为展览季品牌宣传预热；其二，夏季展览季展出期，负责采样数据及持续性活动组织。

第三阶段为夏、冬两季展览季的间隙，为期四个月，该阶段为全年中的归纳总结阶段。在这段时间对上半年采集来的展览数据进行分析研究，并对展览文化产品进行集中性研发。

（2）各博物馆全年工作节奏

①各博物馆响应原则。

针对下一年度的全年展览计划进行系统规划，各地博物馆首先需要满足本地文化展示需求，其次才是展览季活动的响应。展览季模式对各地博物馆的全年展览计划及设计能力提出了更高的要求，未来各地博物馆在制订年度计划时可提前合理预估未来3~5年展览计划序列，并结合展览季主题自主决定参加与否，综合考虑人力、空间、预算成本的合理配置。

单一博物馆所拥有的有效展场、人力资源乃至项目预算都是有限的。一般来说，综合类博物馆建设时拥有固定展厅2~3个、临时展厅1~2个、社会教育教室1~2个。其中，临时展厅面积（200~2000平方米）及建设标准不一，部分博物馆虽有心响应展览季活动，却因展场不足而有心无力。为此，各地博物馆可将城市中的商业文化场所、文化街区、人文遗址景区和图书馆等空间一并纳入资源考虑范围内。并积极制订计划吸纳社会资金加入，综合考量区域范围内的展场、人力及预算资源，打造一场全城文化狂欢。

②各博物馆响应流程。

如图4-3所示，展览季协会于元旦发布当年的展览季主题及计划后，各博物馆自元旦起开始工作，全年的工作重心为1—8月。其中，1—2月、7—8月为夏冬展览季的展出时间，1—3月为申报时间，4—6月为设计制作时间。

第一阶段9—12月：各博物馆需在元旦前草拟来年展览计划，结合场馆、人员、资金情况为展览季预留空档期；除此以外，该阶段需完成上一年度冬展览季的展览设计实施工作。第二阶段1—2月：准备响应材料及策划书进行申报，联展类主题需在此期间寻找合作城市或合作博物馆，该阶段也作为春节档冬季展览季的展出时间。第三阶段3—5月：未入选则流程终止，审核通过入选的博物馆需在"5·18"发布会前对展览的策划方案、设计方案和宣传方案进行深化。第四阶段5—6月："5·18"作为发布会，夏季、冬季展览季的展览计划将统一发布，并将提前预备的宣传文件进行投放，并于6月前完成展览的实施及组建多渠道宣传工作。第五阶段7—8月：该阶段为夏季展览季展出时期，也是当年展览季的上半场。各博物馆需做好观众服务，持续收集用户数据进行分析研究。

（3）企业全年广告计划

设置"博物馆历"后，每年的展览季推出时间相对集中且固定，且展览开幕前在"5·18"当日发布的展览预告也承担了"广告位招租"的重要功能。国家级、省级、市级及区县级各级博物馆响应不同主题的展览，有意愿进行投资冠名的企业可在每年的固定时间点关注"博物馆展览季"的相关动态，挑选符合自身企业定位、产品相关的展览予以冠名。对于接洽社会资金进行开发展览也起到关键性作用，一举两得。

（4）公众全年参观节奏

公众全年参观节奏两次高峰期为夏季及冬季展览季期间，公众可关注"5·18"当日发布的夏季展览计划，自由挑选感兴趣的主题，合理安排本地参观计划及外出考察计划。展览季与寒暑假同期，可在此期间针对中小学生研发系列高质量研学活动，寒暑期以外可围绕中老年人为主要用户研发系列活动。

4. 部门独立：设立独立机构"展览季协会"

博物馆展览季实施路径中"谁干活""怎么干活"也是需要重点探讨的方向，下文围绕设立固定、独立的"展览季协会"开展，其中需要展开论述的内容包含：第一，展览季协会所需要的各个组织部门；第二，展览季中的资金来源（国家财政+地方财政+企业资金）；第三，展览季协会在展览季中与展览

融媒体时代的展览传播

公众视角下的展览季

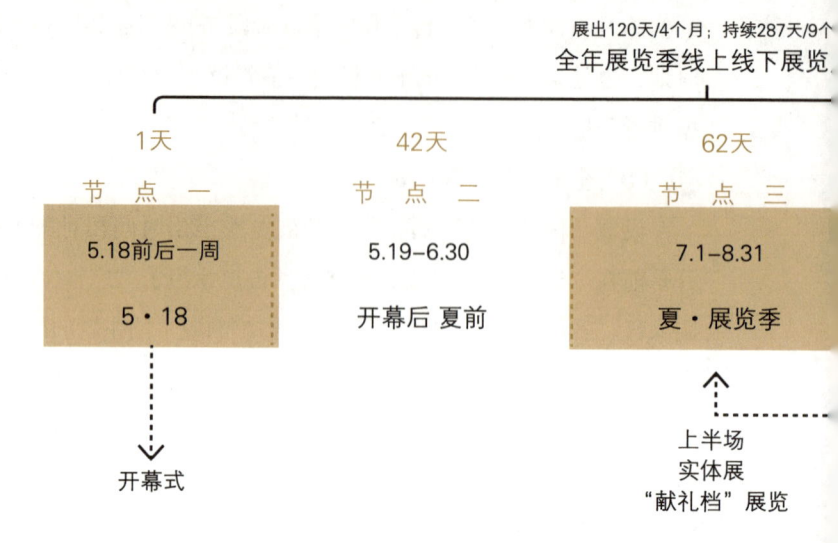

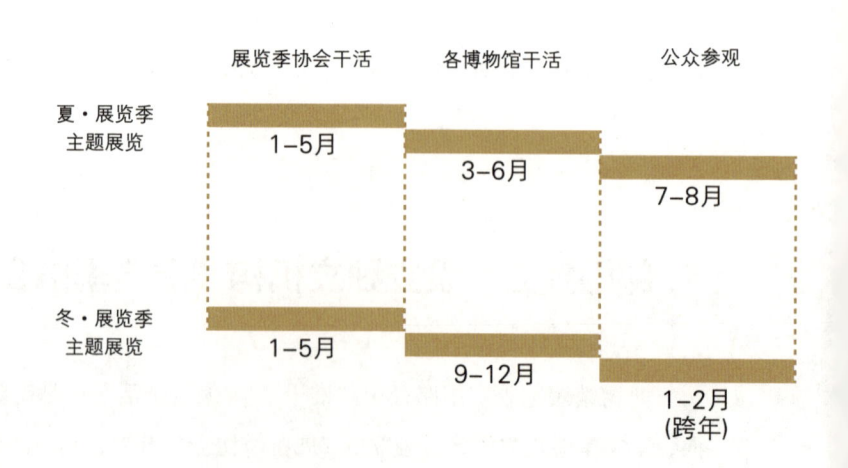

展出120天/4个月；持续287天/9个
全年展览季线上线下展览

1天	42天	62天
节 点 一	节 点 二	节 点 三
5.18前后一周 5·18	5.19–6.30 开幕后 夏前	7.1–8.31 夏·展览季

↓开幕式

↑上半场
实体展
"献礼档"展览

	展览季协会干活	各博物馆干活	公众参观
夏·展览季 主题展览	1–5月	3–6月	7–8月
冬·展览季 主题展览	1–5月	9–12月	1–2月 (跨年)

展览季协会/博物馆/公众–展览季时间节点

图 4-3　全年夏、冬两季展览季时间周期

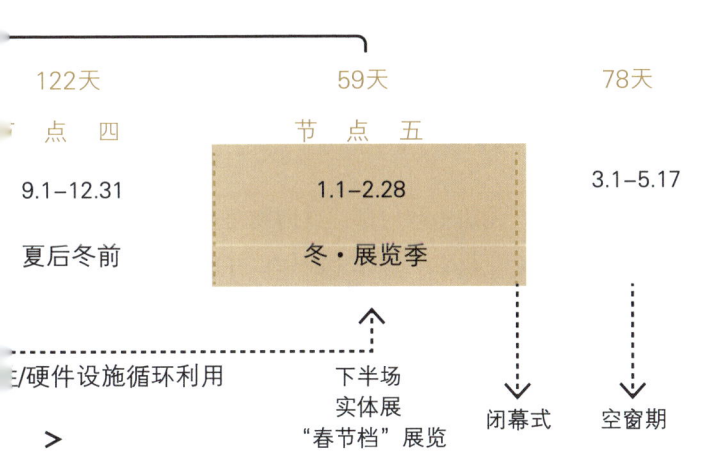

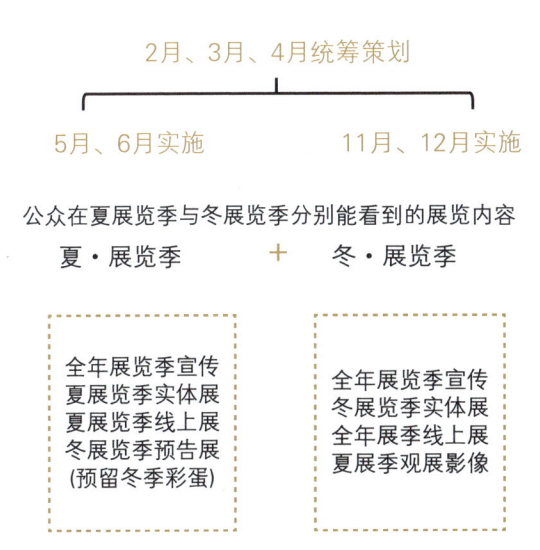

第四章 中国"博物馆历"的实施路径探索

| 122天 | 59天 | 78天 |

点 四　　　　　节 点 五

9.1–12.31　　　1.1–2.28　　　3.1–5.17

夏后冬前　　　冬·展览季

/硬件设施循环利用　下半场　　　闭幕式　空窗期
　　　　　　　实体展
　　　　　　　"春节档"展览

2月、3月、4月统筹策划

5月、6月实施　　　11月、12月实施

公众在夏展览季与冬展览季分别能看到的展览内容
　　夏·展览季　　　+　　　冬·展览季

全年展览季宣传　　　　全年展览季宣传
夏展览季实体展　　　　冬展览季实体展
夏展览季线上展　　　　全年展季线上展
冬展览季预告展　　　　夏展季观展影像
(预留冬季彩蛋)

展示内容

157

季外的两种运营方式；第四，展览季主题的确立兼顾全国各类主题展馆，向小馆政策倾斜、向大馆政策开放。

设立"展览季"独立管理部门

展览季活动牵连甚广，持续时间也较长，无法由政府部门或博物馆兼顾完成。为了能将博物馆展览季打造成持续性的文化盛宴，逐年定时定点开展，并对全国各地区文化遗产进行重新梳理联合。展览季活动必须设置专门负责该事项的工作部门进行全年跟进，并在展览季活动的不同工作节点内对接全国各博物馆及各类型企业，再对应需求节点邀请专业对口的各行业专家进行探讨。为便于后续描述，本章中将此工作部门名称暂列为"展览季协会"。

"展览季协会"主要构成

（1）运营管理模式

对于展览季协会而言，展览季活动的开展从工作类别上区分可分为常态化运营与展览季运营管理两种状态。常态化运营管理为除夏、冬两季展览季以外的另外8个月，难点在于对新展览季、新展览文化产品的研发及审核工作，以及宣传预热工作；展览季运营管理为夏、冬两季展览季开展时的4个月，难点在于展览的宣传推广及展览数据的采样及分析工作。

（2）人员组成架构

为了能在经济上尽可能争取企业的赞助支持，减少对国家财政的依赖。"展览季"协会的运营团队中应至少包含以下三类人员：

第一类人员负责对宣传价值观把控管理。展览季协会核心团队应由中央及各地市宣传部人员构成，其主要职责为聘任审核相关团队，以及在活动发布前夕保证展览传播的文化安全及价值观正确。第二类人员为各省市博物馆体制内行政人员，展览季活动的顺利推进必不可少国家博物馆相关部门的支持。第三类人员为负责实施落地的策展团队。"展览季协会"中需结合全国性展览季工作的特点筹备线上、线下策划设计团队，其中必不可少懂展览、懂传媒、懂法务、懂运营（网络平台运营及商业活动运营）的相关成员，并且需要设置策展组组长对专业队伍进行管理。

"展览季协会"功能板块

博物馆行业中的新展览策划多由独立博物馆进行审核完成，缺少如影视行业"广电总局"般的审核机构及相关机制，这也是间接导致展览市场化程度较弱的原因之一。

本章中提出的"展览季协会"作为常设主办机构，为保证全国性展览季活动的顺利开展，必不可少研发、审核、市场及运营四大功能板块。四个功能板块涉及展览季活动的方方面面，且各功能间的工作咬合度较高，无法粗暴进行切分。这也要求"展览季协会"在开展工作时，需结合项目特点对项目小组进行灵活组合。

（1）研发功能

我国绝大部分历史类、文化艺术类博物馆是国有体制，传统的组织机构是"三部一室"（即保管部、陈列部、宣教部、办公室）[1]，三部一室的"横向合作"模式下各部门仅对自己负责，导致展览策划设计的过程中工作效率低下，存在较明显的弊端。为保证博物馆展览季制度的顺利开展，展览季协会中需设置专门的研发部门，除平日里的常态化研究任务外，在展览季筹备期间需从各部门中抽调人员与合作博物馆方成立"展览项目组"。

研发板块工作职责：第一，研发制定每年度的博物馆展览季"主题"；第二，研发每年度的展览季运营计划及响应方式；第三，分析展览季活动中采集

---

[1] 田甜.论中国博物馆"策展人负责制"的建立[D].南京：南京艺术学院，2012.

融媒体时代的展览传播

展览季各部门工作流程泳道图

研发部门
- 展览季主题确立
- 制定统筹规划
  - 协会各部门工作计划
  - 博物馆展览策划标准
- 新一季研发

审核部门
- 协会内部审核（未通过／通过 分发各部门）
- 企业审（复审）
- 展览文本审核
- 数据支撑

图 4-4　展览季协会功能板块

第四章　中国"博物馆历"的实施路径探索

运营部门	市场部门
	制定年度目标、规划书
未通过	寻找商业合作方、企业资质调研（初审）
提交企业审核报告	（初审结果）调研报告
通过	与目标企业商谈
	确定合作方式和具体方案
制定统筹规划	
协会各部门工作计划 博物馆展览策划标准	
深化落实	
数据库平台运营管理	
数据采集	
后台数据分析报告	

161

的用户观展数据（用户体验设计研究）；第四，研发最新的展览文化产品及配套实施路径（"三城展"模式）。

（2）审核功能

我国广播电视制播体制中采取了"制播分离"的模式，在近年来的改革中，虽仍存在许多问题，但为我国广电产业发展及推出更多高质量的文艺作品提供了很好的制度基础。参考广播电视业的改革方式，博物馆展览的策划设计也可尝试将制作权与审核权进行分离，改变以往由各博物馆聘请业内专家自行制作审核的传统模式，将制作权向社会逐步开放（设定范围结合主题类别分批次开放）。

制作权的开放将会大幅度刺激市场对展览主题的参与热情，与此同时所呈报的作品质量也必然良莠不齐。故而，开放的道路中需配套设置国家级展览审核部门，负责审核各地博物馆及各地企业在展览季期间内呈报的系列展览策划案，逐步建立一套高效、缜密的审核体系。

审核板块工作职责：第一，审核研发板块完成的展览季运营计划及展览文化产品（对外）；第二，审核市场板块呈报的企业合作情况及展览场地情况；第三，审核展览季期间博物馆及企业呈报的展览策划案。

（3）市场功能

国有体制的博物馆经费全部或主要来源于政府财政，其策展模式受到事业单位行政决策、财政预算管理、人事管理、政府采购等制度的约束，虽然较为成熟和规范，同时也显得僵化和保守，缺乏灵活度和创新性。[1] 由于政策和机制的原因，我国博物馆利用社会资金的程度普遍不高，博物馆展览季活动的举办唯有调动市场积极性，吸引社会资金的进入。

展览季作为国家级博物馆展览平台应充分发挥平台优势，把握好议价权与不同的企业进行洽商。以国家的意志及文化审核为核心，将社会的经济资源吸

---

[1] 忻歌. 博物馆策展模式研究及其对科技馆的启示 [J]. 科普研究，2017（2）.

纳到展览季平台中，用较少的财政资金撬动整个产业的发展。与此同时，选择资助企业时，应对企业本身设置一个初步认证及审查标准，并设置限定标准避免企业干扰展览评审的全流程。

市场板块工作职责：第一，市场板块负责寻找展览季活动及具体展览的赞助方（找钱）；第二，市场板块负责将展览季模式"销售"至更多城市及博物馆（找活）；第三，市场板块负责制定年度展览活动目标及对未来市场进行分析规划（计划）；第四，市场板块负责与各地洽谈展览放映室产品并制定产品价格及新品上市计划（销售）。

（4）运营功能

运营板块负责在展览季期间对接各博物馆，负责展览季整体品牌的宣传推广事宜，承接具体展览的配合申报及辅助运营工作。博物馆展览的运营一般由博物馆开放部或外部运营公司完成，展览季活动中的运营部门作为国家级平台，对内需配合研发、审核、市场板块的相关工作，对外需解决展览实施运营层面的各类问题并将收集来的信息反馈给各部门。

运营板块工作职责：第一，运营板块负责展览季品牌的系统性运营及宣传推广工作；第二，运营板块负责承接各博物馆展览季期间的展览运营工作；第三，运营板块负责承接各地博物馆在展览季活动中的展览响应工作；第四，运营板块负责采集展览季活动期间的用户观展数据并提交研发部门。

建设线上"数字展览管理平台"

展览季活动的开展涉及发布、申报、审核、制作等环节。非数字时代时的申报及审核工作让工作人员苦恼不已，随着数字技术的发展和普及，数字化管理平台已经成为许多行业的必备工具，并且越是智力密集型的工作对数字管理平台的需求更为迫切，博物馆展览季协会当然也不例外，展览季管理平台为管理流程提供了全新的可能。本章论述重点围绕管理平台的功能需求,平台搭建逻辑与平台架构等内容不作讨论。

"展览管理平台"的管理优势

一个完美的展览季数据管理平台可以对展览季期间所发生的一切工作进行统筹管理。当信息文明全面取代工业文明的时候,公司——这个工业时代最重要的组织创新,也必须被超越。[①] 当所有的工作都在线上开展时,数字平台中可突破以往按部门管理的局限性,按功能进行划分管理有利于促成协同的工作组织机制。公开透明的"展览管理平台"对于各地博物馆的申报审核管理、优质团队匹配、多元文化展示具有极大优势。

(1) 扁平申报管理优势

建设"数字展览管理平台"后,无论是展览季主题的发布,乃至过程中的研发、审核、市场等工作,所有的事情均可在线上平台中予以完成。平台的建立不仅能有效地提高国家对展览数据的管理效率,而且能降低各地响应的入门门槛,这对提高各地参与积极性、促使多元文化展示,营造全国博物馆展览的大 Party 具有重要作用。例如,当某县级市的市博物馆有意愿参与下一年度的展览季活动时:

传统的申报流程往往是国家向各省市下发指标,县区级报送至市级预筛选、市级报送至省里进行内部评审,由各省为单位报送至国家。由于县一级博物馆大多地缘偏僻、规模较小、实物较少,往往无缘入选——这也间接削弱中小博物馆参与国家级活动的积极性,不利于文化的多元发展。中小型博物馆相比大型博物馆处劣势地位,久而久之,大馆更强小馆更弱,资源进一步集中到头部单位,自然会打压中小型博物馆的参与积极性。

新路径下,数字管理平台形成去中心化管理模式,各地博物馆可根据当年

---

① 埃里克·施密特. 重新定义公司:谷歌是如何运营的 [M]. 北京:中信出版社,2015: 9.

的主题及不同赛道，自主选择申报主题及申报方式，形成扁平化的数字管理模式。例如，可结合自身优势主题独立申报，也可与其他区域同类型博物馆联合申报。故而，为鼓励各省市、各专题博物馆踊跃报名，在审核架构上展览季协会应针对大馆、小馆制定不同的政策倾向，针对不同行政等级、不同类型的博物馆出台系列分众化的政策。

第一，针对大型博物馆提供开放性政策。大型博物馆拥有较为丰富的馆藏、较为充足的财政资金、较为优质的人才梯队。展览季活动中，国家可向大型博物馆提供开放性政策。例如：在政策层面允许国家级博物馆主动争取社会资源，利用自身在文化端的影响地位，邀请企业赞助展览；允许博物馆与企业联合成立文化产品研发企业，营利作为展览建设及文创研发的部分资金来源。

第二，针对中小型博物馆提供政策优惠。中小型博物馆作为文化坐标上的重要点位，是中华文明多样性的重要根基。为了盘活各地的"毛细血管"，在评审原则的设置上，要有意识地向中小型博物馆中的特色专题展进行政策倾斜。例如：针对博物馆的主题类别，涉及展览季各年度主题的区域偏重；在展览季的响应比重上，设置中小型博物馆的保护比重。

（2）异地团队管理优势

全国性展览季活动展开时，单个员工的工作可横跨多部门、多项目使其既能参与主题研发，也能参与审核、设计等工作。现行展览设计实施多通过项目招投标的方式公开竞选，虽然公开，但大城市与小城市间可选的专家数量及设计制作团队的质量差距较大。"展览管理平台"的建设作为公开平台，各地博物馆不仅可在平台上进行展览申报操作，也可结合所需挑选全国范围内标签匹配的行业专家、网络技术团队、内容生产团队及设计制作团队。

当工作中所有的信息节点都在平台上发生时，为便于对异地成员进行线上管理，自然需要建设与之配套的数字化管理方式。伴随个人电脑、手机的全面普及，人们已习惯依靠社交软件完成工作交流。微信（个人版）2011年1月诞生、钉钉 2014 年 12 月上线、企业微信 2016 年 4 月上线、飞书（协同办公工具）2019 年 9 月上线，各类协同办公软件占据了人们的工作案头。但至目前，仍然没有一款软件可以实现项目的标签化拆解与人员工作的标签化匹配。本章认为，展览季协会应参考"滴滴打车"的基本逻辑设计出一款"标签化工作拆解派发软件"，标签的设计及匹配将成为一项全新且庞杂的工作。例如，项目可赋予展览主题、展览类型、项目造价、改造重点等标签，并设计出一套网格化的线上派单系统（参考滴滴派单系统）；人员可结合系统留存的完成情况赋予擅长标签及评分情况，如有擅长明清民俗文化研究的策划师、擅长历史类博物馆展览设计的设计师、擅长自然科普类多媒体内容制作的剪辑师等（参考滴滴接单及评分系统）。

（3）定期线下交流弥补情感缺失

数字管理平台建设的优势总体上是受欢迎的，能很大程度上解决资源分配不均、协同办公效率不高等问题。但又难免让人心生忧虑，当工作和管理都聚焦在了线上，"屏幕"成为人与人之间交流的唯一载体，人与人之间的情感交流便大幅减少。虽然管理效率大幅度提升，却也缺少了些许人情味，并且可能导致年轻人的社交能力就此退化。长此以往，最终必然会加剧人们的孤独感，人会越来越像工厂的机械臂，灵魂与精神也在信息系统上漂泊。因此，尽管纯线上工作模式已经成为越来越普遍的趋势，但定期组织线下会议、进行当面情感交流仍然是必要的。定期的线下会议将有助于加强员工之间的联系和信任，增强员工的归属感。未来的人员管理应是数据平台线上工作及线下情感交流双轨道的模式。

"展览管理平台"的功能需求

（1）博物馆现有线上管理平台功能

数字时代，手机成为观众了解博物馆的主要入口，微信成为人们社交及社会生活的主要 App。时代的发展也促使智慧博物馆的建设需求，公众号、视频号、小程序、微博、抖音等融媒体传播平台的账号建设及运营成为各级博物馆标配。

博物馆线上管理平台的建设好处颇多，能够为用户提供一站式的服务：①观展前，观众提前了解展览资讯，完成线上门票预约及展览信息筛选；②观展中，观众可利用智慧导览程序进行自由观展；③观展后，观众可对博物馆的后续活动保持关注，与粉丝观众在平台中进行留言探讨，并可利用博物馆提供的数字展览进行内容回顾。

不过，虽然建设智慧博物馆拥有诸多好处，但在目前实施中仍然存在很多问题：①多个平台间功能性重复建设，同一种功能有多个入口，同时被归属在不同的类别里；②各博物馆的小程序独立研发，内容及展览间缺少数据链接；③博物馆缺少网络技术人员，智慧博物馆开发完成后更新速度慢于互联网升级速度。

博物馆公众号的架构设计各有千秋，却又异曲同工。例如，故宫博物院公众号中分为云游故宫（智慧导览程序）、购票约展（预约小程序）、故宫文创三个部分；中国国家博物馆公众号分为看展览（展览相关小程序）、我要来（预约小程序）、读国博（学术动态）三个部分；南京博物院公众号分为品南博（智慧导览程序）、看展览（展览预约小程序）、约活动（预约社教及演出）三个部分等。虽分类方式不同，但基础服务功能大致可归纳为票务预约、智慧导览、数字展览、活动动态四个板块。

（2）未来展览管理平台需要的功能

为便于后续实施及推广普及，"展览管理平台"相关功能可作为拓展项与现有公众号进行连接，不断完善现有的平台框架设计。打造"1+n"的多重入口模式，"1"即"展览管理平台"本身，"n"即各博物馆的微信公众号。除现有公众号的几项基础服务功能外，可将展览季全年推出计划、各地展览联动情况、展览预告片等信息也置入其中。这时，中国观众将拥有如同机场航班大屏一般的可视化的展览信息库，为观展行程提供旅程指南。

"1"：第一，整合各博物馆票务系统。博物馆票务系统目前各自为战，一馆一号。可借展览季平台的逐年开展契机，打造博物馆领域的"携程""去哪儿"票务平台，为游客的行程提供一站式服务。数字票务系统对于国家对各地博物馆的管理意义重大，票务数据的汇总对于观展行为的分析及优质展览的迭代具有重大意义。第二，设计展览分类检索系统。所有的数字展览及文本信息汇总在云端，供观众搜索、整理、查阅以及分享。在搜索方面，将出现一些非常有趣的变化。观众可以通过年份（"2012""2022—2023"）、地点（"北京""南京"）、主题（"城墙""大运河"）、人物（"秦始皇""张仲景"）、事件（"新中国成立""北京奥运会"）来进行搜索，或者展览中包含的故事点进行搜索。未来伴随 AI 技术的发展，人们可以轻松地从海量的展览数据库之中找到自己所需要的展览。第三，设计"微博物馆"内容分发管理系统。展览季期间，实体展览建设同期将该展览按照规定格式数字化，投放至各地区博物馆内的"微博物馆"空间中。

"n"：第一，增加"博物馆历"小程序入口。目前，大量博物馆已完成微信公众号搭建。参与展览季活动的博物馆可在公众号中增加"博物馆历"服务入口。"博物馆历"小程序作为全国公开的项目类目表，展览季展览的基本情况实时更新。观众可长期关注"博物馆历"中的兴趣展览，并可自主决定参观行程及计划。第二，设置展览季前台及后台入口。信息平台中设置不同的开放层级，不同机构及不同岗位人员仅能看到对其开放的信息层级。后台涉及展览季协会及各博物馆的工作逻辑，国家主管单位可通过平台了解进度及掌控方向；各级博物馆可通过小程序申报项目及进度，并将进度实时更新；博物馆各岗位工作人员可在平台中完成匹配的工作条目，并对外部专家团队及制作团队进行管理。

5. 小结

　　数字时代，实体空间需满足不同观众群体的分众化观展需求。为了能更好地解决文化生产与文化消费之间的供需矛盾，全国博物馆可充分发挥场馆集群效应的优势，坚持线上线下结合打造优秀文化产品，对各区域展览资源进行集中推介。本章中针对"展览季"活动的实施提出了时间分离、部门独立两条具体实施路径建议。

　　文中提出的创新观点包括：第一，学习"电影档期"思路对展览的推出计划进行顶层设计，针对不同月份的主要观众群体推出不同文化主题、讲述方式、讲解角度和内容深度的展览产品。第二，提出展览季分淡旺季，旺季精准某一类群体为主要受众，淡季兼顾其他观众群体的需求。例如，前文中以学生群体为主体的夏、冬两季展览季活动策划思路。第三，设计以"5·18"为节点的"博物馆历"，变博物馆日的狂欢为全年展览季展览推出的前站发布会，并为各级机构的工作提供合理依据及时间指南。第四，建议设置独立展览季管理部门，对全年工作的节奏及部门功能进行预设，并以数字时代的方式对工作平台进行管理。

　　总之，数字时代为展览季的举办提供了多种"玩儿法"，各地可统一筹划、统一推出，打好文化产品的"组合拳"，激发文化新活力。

作者简介

赵磊　西安美术学院设计艺术学院展示设计艺术硕士在读。

2017 年获西安美术学院设计系展示设计学士，2017—2022 年于北京清尚建筑装饰工程有限公司从事博物馆展陈设计工作，工艺美术师。

研究方向：展陈设计、博物馆展示空间设计。

发表论文：《创新展陈工程中的装配式应用：以北京市档案馆"档案见证北京"展为例》《浅谈博物馆展示设计中的叙事性应用》《"盐"与"城"——盐城市博物馆新馆设计巧思》。

参与项目：武汉自然博物馆、故宫博物院"爱琴遗珍"安提凯希拉沉船展、首都博物馆"重生"巴洛克时期的西里西亚展、故宫博物院永和宫"御医药文化展"、北京市档案馆"档案见证北京"展览、"人民至上 生命至上"武汉抗击新冠肺炎疫情专题展、湖北省博物馆"华章重现"曾世家文物特展（第二期）、盐城市博物馆 EPC。

第五章

城际联展新模式分析
——以"三城展"为例

赵磊

| 摘要 |

　　近年来，为了更好地完成博物馆作为文化机构传承文化遗产、促进文化传播的社会责任，越来越多形式新颖、主题鲜明、深受观众喜爱的城际联展出现并取得了巨大的反响和良好的社会口碑。但不容忽视的是，由于实物藏品的唯一性、分散性、本地性等特点，目前我国博物馆间联合展览的开展普遍面临行政审批手续烦琐、机构间沟通成本高、文物藏品价值高、运输困难以及无法实现同一时间多地共同展出等一系列问题。这导致博物馆跨城市联合办展难度大，无法高频次、高密度地实现"出圈"的文化传播效果。

　　移动互联网和融媒体等概念与技术的引入能够有效地解决上述问题。融媒体的发展为展览传播提供了新的展示方式、新的传播平台和新的技术基础，更多新的互动方式伴随着线上线下的展览应运而生。互联网平台则有效降低了各相关方参与展览全流程的成本与障碍。本章以"三城联展"为例，分析在融媒体时代背景下，跨城进行线上线下联合办展的互动新模式。这种新模式可以充分发挥博物馆的文化优势和电视台的传播优势，实现资源共享和经验交流，提高博物馆的社会影响力和公共价值。

第五章 城际联展新模式分析——以"三城展"为例

1. 研究背景

空间上的供需矛盾

中华文明多元一体的格局是在中国独特的人文环境和历史发展中逐渐形成的，各省份、各区域的文化都是我国古代文明一体发展格局中的重要部分。

近年来，中国各地的博物馆积极开展对内及对外交流合作，各省份的地方博物馆在优化提升展览品质的同时也大力推动开门办展，与地方政府和文博机构合作推出丰富多样的联合性临时展览。合作办展的历史由来已久，来自不同区域的实物藏品汇聚一堂，为居民带来许多主题鲜明、富有特色的主题展览。与省内、省外、海外的博物馆跨地域联合办展，不仅让馆内展览更加丰富多彩，也让本地游客观赏精美的外地文物，对于文博资源的资源整合与文化交流起到极大的推动作用。对于博物馆的工作来说，举办高水平展览是博物馆最重要的文化传播方式。然而，现阶段由于实物藏品的唯一性，跨区域的城际联展举办的文物借调、布展周期较长，很难实现预期的跨区域文化交流效果。2019年年底暴发的新冠疫情对博物馆开展联合展览和观众互动都提出了新的挑战，2020年至2023年期间各地博物馆创办了非常多的线上展览活动，各地电视台也上线了如《国家宝藏》《典籍里的中国》等爆款文博综艺节目。文博及传媒

融媒体时代的展览传播

端均在城际联展的模式上进行多维度探索尝试。我国的城际联展虽然有所发展，但仍处于初级阶段，处于供不应求的需求不平衡状态，无论是从数量还是质量上都远不能满足观众日益增长的文化需求。

现有城际联展模式空间的供需矛盾具体表现在两个方面：一是数量上的供需矛盾，具体为每个博物馆的实物藏品相对有限，许多有价值的展览选题都因为缺少相关实物藏品支撑导致实施困难，这也间接造成城际联展的策展周期较长，异地巡展难度较大；二是质量上的供需矛盾，表现为越珍贵的文物借调难度越大。优质的展览主要集中在北上广深等超一线城市，内陆地区及广泛山区的人民对高质量展览的需求难以被满足。

因此，本章希望明确传统实物联合展览模式的局限性，针对全行业在新型联展模式上的典型案例实践中存在的问题进行分析论证，探讨数字时代新型跨区域同时异地同文物联展的可能性，以及提出三城虚拟现实联合展览新模式的可能性，并从实施路径及意义目的上展开初步论证。

传统实物展览模式的局限性

在日新月异的互联网时代，尽管数字化和网络化技术已深入人心，传统的实物展览模式却仍然占据着至关重要的地位。参观博物馆是一种基于真实物件的真实体验。这种体验的可贵之处在于信息的真实性和物质性。[①] 尽管当前"云展览""数字展览"的风潮愈发火热，展品实物以其独特的真实性和直观性，在传达展品和信息的准确性方面具有无可比拟的优势。然而，尽管传统展览模式有着卓越的优点，其局限性也不容忽视。

---

① 周婧景. 博物馆以"物"为载体的信息传播：局限、困境与对策 [J]. 博物馆新论，2021（4）.

首先，每个博物馆的实物藏品有限，受限于馆藏展品的数量和种类，博物馆可开展的常设展览基本固定，传统展览模式无法满足所有观众对各种文化、历史或艺术领域的渴求。当有新的展览策划需求时，能以实物讲述的展览题材是非常有限的，很多有重要价值的题材都因缺乏相对系统的实物藏品支撑而无法展示。

其次，传统展览模式在吸引观众方面，缺乏互动性和参与性。观众往往只是被动地接受展览信息，难以产生情感共鸣和参与感。这使得观众在参观过程中可能感到枯燥乏味，对展览内容的理解和记忆程度也会大打折扣。本书第一章"数字博物馆的'非物质'特征"部分中提出博物馆的实物藏品不等于文化本身。数字时代的展览模式不应局限于实物藏品本身。

综上所述，传统展览模式有着其独特的优势，但在互联网浪潮下，其局限性日益凸显。通过城际联展的方式，可以解决上述问题，有效提升博物馆的吸引力，提高社会影响力。

城际联展的现状、创新与局限

近年来，各博物馆不断尝试推出各类文物联合展览，以实现"1+1>2"的效果。《文物联展放大区域文化效应》一文提出文物联展策划是放大文化效应、提升博物馆质量水平的最好选择。[1] 党和国家高度重视文物博物馆事业发展，2021年中央宣传部等九部门联合印发的《关于推进博物馆改革发展的指导意见》（文物博发〔2021〕16号）中明确提出：提高展陈质量，落实中办、国办《关于实施中华优秀传统文化传承发展工程的意见》等要求，支持联合办展、巡回展览、流动展览、网上展示，提高藏品展示利用水平。

---

[1] 涂师平. 文物联展放大区域文化效应[J]. 文化月刊，2014（16）.

文博综艺中的城际联展模式

自文博综艺节目《国家宝藏》第一季 2017 年 12 月 3 日开播以来,《上新了故宫》《典籍里的中国》《如果国宝会说话》等栏目陆续上线,均取得了不错的传播效果。与此同时,国内关于文博综艺的研究成果也急速增加,例如中国知网平台关于"国家宝藏"这一关键词检索下文献总数为 1212 篇(截至 2023 年 4 月 1 日),在 2017 年 12 月《国家宝藏》栏目开播前,2005 年至 2017 年间仅有 80 余篇。可见,尽管"国家宝藏"一词并非节目首创,此前多指由中国国家博物馆、湖南省博物馆、河南博物院等多所博物馆举办的临时展览主题名称,但该节目开播后对这一主题的研究热度开始快速提升。现有文献研究主要围绕文化类/文博类电视节目的成功策划、让文物活起来、节目形式的创新性研究等主题开展。研究发文量 56.11% 来自新闻与传媒学科领域,涉及博物馆及考古领域的仅 10% 左右。从博物馆展览视角思考文博综艺爆火对线上线下展览互动新模式的文章在总量中占比较少,从展出方实际操作层面开展的研究有所不足。

近年来,各地博物馆对城际联展、线上线下展览实践的探索尝试也越来越多,如"1420:从南京到北京"展览、"何以中国"展览、"丽人行——中国古代女性图像云展览"等。融媒体时代下,"博物馆+电视台"双文化传播主体强强联合,将创造出更多的"新模式",充分结合博物馆端的文化优势及电视台端的传播优势,达到"1+1>2"的效果。

当下城际联展的主要形式

本章提到的联展专指不同博物馆之间通过交流、合作、借展等方式,共同举办一次或多次展览活动,通过联合宣传本地文化及城市文化,以展览为媒介让城市间产生合作。这种方式可以充分利用各博物馆的资源优势,拓宽展览内容和形式,增加展览的新颖性和多元性。同时,城际联展也可以促进博物馆之间的学术交流和经验分享,提高博物馆的专业水平和服务质量。当下馆际/城市联展的主要形式大体分为以下几类：第一，内陆省份文物拿到一线城市与当地博物馆联合办展，例如西藏文化展、陕西古代文明展来北京、上海展出。第二，同类型文物（丝绢/盐等）所在的博物馆联名举办展览，例如女性文化展。第三，以某个特定历史事件为主题策展整合相关地区的博物馆联展，例如建党百年展、"从南京到北京"等。第四，各博物馆成熟展览对外借展。例如，《资源整合型特展的初步研究》一文中认为，"资源整合型特展"不只包括几个馆联合主办的"联展"，也包括一馆主办、其他馆提供文物的展览；不是以器物为本位，简单罗列几个馆藏品的献宝性质的"联展"，而是以信息为本位、根据一定主题来整合几个馆藏品的主题性特展。①

当下城际联展的创新

在新时代的背景下，博物馆观众的需求和体验也发生了显著变化。为了满足观众对于更丰富、更互动、更有吸引力的展览体验需求，博物馆在展览中引入了更多的个性化设计，注重观众的感官体验和情感连接。同时，为了有效提高博物馆的传播效率，博物馆展览完成了全方位的提升与创新。具体表现在以下几个方面：

（1）全新的展览目的

"展览"作为"城市"的移动宣传名片，可起到宣传城市文化、增强城市连接等作用。展览是博物馆最基本也最重要的功能之一，它不仅是展示博物馆藏品和传播博物馆知识的主要方式，也是吸引观众参与和体验博物馆文化的主要途径。在互联网时代，展览不仅要满足观众对文化信息的需求，还要打造博物馆品牌和形象，提高博物馆社会影响力和公共价值。因此，展览的目的不再仅仅是展示文物，而是传递文化内涵，激发观众兴趣，促进社会交流。

近年来，国内博物馆的借展市场日趋成形，各地博物馆将本馆举办的优秀

---

① 倪梦婷.资源整合型特展的初步研究[D].杭州：浙江大学，2016.

临时展览打包为文化产品向外借展。例如，由中国文物交流中心、文博头条联合发布的全国博物馆展览交流暨借展优选目录发布（2022—2023）中涉及341个成熟展览产品。通过借展市场的规范化，各地文博单位可根据来年特展计划提前做好规划，为本地居民引进高质量文化盛宴。通过展览，观众可以更加深入地了解城市的历史、文化和风貌，从而增强对城市的认同感和归属感。

（2）全新的策展逻辑

策展是展览的灵魂，它决定了展览的内容、结构、风格等核心要素。传统的策展逻辑往往以本博物馆藏品为中心，按照时间、地域、类别等标准进行分类和排列。这种策展逻辑虽然有利于突出博物馆藏品的特色和价值，但也容易造成展览内容单一、枯燥、缺乏变化。

目前传统的以藏品为中心的策展逻辑已经无法满足现代博物馆展览的需求。博物馆转向更加注重以文化脉络、历史事件等传播效率更高的内容为中心的策展逻辑。这种策展逻辑可以突破单一博物馆藏品的局限性，整合多元资源和视角，构建有故事性、情感性、思想性的展览内容，有利于提高展览的传播效率和影响力，同时能够更好地满足观众对于更加全面深入了解城市历史和文化的要求。

（3）全新的展示形式

展示是展览的外在表现形式，它直接影响了观众对展览内容的感知和理解。传统的展示形式往往以实物展示为主，辅以文字、图片、视频等方式进行解说和说明。这种展示形式虽然有利于展现文物的真实性和完整性，但也容易造成展览形式单调、刻板、缺乏互动。

在互联网时代，为了提高展览的吸引力和传播效果，现代博物馆在展览中采用了全新的光影展示手法、不同传播媒介的整合、线上线下平台的有效联动等多种展示形式，充分利用现代科技手段和创意设计，打造富有互动性和趣味性的展览项目或活动。通过利用光影、声音、动画等多媒体技术，增强展览的视觉效果和氛围感。同时，也可以利用触摸屏、扫码、VR/AR等互联网技术，增加展览的参与性和体验性。

这些新形式的展示不仅可以让观众更加深入地了解展品和展览内容，还能够营造出更加生动、立体的展示效果，从而吸引更多的观众前来参观。

（4）全新的组织平台

组织是展览的保障和支撑，它涉及展览的筹备、实施、评估等各个环节。传统的组织平台往往以单一博物馆为主体，依靠自身的资源和能力进行展览的规划和管理。这种组织平台虽然有利于保证展览的质量和效率，但也容易造成展览资源的浪费和重复。

在互联网时代，组织平台需要加强博物馆间连接的方式，变孤军奋战为团队作战。通过举办联合、借展、巡展、线上联展等诸多形式，推动博物馆展览的联合创新。这种组织平台可以充分发挥各博物馆的资源优势和专业优势，实现资源共享和经验交流。同时，这种组织平台也可以提高博物馆的社会责任感和合作意识，促进博物馆与观众、社会、政府等各方面的沟通和协作。多家博物馆在不同领域主动建立联盟，实现各个博物馆间的展示资源互通有无、优势互补。例如，2018年12月，来自中国各地的120余家博物馆在南京达成联盟合作协议，以进一步促进馆藏交流与协同合作。根据协议，区域内的博物馆将加强信息互通、资源互换、机制互联，不断打破地缘因素，畅通文物流通渠道。[①] 除此以外，还包含"郑和文化场馆联盟""大运河博物馆联盟""金砖国家博物馆联盟"等合作，这意味着，中国各大博物馆逐渐从"赛珍宝"步入"拼创新"的阶段。

可见，博物馆端在临时展览端不断求变求新，对多种联合方式展开了深度探索，以适应观众需求和社会发展。博物馆展览不仅是文化传播的载体，也是文化创意的源泉。

---

① 2019北京数字博物馆研讨会论文集［C］. 北京：华夏出版社，2019.

当下城际联展的局限

城际联展涉及跨省、跨市、跨馆、发展的"四跨"。虽然博物馆间的合作变得更加紧密,但是在工业时代的模式下,很难实现"真联展",发挥联展的真正价值。所谓联合,必然是双方共同作用、共同努力、共同收获的结果,但就目前的展览手段而言,联展无非是披着"联展外衣"的巡展而已。

纯实物联展模式下,实物的唯一性与文保的难度成为限制联合展览传播效果的重要因素。

(1)行政审批手续烦琐、机构间沟通成本过高

由于我国博物馆管理体制的特殊性,不同级别、不同类别、不同地区的博物馆之间存在着较大的差异和隔阂。要实现城际联展,需要经过多个部门和环节的审批和协调,涉及文物保护、运输、安全、保险、费用等多方面的问题。这就导致了城际联展的行政审批手续烦琐、耗时耗力,给博物馆之间的合作带来了很大的障碍。

此外,由于博物馆之间缺乏有效的沟通机制和平台,机构间沟通成本过高。不同博物馆之间可能存在着工作理念、工作方式、工作标准的差异,需要花费大量的时间和精力去沟通协商、达成共识。同时,由于缺乏信任基础和合作经验,博物馆之间可能存在着利益冲突和矛盾,影响合作效果。

(2)文物藏品价值高、运输困难、展陈难度大

文物藏品是博物馆展览的核心资源,也是最为珍贵和脆弱的资源。要实现城际联展,就需要将文物藏品从一个地方运输到另一个地方,在运输过程中可能会遇到各种风险和困难。例如,文物藏品可能会受到自然灾害、人为破坏、偷盗等威胁;文物藏品可能会因为环境变化、温湿度变化等因素而导致损坏或变质;文物藏品可能会因为包装、装卸、运输等环节的不规范而导致损伤等。因此,高昂的运输展览成本,极大限制了举办联展的频次与规模。

在传统联展的举办过程中,每一个环节都阻碍重重。例如,立项阶段涉及实物的层层审批;运输、布展阶段涉及文物的安全问题。初步确定展览主题后的首要任务便是与相关省份协商实物借调事宜。等级越高、越精美的文物再展的可能性越高，这也造成借展难度极高、全年可出库展出的时间较短等现实因素。

此外，文物藏品的展陈也是一个难点。不同博物馆之间可能存在着不同的展陈空间、展陈设施、展陈技术等条件，需要根据不同的情况进行调整和适应。同时，文物藏品的展陈也需要考虑展览主题、展览内容、展览效果等因素，需要进行精心的设计和布置，以达到最佳的展示效果。

（3）展品具有唯一性，无法实现多地联展的时空同一性

展品是博物馆展览的核心内容，也是吸引观众参观的主要因素。然而，展品具有唯一性，无法实现多地联展的时空同一性。这就意味着，同一批展品只能在一个地方进行展出，无法"同时异地"展出。这极大限制了城际联展的覆盖范围和影响力，也造成了观众参观的不便利和不公平。现有依靠复制品代替或异地巡展的方式，难以解决传播的困境。

为了解决这个问题，一些博物馆开始尝试利用数字化技术，制作展品的数字化复制品，以实现多地联展的可能性。例如，故宫博物院推出了"故宫数字化复制品"项目，利用高精度扫描仪、3D打印机等设备，制作了故宫藏品的数字化复制品，并在全国各地进行巡回展览。这种方式可以突破时空的限制，让更多的观众能够欣赏到故宫珍贵的文物藏品。

研究思路

我国博物馆合作举办联合展览（临展）的历史由来已久，可频繁上新的临展是盘活库存资源、对外文化交流的重要手段。近年来，各地博物馆虽不断在各类文化主题联展、城市联展上做探索，但传统展览手段无法实现"真联动"，即时间同步但展出内容与效果各自为政，无法达到协同宣传的效果。有鉴于此，近年来关于线上展览、云展览、线上线下互动的相关研究日益增多。深入研究后不难发现，现有博物馆遇到的展览传播困境，非融媒体时代无法解决，展览传播IP的构建也非现有博物馆组织结构可以解决。

本章的研究思路是：通过对历年相关展览活动的梳理回顾，总结前人得失，分析传统联展运营模式的不足之处，并尝试引入"融媒体"运作思路，重新整合建构多层联展的新模式，在此基础上提出以城市为中心的"三城联展"新模式，并将其当作现代城际联展的全新范式去分析其运转的组织模式与内在逻辑，从而进一步展开对该模式的实施路径及展览新模式论证。

2. 案例分析

通过对近年典型优秀案例的分析梳理，笔者发现根据不同的联展目的和策略，博物馆城际联展可以分为两大类：文化逻辑主导型联展和传媒逻辑主导型联展（"博物馆+"模式）。本章通过对相关案例的进一步分析，力图寻找出新模式探索中的共性规律与个性特征，发现各案例实施背后的组织特点及各自利弊，为"三城展模式"及展览传播产品的设想提供充分的市场调研及实施依据。下面将分别以具体的案例进行分析。

文化逻辑主导型联展

文化逻辑主导型联展是指以特定的文化主题或文化元素为线索，通过多个博物馆的藏品组合，展现出一个完整的文化画面或文化故事。数字转型下博物馆所代表的文化方也做了诸多尝试,例如将异地文物组织在同一空间中、在策展视角选择上兼顾历史发生的双地视角、跨地区与多博物馆合作推出同主题线上联展等。这种联展通常注重文化内涵的挖掘和传播,以及文化认同感的培育和强化。

本章依据发展的时间顺序及类型选择了三个文化逻辑主导型的联展予以论证分析。

以特定地域历史时期为线索——案例"东方既白——春秋战国文物大联展"

2017年12月9日,湖南省博物馆、长沙市博物馆、岳阳市博物馆、衡阳市博物馆、益阳市博物馆、郴州市博物馆、邵阳市博物馆、常德市博物馆等8家博物馆共同举办的首个特展"东方既白",借湖南省博物馆新馆开馆的契机向全国征调240件/套春秋战国相关珍贵文物,该展览以春秋战国时期为历史背景,以湖南地区为地理范围,以玉器、青铜器、陶器等为主要展品,全面展示了湖南在这一时期的政治、经济、社会、文化等方面的发展状况和特色。在同一个物理空间中尝试将这段天下大乱、民不聊生,却又空前繁荣的时代描绘清晰。该展览不仅丰富了观众对湖南历史文化的了解,也提高了湖南在全国乃至全球范围内的文化影响力。

(1)创新点:整体性历史陈列展览策划探索

博物馆端做主导举办的馆际实物联展,好处是文化主题鲜明、文化逻辑发展清晰、展览格调深厚,跳脱出湖南通过全域视角去尝试展现彼此平行的历史时空。"东方既白——春秋战国文物大联展"重新开启了整体性历史陈列展览策划的创新性探索。[①] 缺点是传播做得较弱,后续未就该品牌继续打造相关戏剧、文创等。

---

① 舒丽丽,李建毛.论"东方既白——春秋战国文物大联展"的历史叙事[J].湖南省博物馆馆刊,2018(11).

（2）创新点：一个展览呈现彼此平行的地理板块

历史的发展是时间线与空间线的双重产物，现有的联展方式往往只侧重时间线而弱化空间线索。春秋战国时期的历史是中国历史中典型的彼此平行时期，目前单独讲述一段历史的地区性展览非常多，但是从平行地理板块视角讲述的展览较少。归根结底，还是由于实物的限制及地区的分散性。想讲清楚一段历史，由历史见证的几个城市同时发力进行异地同时空展示可能更便于讲述清楚这段复杂历史。

以重要历史事件为线索——案例"1420：从南京到北京"

2020年1月，由南京市博物总馆、北京故宫博物院、北京首都博物馆等三家博物馆合作策展的"1420：从南京到北京"特展在北京首都博物馆开幕，在明王朝迁都北京600年之际，探秘历史的缝隙，钩沉珍贵的史实，解读大明王朝的群英谱与"双城记"。① 展览汇集了北京、南京两地十余家文博单位，共267件（套）文物展品，其中一级品37件（套）。② 展览在策展视角上选择了固定年份——1420及固定事件——朱棣迁都，创新性地以南京、北京双城的历史视角去看待1420年迁都事件，通过珍贵的文献资料、宫廷器具、艺术作品等，再现了明代初期的政治变迁和文化风貌。该展览不仅还原了一个重要的历史时刻，也反映了两座古都之间的历史联系和文化交流。在这个展览中，两座城市都是事件的主角，一体双生。

由于缺少数字藏品及融媒体技术的运用，虽然展览于当年年底移师南京，但两地展览开幕时隔10个月，很难产生传播上的共振，也难以让观众将两个展览进行对比分析。遗憾的是受制于传统展示方式，"从南京到北京"展未能实现两地展区同期呈现，也未在展出期间两地遥相互动。

---

① 方月月．明王朝的群英谱与"双城记"[N]．北京日报，2020-07-07．

② 付裕．北京多家博物馆恢复开放[N]．人民政协报，2020-05-07．

（1）创新点：历史发生的双城视角

2020年，故宫600周年大庆推出一系列重磅活动，时间回溯到600年前，1420年对北京与南京双城都具有非凡意义。迁都事件中北京是迁入地，南京则是迁出地。近年来联展举办数不胜数，但选择特定年份以"双城叙事"方式策划一场展览实属一大创新点。"双城记"手法在明清小说的叙事中经常使用，《论明清小说中的"双城记"及其文学史意义》一文中认为，"双城记"指的是在特定历史时期，小说作品在对发生于某一重要城市中的故事情节展开细致描绘的同时，会有另一重要城市的空间叙事与之对应和参照，从而形成彼此关联、相互映照的"双城叙事"现象。[①]"双城"的特点为时间上彼此有交叉，空间上则呈现出同一事件发生下的南北呼应。

（2）创新点：以城市为中心策划展览

"1420：从南京到北京"展览于2020年年初在北京开展，年末移师南京开展。以往以主题为中心的策展模式大体可归纳为两类：①本地的某时期专题历史展；②同类型主题的多地联合展。在这两类策展模式中，城市均让位于主题，不利于建立长效可持续的城市文化交流。该案例的模式对构建以"城市"为中心的多城联合展览启发颇多。

以特定人群生活为线索——案例"丽人行——中国古代女性图像云展览"

2021年3月8日，浙江省博物馆联合31家单位，在官网推出"丽人行——中国古代女性图像云展览"（以下简称："丽人行"展）。其后在2022年3月8日推出"丽人行——中国古代女性图像展"，2022年5月18日启动"丽人行——虚拟微策展大赛"，2023年8月29日推出"丽人行——中国古代女

---

① 葛永海. 论明清小说中的"双城记"及其文学史意义[J]. 西北大学学报（哲学社会科学版），2020（6）.

性图像数字体验展"。该展览作为博物馆端主导运用融媒体手段在线上线下互动端的应用尝试，推出后在业内广受瞩目。该展览以中国古代女性为主角，以绘画、雕塑、工艺品等为主要展品，展现了中国古代女性在不同的历史时期、不同的社会角色、不同的生活场景中的形象和风貌。该展览不仅展示了中国古代女性的美丽和智慧，也反映出中国古代女性的社会地位和文化价值。

分析该展览不难发现，博物馆在以下几点做了大胆创新尝试，如：

（1）创新点：线上－线下－线上

"丽人行"展览由"云"上生根，在大众的热情期待中实体落地，并借由衍生活动再次回归线上。这一案例侧面说明：在融媒体时代下，高质量的"云展览"不仅在博物馆文化传播链中起到重要作用，更是具有自身独特性的文化产品。如学者毛若寒、李吉光所说：在这个案例中，毋宁说它是一个展览项目或展览品牌，倒不如说将其界定为一个持续开放、流动、生长与变化的文化实践过程。①

（2）创新点：聚焦女性主题跨馆组织线上线下展览

上文中论述城际联展方式时提及，同类型文物（丝绢/盐等）所在的博物馆联名举办展览。"丽人行"展便是选择女性题材为视角，对女性主题博物馆及各馆的女性馆藏进行整合。

（3）创新点：线下展览"1+4"展览模式

五大博物馆跨地域联动，五个女性主题展于2022年3月8日同步启幕，形成一个主展馆加四个分展馆的"1+4"展览模式，②创新性地举办了"一主多辅"的线下博物馆异地联展。

---

① 毛若寒，李吉光. 博物馆云展览的生成与生长——关于浙江省博物馆"丽人行"展览实践的思考[J]. 艺术评论，2022（9）.

② 李倩倩，任卓. 博物馆中的古代女性与叙事——从近期古代女性题材展览谈起[J]. 美术观察，2022（5）.

（4）创新点：围绕主题开展系列活动

"丽人行"展开幕后，博物馆与社会各界开展系列探讨活动。如"在浙博遇见古代的自己"活动、"00后"眼中的"丽人行"本科课堂讨论、"丽人行——女性展览探索"论坛、"丽人行——女性文博工作者回顾与展望"论坛等。

传媒逻辑主导型联展（"博物馆+"模式）

博物馆实体展览观众看不懂、解读难的问题困扰已久，高等级文物借调困难、实体展览传播弱也导致博物馆在数字传播中步履维艰。传媒平台一直尝试在文化传播领域进行探索，《央视文化类节目生活常态化的转型与启示》一文提到央视打造"文化综艺树"概念，其中以《国家宝藏》为代表的文博类节目板块，通过对文物藏品进行故事演绎，体现出传媒逻辑主导下的文化传播优势。[1] 博物馆端及电视传媒端都对"新型联展"方式展开了不同方式的探索。

传媒逻辑主导型联展（"博物馆+"）是指以传媒平台或传媒形式为主要载体，通过多个博物馆的藏品或展览内容，打造出具有强烈吸引力和感染力的文化产品或文化活动。这种联展通常注重传播效果的提升和创新，以及观众参与度的提升和拓展。

博物馆+电视晚会——《唐宫夜宴》

2021年2月10日，河南卫视春晚舞蹈剧《唐宫夜宴》首播后引起现象级传播效应，《唐宫夜宴》突然"出圈"，在网络上引起一片热议，轻松撕下了博

---

[1] 周敏，张子皓.央视文化类节目生活常态化的转型与启示[J].电视研究，2020（12）.

物馆文物"老旧"且遥不可及的大众认知标签。①郑州歌舞剧院的创作灵感来自河南省博物馆馆藏的一组隋代乐舞俑。与其他几个案例相比（以国家为视角进行的博物馆传播），《唐宫夜宴》作为诸多因素造就的偶然事件，团队的成功经验很难被复制。虽然不属于传统的展览范畴，但以博物馆文物为原型进行文艺作品创作的思路为博物馆文化的发展提供了一条可行道路。

（1）创新点：**博物馆与电视台深度合作**

河南省自2021年后便在文化文旅上大放异彩，很好地将博物馆及电视台双方的优势及常用的手段予以结合，融合出一条更具优势的发展道路。博物馆结合馆藏文物给电视台的文艺创作提供了源源不断的灵感与小故事情节，电视台通过传媒的方式在屏幕端进行传播。

（2）创新点：**博物馆与地方文旅深度联合**

将博物馆中有特点的藏品进行深度开发，通过博物馆将河南的文旅结合起来，这是一种全新的发展模式。在这个过程中，无论博物馆是作为牵头者还是参与者（或做底盘）都不那么重要，博物馆融入了数字文化传播，成为其重要的一环，助力文化文旅共同发展。

（3）创新点：**与企业合作深度开发唐宫IP**

"唐宫文创"公众号显示，2021年3月，河南广电传媒控股集团成立文化IP的官方运营机构——河南唐宫文创科技集团（唐宫文创）。运营含唐宫夜宴、洛神水赋、龙门金刚等"中国节日"系列文化IP。同时与泡泡玛特、中国邮政、康王等品牌联名开发多种文创产品，并创建唐宫文创官方商城在线销售。

---

① 史巍, 陈芮瑶.《唐宫夜宴》"出圈"对博物馆文创IP化发展的启示[J]. 百科知识, 2022(21).

博物馆+专题节目——"何以中国"《国家宝藏》文物特展

2022年1月举办的"何以中国"展览是主旋律文博综艺节目《国家宝藏》的线下实体展览,"国家队"的加入保证了节目本身的品质。该节目以"何以中国"为主题,以中国国家博物馆的国宝级文物为主角,通过纪录片、访谈、演绎等多种方式,讲述了中国历史上的重大事件和重要人物,揭示了中国文化的源远流长和多元融合。该节目不仅让观众认识了中国国家博物馆的丰富藏品,也让观众理解了中国文化的独特魅力。

电视台作为展览的主办方之一充分发挥出传媒工具在传播上的巨大优势,截至2022年4月,据不完全统计,《国家宝藏》第一季、第二季、第三季和展演季,共创造了40.9亿视频点击量,覆盖了45亿人次受众,获得了104亿的微博话题讨论量。[①]"何以中国"《国家宝藏》文物特展虽联合众多博物馆,将国之重器集聚一堂,但为了达到快速传播的效果,展览格调及底蕴必然不如博物馆为主体打造的厚重历史文化展览。

(1)创新点:以中华史观整体线索逻辑来运营(跨馆/跨地区)

《国家宝藏》节目作为中央电视台及国家文物局重磅合作的融媒体展览文化产品,不同于各地博物馆就着已有食材(实物)研究炒菜的新法子(展览),节目组在进厨房前可以放心大胆地对各地区的食材进行挑选,节目很深刻的一点便是跨博物馆、跨地区,以整体的线索为策划逻辑来运营。通过不断地生产新的文艺内容,不断将新的博物馆及展品裹挟进来。

(2)创新点:系统化的文化产品的打包系统——展览变成"大型文创产品"

节目于2017年12月3日起每周日晚19:30在中央电视台综艺频道首播,2017—2021年自第一季大获成功后节目组趁热打铁推出后续三季,成功把《国家宝藏》打造成系列节目,将品牌IP植入观众心中。总导演于蕾在《与时

---

① 于蕾.与时代同向同行[J].青年记者,2022(15).

代同向同行》一文中提到"用不断成长的IP生态构筑起强大的文化表达",《国家宝藏》"IP生态系统"已包罗：大型纪录片、中短视频专题系列、图书、文创产品、文艺演出、数字交互体验馆、文物展览等等。①

分析节目发展线索不难发现,"何以中国"展览长相虽然与实体展览样貌相似,但实则是《国家宝藏》IP体系列中的"大型文创产品"之一。节目采取了类似"迪士尼巨型文化产品开发"②先做品牌IP后营建品牌IP生态的运营方式（卡通影片/虚幻世界——工厂化生产、游乐园建设、地产开发、藏品巡展/真实世界）,融媒体时代的博物馆无论是线上、线下形式,实际上都是融媒体矩阵中的一个分支而已。

（3）创新点：线上线下联动获取精准粉丝群体

举办这样一个盛大的文物特展,是在策划《国家宝藏》节目之初的溯源,它与节目相伴而生,成为节目与观众之间的一个不成文的约定、一个终于兑现的诺言。③电视节目的持续播出帮品牌获得了大量电视端的粉丝群体,线下实体文创IP的打造可以进一步获取新的受众,并进一步绑定电视端的部分老用户。

博物馆+数字平台——《"央博"数字文化艺术博物馆》

中央广播电视总台数字文化艺术博物馆数字平台建设于2022年7月,2023年1月官网及App上线。该平台以"央博"为品牌,以中国国家博物馆的藏品和展览为内容,通过互联网、移动端、社交媒体等多种渠道,提供了在线参观、在线学习、在线互动等多种功能,打造了一个全方位、立体化、互动

---

① 于蕾.与时代同向同行[J].青年记者,2022(15).

② 聂影.迪士尼乐园启示——巨型文化产品开发的控制与困境[J].中国经济报告,2022(5).

③ 于蕾.与时代同向同行[J].青年记者,2022(15).

化的数字文化艺术空间。未来，平台将以"总台优质文化节目"为品牌化运营抓手，以"系列文化活动"为市场开拓手段，以"艺术赋能品牌计划"为产业化协同工具，聚创新之力、展艺术之美、育未来之才，助力国家文化数字化战略，服务人民美好生活。①

（1）创新点：搭建平台对央视文博资源进行整合

"央博"App 显示，平台中的栏目分为文博圈及美术圈热点新闻、名家个人数字艺术展、各地博物馆展馆及展览 VR、央视旗下文博综艺节目、央视春晚、国家大剧院演出、美育科普节目等。

（2）创新点：利用"云展览"技术复原考古遗址

"何以文明"数字展览游戏复原良渚遗址、殷墟遗址、石峁遗址，以游戏的方式开启科技寻根之旅，创新点在于为考古学知识的科普提供辅助教学工具。

上文挑选的六个案例各有各的特点，也各有长处与短板。通过对案例的分析研究，将其分为文化逻辑主导及传媒逻辑主导两种类型，不难得出：第一，数字化浪潮下急需新型展览传播产品的必要性；第二，博物馆方及电视传媒方主导均有各自的优劣，亟须优势互补；第三，实现跨城跨馆同期展示对文化传播的好处；第四，博物馆端缺少可持续发展的博物馆展览 IP 品牌；第五，市场缺少能指导展开工作的新模式。

文化行为与商业行为结合才能推动良性的循环，仅依赖文化逻辑来分析文化本身无法形成真正的文化产品。经分析发现，博物馆主导的数字展览虽然在博物馆圈内形成了较广的影响力，但相较于传媒端牵头的几个作品而言仍较为小众。并且数字展览在持续 1~2 天后便就此沉寂，并未形成持续的影响力及推动相关 IP 的销售。从某种程度上来说，这类数字展览仅能作为一个"好展览"，仍称不上展览 IP。因此，亟须提出一套新模式以在两者间找

---

① 牛梦笛."央博"数字平台建设在京启动[N].光明日报，2022-07-24（4）.

到平衡点。基于对以上案例的共性提取，本章提出"三城展模式"并对实施路径展开探索。

3. "三城展模式"实施路径探索

城际联展新模式构想

城际联展的全新策展可能

实物跨区域借调的文物安全及行政壁垒问题较大地限制了展览的发挥。基于上文对典型案例的分析，不难发现传媒手段的加入拓展了"藏品"的传播范围，也降低了展览对实物的依赖性，城市间的联合展览具有更多的"新玩法"。在跨城市异地策展时，"数字藏品＋数字展览＋实时展览"成为除"实物"外的"新原料"。

数字藏品的发展道路并非一帆风顺，经研究其发展趋势大体可归纳为：第一阶段，实物藏品逐步数字化扫描归档入库；第二阶段，开发数字藏品的使用价值，如 NFT 交易、线上展览、实体展览互动展项；第三阶段，作为异地藏品进入实体展馆展示空间。假使未来的展览可以在精品文物不挪动的前提下实现多座博物馆的同期联合展览，必然会为观众带来更丰富的文化盛宴，为此，笔者提出"三城虚拟联合展览模式"构想（简称"三城展模式"）。

城际联展的展示方式

展示"原料"的丰富使得城际联展的展示方式更加多元，外部链接的扩展也将为观众提供个性化的观展体验。以下论述从实体展览的设计层面提出新模式下的展示方式：

第一，展厅布局层面：如图5-1所示，跨城间的各展馆可挑选面积相近的展厅举办同主题展览，并在展厅布局时将展厅划分为本馆展区及异地展区，可形成AB面镜像关系，多地时空联动。第二，藏品展示层面：如图5-2所示，为数字藏品设计"数字展柜"，与实体文物展柜形成对比关系。第三，同频展示层面：实现展馆互联共享、多级联动，将异地展厅的观展信息通过技术手段实时同频，带给观众跨越地理边际的沉浸式"同游"体验。第四，数字展示层面：将过往的同主题优秀展览数字重生后作为外部链接与当下展览结合，将优质展览产品从数据库后台请出来，提高成果的重复利用率。

"三城展模式"中的设计实施原则

"三城展模式"中的"三""城""展""模式"四个限定词既是展览文化产品的品牌名称，也是设计实施时的几条重要原则。如图5-3所示，如为什么是三座城市？为什么以城市为中心？为什么展立于城之后？为什么能形成模式？下文将围绕"三城展模式"的城市选择、架构设计、主题设计三项主要设计原则展开论述。

"三城展模式"的城市选择原则

"三城展模式"中的城市选择需兼顾全国范围内不同的地理区域、城市标签、城市等级，让中小城市、偏远省份、少数民族地区也拥有充分的展示机会。例如在城市选择原则上：第一，可以依据城市的行政级别来选择，如省会城市、一线城市；第二，依据特色生产城市进行选择，如小商品城义乌、汉服之城曹县等；第三，也可依据某特定历史时期或特定专题，如古丝绸之路沿线

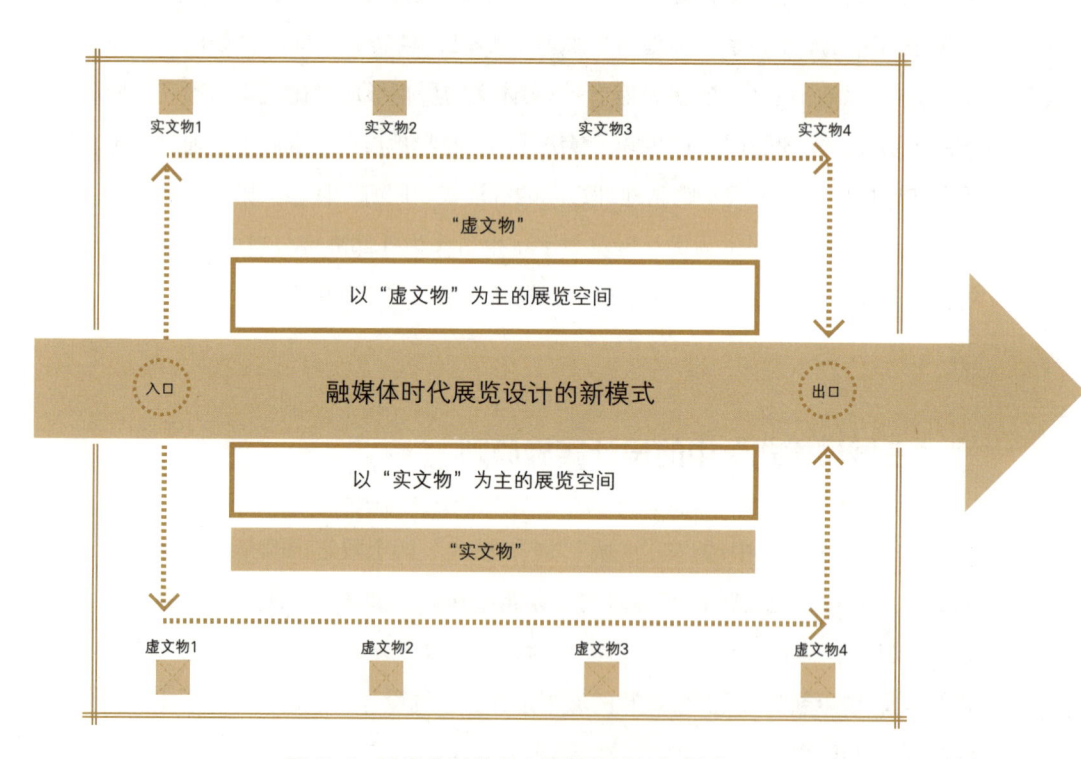

图 5-1　融媒体时代虚实展览设计的新模式

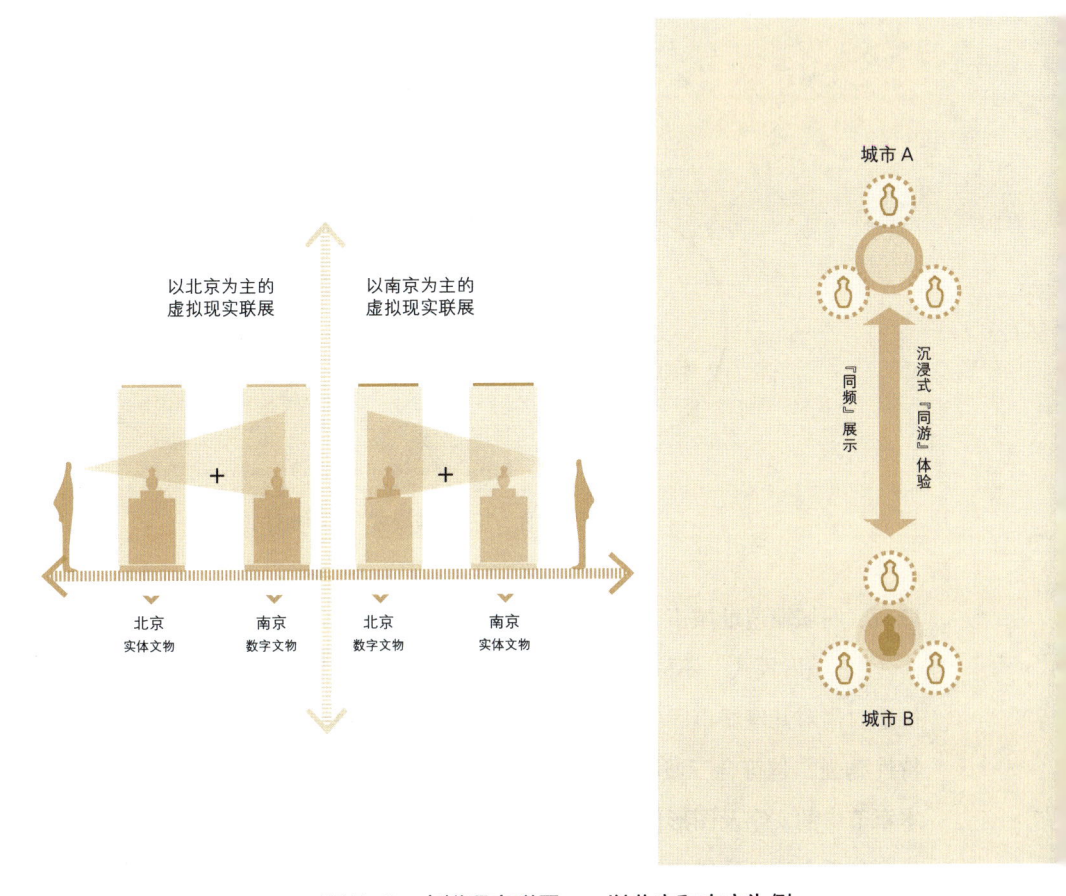

第五章 城际联展新模式分析——以"三城展"为例

图 5-2 虚拟现实联展——以北京和南京为例

"三城展模式"下的城市选择

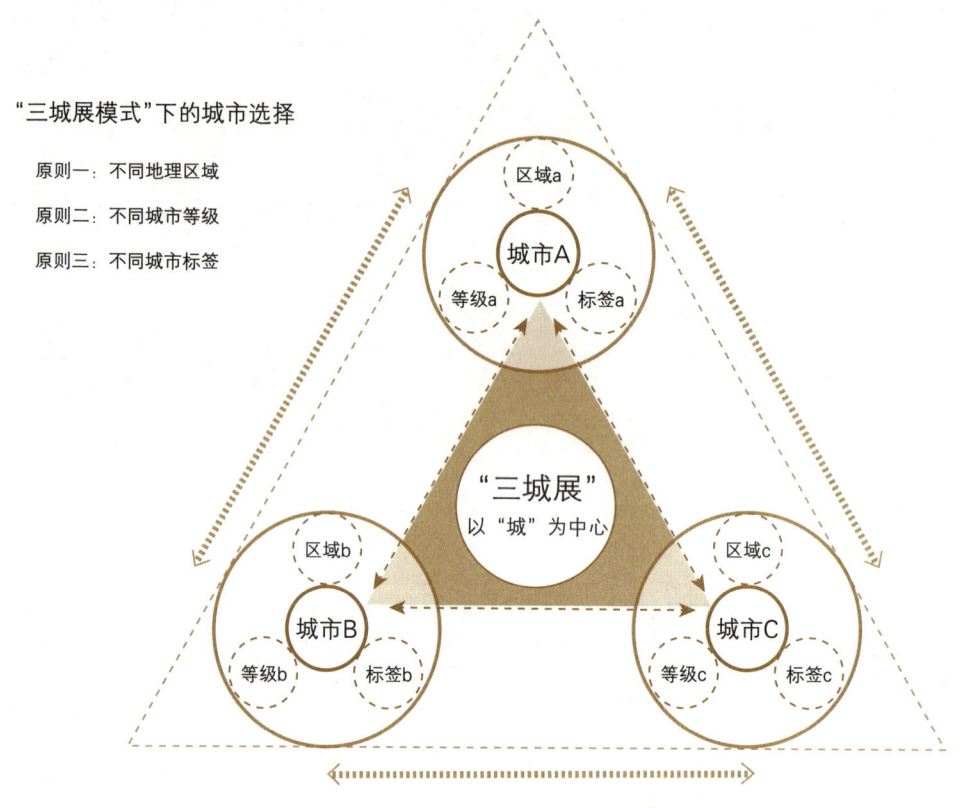

原则一：不同地理区域

原则二：不同城市等级

原则三：不同城市标签

图 5-3 "三城展模式"下的城市选择

城市、明城墙遗址城市、红军长征沿线城市等。

"三城展模式"不同于以往以主题为中心展开策展的模式，该模式在城市挑选时需对几座城市间的主题交集多寡进行研究评估，不同层面交集越多、独特性越强，越符合三城展的城市挑选原则。为便于读者建构三城关系的想象，本章节中的文字及图形代入北京、南京、西安三座城市作为案例。从城市选择原则分析，这三座城市在历史上是国内三座文化底蕴深厚的历史文化名城，在历史上不同时期作为各王朝的首都或陪都存在，在城市文化的策划发掘中具备较大的策展可能性，具备一定的学术发掘深度；在地理空间中也在中国版图上横跨三个象限，三边各1100公里，构成一个稳固的正三角形形态，三城又是西北、北方、南方（江南）区域的三座热门文化旅游城市，广受大众关注，具备普世价值的影响面。

对传统文化最好的保护就是让它再流行起来。三城展的城市选择应同时考虑城市间的特定历史文化关联性，以及这段传统文化在现当代观众间的流行程度。为展览的选择框定相关领域的一定用户基础，如小说、影视、游戏。从我说你听的单向内容输出模式变为引导大家在游玩中学习。例如，以三国文化为三城展模式的第一季主题，由以魏蜀吴文化为代表的博物馆进行联名。

"三城展模式"的架构设计原则

如图5-4所示，"三城展模式"中首先需要回答的便是为什么选择"三"，其理由有三：第一，三城与两城相比，两城联展的合作模式较为简单纯粹，三城及以上则势必涉及超越博物馆行政边界的统筹协调等管理问题。因此，三城联展遇到的问题更具有典型性和可复制性。第二，三城构成了稳固的三角形关系，其中任意一角的替换都为展览提供了更多的组合方式及延展可能。第三，三城在操作模式、成本控制、投入产出比上更具执行优势及快速推广的可能性。

"三城展模式"的主题设计原则

近年来，国内多座城市陆续缔结为友好城市，如河南省南阳市与安徽省芜湖市、四川省南溪区与湖北省大冶市等。城市间由于其相似性形成互相帮助、携手发展的大好局面，也为"三城展模式"的展开提供了极好的发展土壤。"三城展模式"可扎根于城市，深度发掘几座城市间的主题关联性，举办常换常新的城际联展，进一步搭建起城市间的文化桥梁。

"三城展模式"的主题设计可选范围极广，拥有多种内容指向，除城市发展史外，还可从产业升级史、建都建城史、特定历史事件等诸多方面展开。

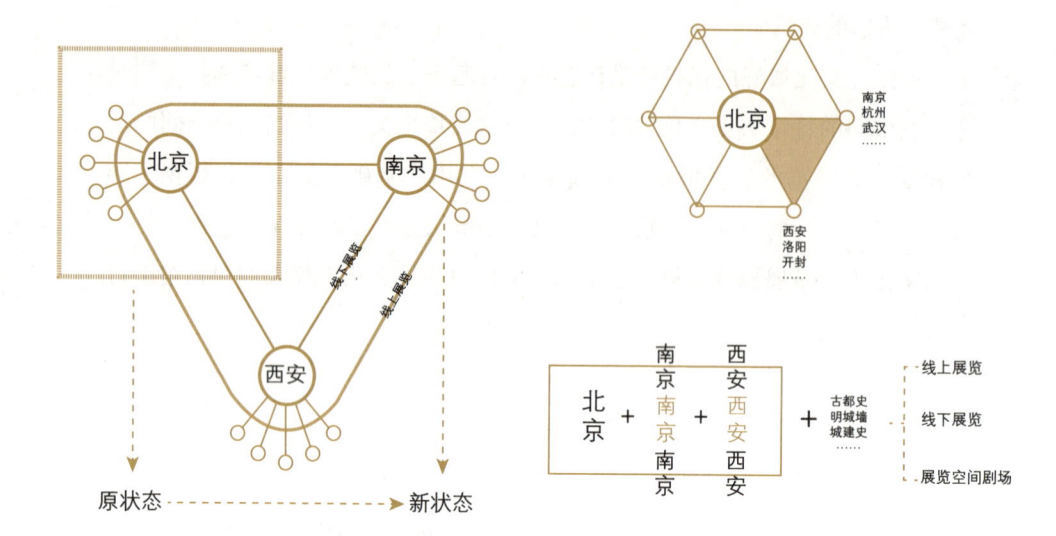

图 5-4 "三城展模式"架构设计原则

"三城展模式"的多种运用案例

"三城展模式"虽然以"城"为限定条件，但其范围不仅限于三座城市，也不仅限于三座博物馆、三个展览。该模式的设计可以理解为以城市为中心，组织大于等于三座城市中的多座博物馆同期同主题展览，并深度根据城市间的主题关联性，进行长期合作联展。从运用案例上看，包括但不限于以下可能，如：第一，组织多座城市同主题举办；第二，同一座城市的不同主题；第三，同一座城市和多座城市组建多触点的"三城展模式"；第四，全国范围内同期组织几十处"三城展模式"等。

为此，在实际运用中可在"三城展模式"大品牌下形成多种组合方式，如"双城六博""三城九博""八城二十四博"等。

"三城展模式"构建城市传播经脉

"三城展模式"中的创新点

"三城展模式"最大的创新点在于可将本馆实物与对方的虚拟展览放在一起，多地同时展出，三城间的实物仍在本地的展馆中进行展示。三城模式将三座城市的线下实体展览、线上展览、线下旅游、线上城市宣传融为一体。不同于当下的实体展览组织方式，"三城展模式"中主会场被挪移到了线上，单个展览成为"分会场"。通过三城线上展览向三城线下展览引流，并逐步联通三城旅游，如图5-5所示，以"三城展"为入口构成城市文化旅游传播经脉。

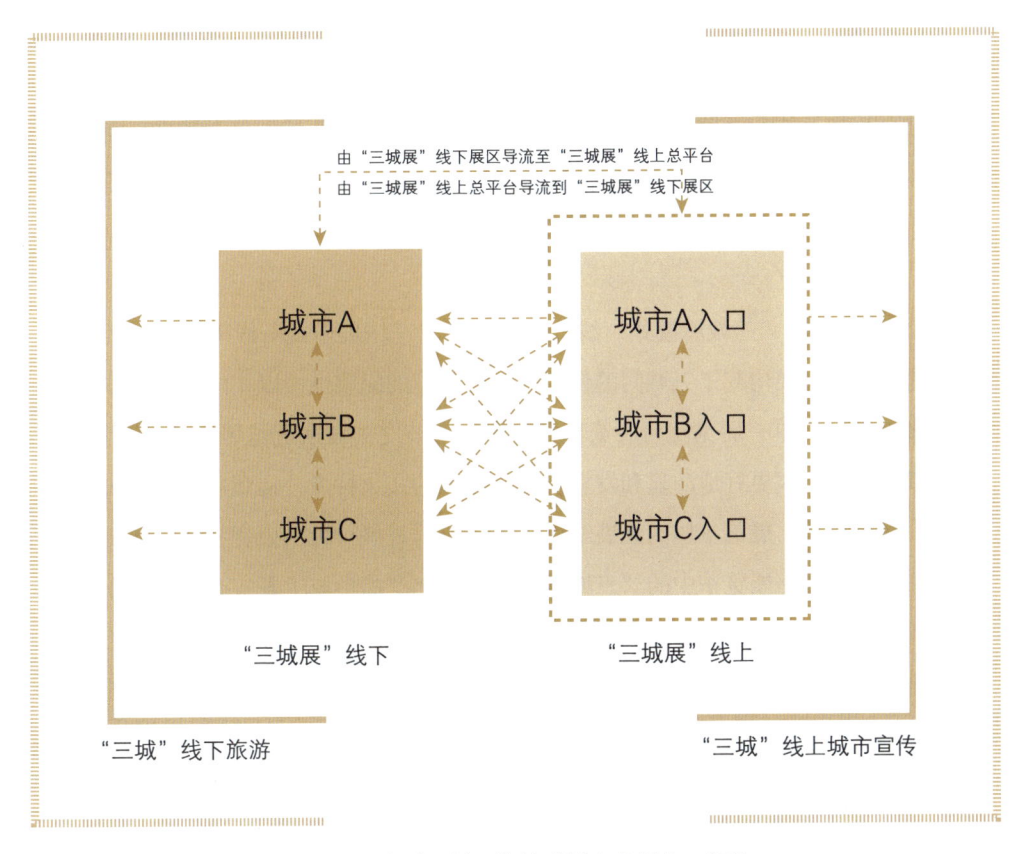

图 5-5　由"三城展"构成城市传播入口经络

线上展览成为唯一的主会场

其中"三城展模式"品牌主会场位于线上，观众可在三城中的任意城市乃至外部城市内点击进入线上主会场，以宏观视角并选择分会场进行链接对比观展。与此同时，"三城展模式"品牌的主会场以"展览空间剧场"的形式在城市中配套设立，由于三城联合的跨区域特点，展览空间剧场中的"三城展模式"从某种意义上来说是总体文化品牌的实体呈现的传播产品。

线下展览成为配套的分会场

传统观展进程中以实体展览作为末端体验，参观完展厅后即意味着观展行为的结束。"三城展模式"以三地分展区作为分会场，如以北京分展区为例，"北南西展"北京展区作为线下展览的实体入口，既可吸引线上展览平台的观众结合兴趣及热门话题前来打卡，也可吸引观众前往另两城的分会场进行完整观展。三城的分会场通过融媒体的各类传播手段拉近时空距离，将三城的展品、展场以及观众三者以实时的方式紧密连接在一起，跨越时间、空间、媒介进行多维度交互。

这样一来，"三城展模式"线上主会场及"三城展模式"线下分会场两者作为通讯桥梁架构起了三城间的传播经脉。展览的完整性由以往的单一实体变为多点实体，单一展览变为展览季品牌中的环节之一。从展览传播效果来看，既以区隔的方式更好地凸显和发掘了三座城市的文化特点，让观众能在一次展览中获得更多，展览本体的观展结束也由以往的观展行为结束变为新的开端。

如此一来，展览季中的"三城展模式"文化产品形成了真实有效的地方旅游的入口及三城文化旅游地图，地图可以城市为中心形成入口关联网，利用展览联通城市中分散的室内外文化遗址，利用跨区域的虚实展品联通全国各省市的相关展览及实物展品，线上和线下的密切联动方式击穿了空间地理上的差异，促进了文化旅游的流动性。展览季的线上平台为线上和线下的多种联动关系流程提供多元化可能，构建了三城间的传播经脉，变得极为有意义。

"三城展模式"也为展览提供了更多的出口,传统观展进程中观展完毕即意味着参观的完毕,展览很难与城市中的非物质文化遗产及与展览中所提及的城市形成连接。"三城展模式"创新性地将单一展览设置为分会场,单一实体展览的观展结束仅仅是该展览主题观展的引子,也仅仅是刚刚开始。

"展览空间剧场"提升展览传播效率

"展览空间剧场"产品理念

所谓"展览空间剧场",即放映展览的室内场所。伴随"三城展模式"文化产品品牌的打造,虚拟展品与实物展品同台竞技,具备将实物产品逐渐转变成传播产品的可能性。

"三城展模式"与"展览空间剧场"作为软件与硬件的全新组合方式,三城展为展览空间剧场提供源源不断的展览片源素材以及无限的任意组合方式,展览空间剧场为三城展提供更广泛的传播范围及传播效果。两者在后续发展中可构成正相关关系,不断充实"讲好中国故事"的产品库,为中国形象在全球的传播提供新的媒介载体,在"一带一路"上讲好中国故事,讲好中国现当代的故事,让全世界进一步了解中国,发挥博物馆及展览的当代价值。

(1) 展览与影视的边界模糊

假设我们将以纸本为载体的小说定义为二维阅读(传说/小说/图画),将翻拍出的影视作品及实景剧目定义为三维观影(电影/电视剧/剧目/舞台剧),将提供观众在实体空间中游走体验定义为四维体验(展览/密室/戏剧幻城/代入式舞台剧),展览与影视同时作为主流文化价值观的传播载体,博物馆实体空间中的体验式展览与文旅商业场景中的沉浸式体验空间的差异性逐渐消弭,例如张艺谋导演打造的奥运会、冬奥会开幕式,王潮歌导演打造的各地戏剧幻城(只有河南/只有红楼梦等)。除此以外,一线城市陆续增加大型真人实景沉浸式互动演剧场,单次体验费用200至1000元不等,如北京INX

戏精学院、《鬼吹灯》沉浸体验等。从文化的传播转译角度来看，目前商业主导的体验空间设计要远远领先于博物馆公益性展览的发展速度。

例如，2021年10月河南省打造的人造人文景区"只有河南·戏剧幻城"。戏剧幻城的创新点在于模糊"大剧院"与"游乐场"之间的边界，以21个剧场盒子组成观众可以游走在其中的沉浸式戏剧幻城，提供了崭新的空间模式与商业模型。

（2）展览空间剧场的空间构成逻辑

展览空间剧场作为放映数字文物、展示历史文化的新型展示空间，其空间构成逻辑与影院、展厅相比大不相同。首先，应对展览空间剧场的空间模式进行系统化研究，提高演示空间及播放片源的软、硬件模数标准化程度。其次，传统电影院线通常采用固定座椅、焦点透视式的观影方式。文物展览空间剧场可兼容影院与展厅的双重属性，采用走动式观影的散点透视模式。空间中应预留入场前的排队区域、设备领取区域及空间内部的感应区域。参观时，观众在入口处领取耳机或导览设备，观展过程中设备通过对应点位感应的方式智能推送。最后，热门展项前难免出现拥挤排队的现象。为此，展览空间剧场的空间墙体可采取L形折幕，人视点高度可满足观众近距离触摸互动，人视点以上为其他观众提供背景动画知识；并可结合博物馆运营需求，采取早中晚差异化主题放映模式。

"展览空间剧场"产品特点

展览空间剧场既具备数字展览所必备的几项要素，也具备院线放映室的必要因素。在实施路径的探索中亟须制定一套符合展览文化产品播放特点及播放需求的产品建设标准及产品传播标准，并提供高中低多种造价下的配置选项。同时，为配合"三城展模式"的展览季周期，展览空间剧场的配置应分为固定常设产品及便携移动产品。

（1）展览空间剧场的标准化特点

如图 5-6 所示，初期建设时，配合"三城展模式"的构建可在三城中的展览现场予以配置固定常设产品的顶配版，并在三城展中涉及分展区的各类文化遗址内设置固定常设或便携移动版，为分展区进行导流，同时在受众的心中潜移默化地形成城市文化旅游地图。与此同时，还可在三城以外的其他城市文化入口处摆放，作为展览及城市旅游的文化入口。

（2）展览空间剧场的全时段特点

"展览空间剧场"的播放可依据展览季举办分为展览季前、展览季中、展览季后。

展览季前，位于三城及其他城市的放映室应提前进行展览产品的预告放映，以及三城展的线上线下展览实时搭建画面可广泛征集用户反馈的意见并通过审核机制进行评估筛选，增强与各省市用户之间的联系。为保证展览季中三城实体展的人流保证，展览季前的时间段内，"三城展模式"完整数字展可在实体展览开幕前提前推出。院线的传播产品基于数字文化产品，但展览的传播产品基于实物产品。展览产品的传播所遇到的窗口期与电影的窗口期大不相同，提升虚拟及数字展览的热度才能更好地对各地的线下实体产品进行宣传、预热及导流，为用户的选择及行程规划预留充足的准备时间。

展览季中，三城实体展馆中的顶配版"展览空间剧场"又将在某种意义上充当完整版的"三城展模式"，实体的分展区空间反而成为地方信息展示的分展区。

展览季后，各地设置的便携移动版展览空间剧场部分可收回，部分可在学校、社区乃至乡村中进行进一步辐射，开展展览文化下乡活动，发挥展览产品的可持续文化公益价值。各地的固定放映室可成为往期展览的点播室，也可结合往期的展览数据，将三城中的城市进行打乱，替换生成新的系列数字展览。

（3）展览空间剧场的全地域特点

展览空间剧场的设置具有全地域特点，可以设置在全国的各大博物馆、社

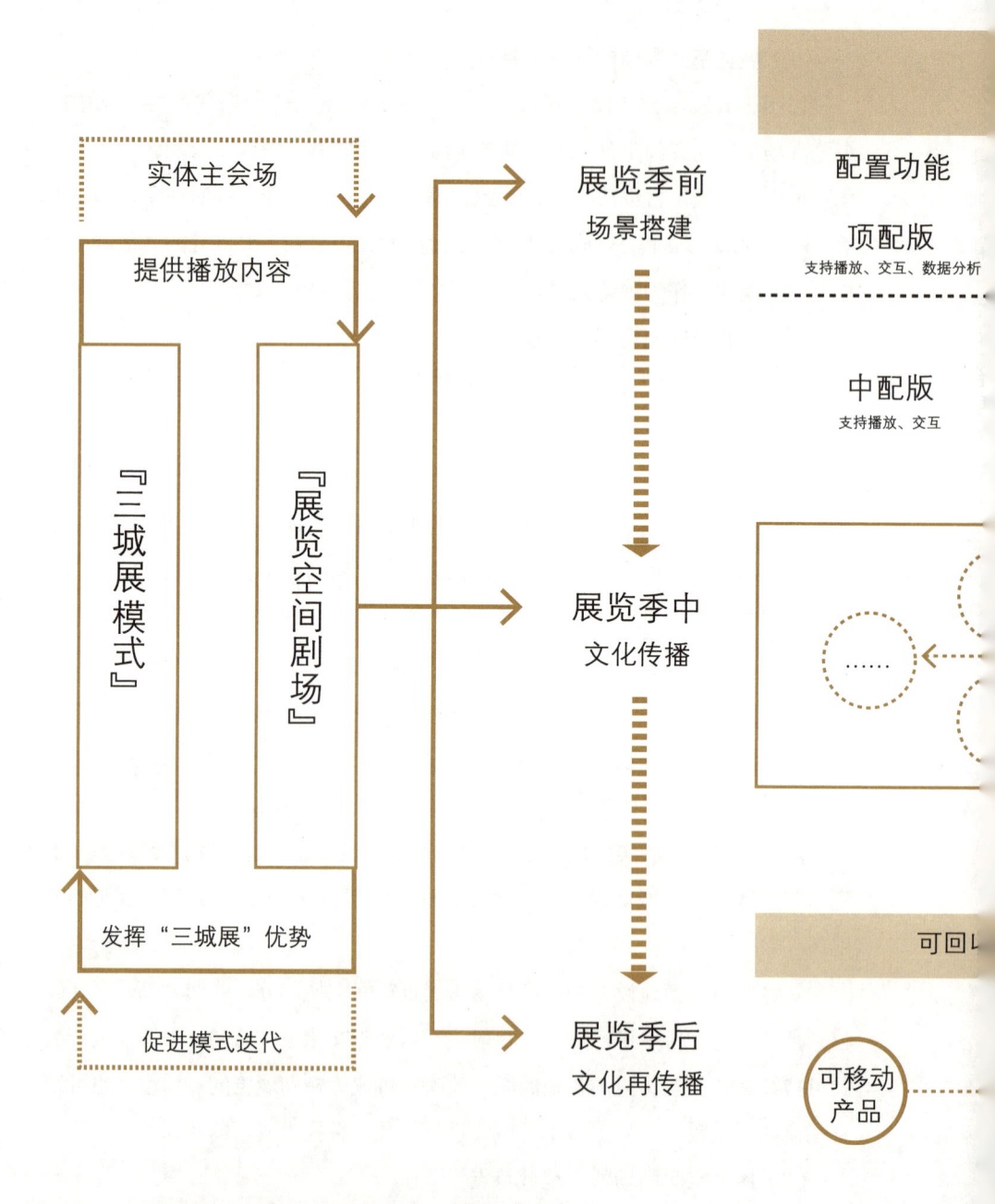

图 5-6 "展览空间剧场"在展览季前中后的展示方式

第五章 城际联展新模式分析——以"三城展"为例

览空间剧场"		可移动"展览空间剧场"	
示目的	摆放位置	展示功能	摆放位置
前的预告	博物馆（承办）	开馆前的预告	文化遗址（各地）
台提前开放 展提前准备	文化机构（承办) 博物馆（外地）	①增强观众的兴趣 ②拉近展览产品与观众间的联系	文化遗址（外地） 交通空间（各地）

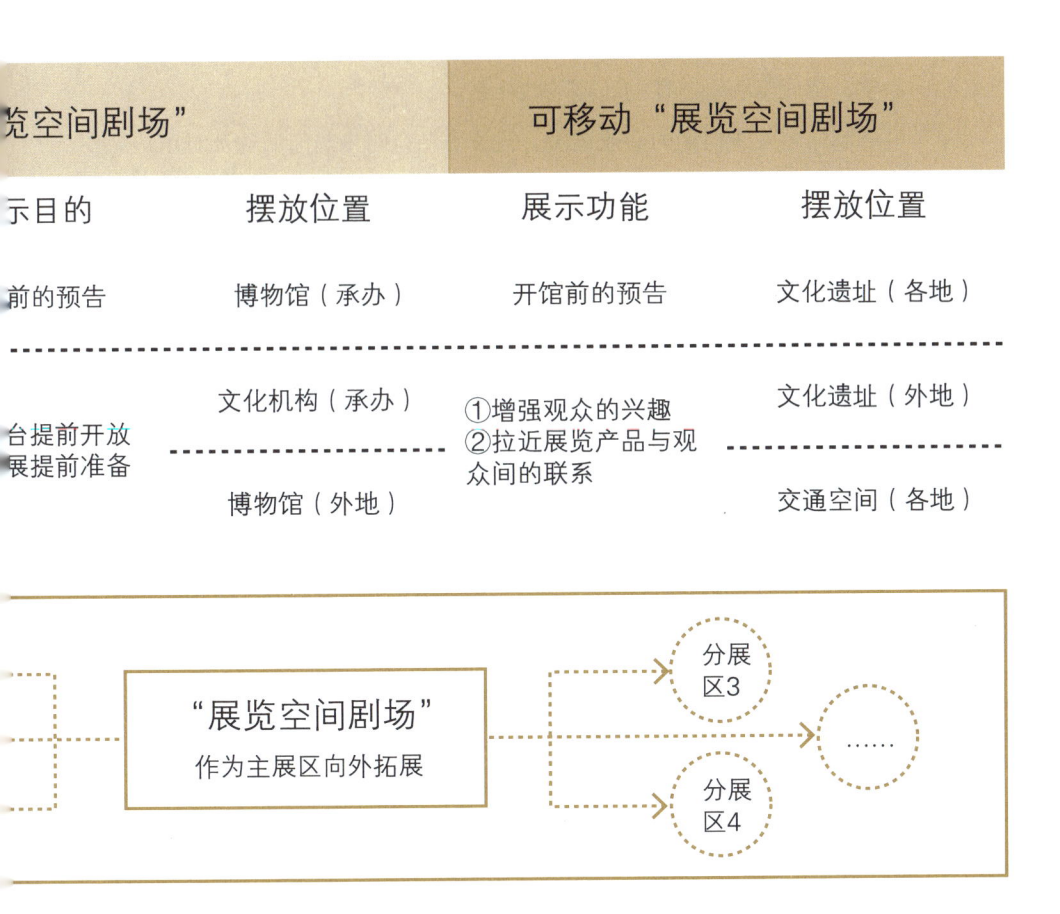

"展览空间剧场" 作为主展区向外拓展 → 分展区3 / 分展区4 → ……

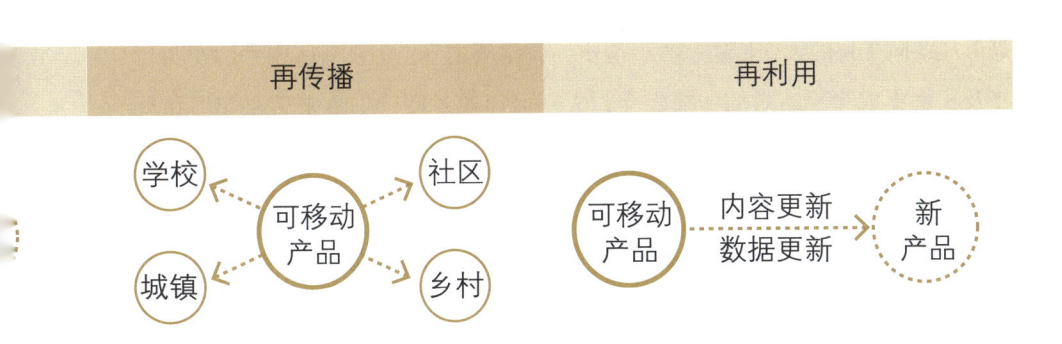

再传播	再利用
学校 ← 可移动产品 → 社区 城镇 ← 可移动产品 → 乡村	可移动产品 —内容更新 数据更新→ 新产品

205

区甚至中小学，形成与院线并存的新型放映体系。

参考电影制作与院线档期的商业逻辑，投资方结合时事热门话题及对用户画像的分析选择拍摄主题及组建拍摄团队，影片拍摄完成后委托发行方来代理递交审核及发行工作，审核通过后由院线安排旗下的影城放映。电影在上映初期的窗口期内优先在院线进行播放，经过几十年的发展院线，目前已覆盖全国各省市，偏远省份及乡镇农村均拥有一定数量的影城。虽然各城市的院线由于建设原因播放设备、排片数量、观影环境略有区别，但可实现影片在全国范围内同时发售上映。窗口期过后，可逐步在优酷、爱奇艺、腾讯等观影平台上进行付费点播或免费播放，进行二次传播。

4. 线上线下展览互动新模式研究

新问题与新需求

维克多·雨果在《巴黎圣母院》中曾富有预见性地写道："文学将杀死建筑。"他认为，在中世纪，建筑是一种图画语言，通过雕塑、绘画、彩色玻璃等形式，向文盲的大众传达宗教、历史、哲学等内容。但随着印刷术的发明和普及，书本成为更有效的传播媒介，人们可以通过阅读书本来获取知识和灵感，而不需要去教堂观赏建筑。因此，建筑的功能和地位逐渐下降，文学的影响力和创造力逐渐上升。

同样的道理，在新技术、新媒体和新传播途径的冲击之下，作为媒介的博物馆和有线电视在信息传播过程中的地位受到了极大的挑战和冲击。更加便捷直观的传播方式，例如短视频、公众号等新媒体开始更多地吸引人群的注意、

```
              （展览传播产品）
                数字文化研发
    ┌──────────────┬──────────────┬──────────────┐
文化产品端    +   文化传媒端    +   文化技术端    +   文化执行端

文博·文创·文教        融媒体矩阵        程序开发         管理·开发·销售
文旅·文娱·文体                          数据平台          （产品经理）
```

图 5-7 "展览传播产品"数字研发

间的馆际交流较难实现（"三"的典型意义）。仅通过几个地区的文物局、文旅局等政府部门的协调办理难以高效推动展览的进程，由此引申出"超博物馆体系"的全新管理需求，跨城交流展览的举办前提是有一个独立运行有公信力的第三方实体作为总包。它不仅需要深度理解博物馆的意图，还需要紧抓文化安全层面的问题，将技术及实施层面的相关工作外包，并把控后期的深化进度，作为各地博物馆间的"媒人"出面统筹，协调此类全新的管理需求。

"三城展"展览品牌的探讨立场基于站在博物馆端思考如何提供一套适合"展览传播产品"研发生产的工作逻辑，发挥博物馆的文化优势及电视台的传播优势，让博物馆成为"文化供货方"，为各方提供源源不断的文化原浆，进行稀释生产（文博综艺/舞蹈/戏剧等）。目前全链条中的许多点状工作均有相关单位可负责完成，但整件事未形成完整的闭环。为此，本章的重心在于论证新模式工作的基本架构，并对操作方式提供建议。

多节点联展互动新模式

前文所述的新问题和新的需求必然催生出线上线下展览互动的全新模式。借车，需要深度融合传媒手段及产品研发思路，将"实体展览"打包成"传播产品"进行考虑（下文中以"展览传播产品"进行指代），转"以展览为中心"为"以用户为中心"。从产品研发角度来说，用户体验贯穿一切设计与创新过程，如用户参与建筑设计、室内设计、产品设计和服务设计等。[①] 为此，"展览传播产品"研发伊始应确定精准用户画像，即展览产品为谁服务，吸引谁来看，并从产品的全生命周期角度为目标用户提供全流程的用户体验旅程设计。

（2）研发规模与难度的提升

区别于实体展览的全生命流程，文化生产端的博物馆寻找展陈设计实施单位作为总包配合即可完成，并不涉及传媒、技术、产品、用户研究等事项。如图5-7所示，新时代的"展览传播产品"作为集文化逻辑、传媒逻辑于一体的综合产物，应聚合不少于文化产品端、文化传媒端、文化技术端、文化执行端四端的通力合作。在具体分工上，文化产品端负责依托于博物馆馆藏资源进行展览产品定位与研发（用户研究）；文化传媒端负责在研发的各个环节充分发挥融媒体手段的优势进行传播；文化技术端负责对展览产品提供数据支持及程序开发（不同于多媒体分包）；文化执行端负责对产品的开发管理、推介及销售等工作。

团队中需要展览策划设计、展览产品负责、展览运维技术、展览传播传媒、展览用户研究等多工种在项目的不同阶段介入，并展开深度配合。以上岗位已远超博物馆现有行政体系，故而"展览传播产品"仅依靠博物馆的力量无法完成。

"超博物馆体系"的管理需求

三城展选题最大的特点在于，要求至少三家不同省市的博物馆涉及同一年的某一个展览，显然这件事情超越了现有博物馆行政管理边界，仅靠博物馆

[①] 罗仕鉴，朱上上，沈诚怡. 用户体验设计［M］. 北京：高等教育出版社，2023：5.

（2）博物馆与其他媒体增强协作

《国家宝藏》案例让我们看到，电视和文博的联姻产生了奇妙的化学反应，一方面提升了电视节目的文化品位，另一方面又使高雅文化重回大众视野，实现了电视台和博物馆的"双赢"。[①] 在多年约定俗成的社会职能分工上，博物馆与高校、研究院是文化生产方（理论），电视台、电台、报社是文化传媒方（传媒），相关社会力量及企业在商业行为导向下提供相关技术及服务，是文化实施方（实践）。在这种组织配合模式下，各自发挥各平台的优势，仅在少量需要借助对方力量时进行合作出品。博物馆可以积极与电视台、社区等社会文化传播机构合作，进行相关资源整合，博物馆作为提供历史文化资料的后方基地，可以利用大众文化传播媒体作为媒介传达给大众。[②] 文化产品的研发不仅要考核传播深度，更要兼顾文化厚度。博物馆在产品研发的 0~1 阶段发挥优势，并在提速传播时邀请传媒单位加入，让电视媒介在 1 到 N 阶段发挥其优势。

"展览传播产品"研发的新问题

（1）传播规模与目标受众

由于受到时空的双重限制，博物馆中的实体展览、实体讲座能容纳的游客非常有限。相比于线上展览及讲座的服务对象来说是微乎其微的。"比如，云直播上做一场学术讲座，听众动辄成千上万人，而现实中的学术报告厅只能容纳 300 人。再比如，我们做一场在线直播导览，观众数量往往多达数十万，和博物馆半年的接待量相当。"[③]

各扫门前雪的平静被数字时代浪潮所打破，实体展览想要赶上传播的快

---

① 高萍，陶玲玲.《国家宝藏》在融媒体时代的传播创新 [J]. 中国电视，2018（5）.
② 刘雯琦，胥宇虹. 博物馆里的红色文化传播方式、问题和优化建议 [J]. 兰台内外，2022（17）.
③ 唐亭. 真实虚拟之间，体验多维度博物馆 [N]. 科技日报，2020-05-18.

占领观众的心智。

但是与其他媒介相比，博物馆又有着无法替代的文化价值。如何在移动互联网时代保证博物馆展览的传播效率，提高观众对展览活动的关注，这是摆在从业者面前的全新议题。

传播媒介的困境与出路
（1）博物馆的传播困境

长期以来，博物馆在大众眼中的定位倾向于中小学历史文化教育基地和旅游拍照景点。晦暗的场馆、冷冰冰的文物、刻板的讲解消解了大众深度接触历史文化的耐心，博物馆对人们的吸引力似乎正在不断减弱。[1]但从各类文博综艺纪录片的热播中，不难看出观众对于历史文化的热情并未消退。博物馆是文化传承的载体、电视台是文化传播的载体，两者在各自领域内作为文化的传播使者，如何充分发挥两者优势展开合作成为新时期的重要课题。从目前的职能分工来看，负责博物馆文化研究与负责文化传播的应是两支不同的队伍。

博物馆追求的文化逻辑和电视台追求的传媒逻辑大相径庭。文化逻辑追求用专业化的方式提升文化的厚重感，传媒逻辑追求用娱乐化的方式拓展文化的传播度。

博物馆的文物有着深刻的历史文化内涵，在传播过程中应当充分关注其承载信息的完整性，且博物馆作为公益非营利机构，现有行政管理方式及资金管理方式也不利于展览文化传播。在以往博物馆实体展览的设计流程中，博物馆的全年策展计划无须考虑市场喜好什么，而是结合当下的宣传重心及馆藏的藏品思考可以给观众带来什么。在这个过程中传媒能发挥的作用仅在实体展览开幕后，但自《国家宝藏》节目横空出世后，传媒能发挥的力量由开幕后的宣传逐步走向台前。

---

[1] 高萍，陶玲玲.《国家宝藏》在融媒体时代的传播创新［J］.中国电视，2018（5）.

助互联网技术的支持，我们可以构建出一套多节点、相互联动的展览运作全新模式，有效应对当前技术与社会发展背景下，广大人民群众对于文化产品的需求。

博物馆展览应当充分与其他媒体协同运作，提高文化内容的传播效率。为了实现这一目标，我们可以从团队配置和工作程序两个方面进行优化。在团队配置上，为了提高文化内容的传播效率，我们需要优化博物馆展览与其他媒体的协同运作。在团队配置上，要遵循以下几条基本标准：一是要有不同专业的人才参与关键环节，保证展览产品的质量和创新性；二是要有合理的分工和协作机制，确定各专业人员的负责人和参与身份，使之能够有效地沟通和协调；三是要有统筹规划和监督管理的能力，由博物馆端人员负责制定全年的研发计划和产品梯队，同时由文物局及各博物馆作为文化监管方进行审核和指导。

在工作程序上，应当优化博物馆展览与其他媒体的协同运作。在工作程序上，我们需要遵循以下几条基本标准：一是要根据不同阶段的工作程序，决定不同专业的人员是否需要参会，避免无效会议和浪费时间；二是要根据不同阶段的工作内容，给不同的参与人设置合理的参与身份，明确各自的职责和期望；三是要根据不同阶段的工作进度，组织各专业人员形成产品研究项目组，设计合适的工作程序和开展计划。

多媒体系统的传播途径

在文化产业研究中，迪士尼一直是个"标杆"。迪士尼创造出一系列艺术形象和故事，在卡通影片中不断强化这个"虚幻世界"，然后通过工厂化生产、游乐园建设、地产开发、藏品巡展等方式，建构出"真实世界"。① 迪士尼的案例启示我们，线上线下互动的"三城展模式"下需要充分联动多种传播手段组合实体展厅中的展览、移动的"微博物馆"、全平台的宣传矩阵、多形式的文

---

① 聂影. 迪士尼乐园启示——巨型文化产品开发的控制与困境[J]. 中国经济报告，2022（5）.

艺作品等多种传播手段，不断建构"三城展"品牌的"真实世界"与"虚幻世界"，在用户心中建构"三城展"文化品牌的自我认知。

（1）建立官方宣传矩阵

社交媒体时代，在电视剧热播时同步开设官方账号及"角色微博"的营销模式几乎已成标配。各大官媒与剧组也纷纷在社交平台上开设账号，频繁与用户互动，并主动发起话题引发讨论。伴随电视剧播出，相关剧情话题出现在微博热搜榜上，演员以角色身份与网友展开互动，并开设"实况聊天室"，设置话题、引发讨论。①

博物馆若想主导"展览传播产品"的设计，应主动学习传媒端的成功经验与失败教训，"三城展"品牌应主动在多平台开设官方账号，建立官方宣传矩阵，充分发挥不同平台的营销优势。在实时策略上有以下两条建议：

第一，可与电视台联合在电视端开辟独立的文博频道，博物馆端负责生产内容，电视台负责制作及传播，频道由国家文物局统筹，并对频道的栏目进行设计。"三城展"可作为固定栏目之一，为蓄积用户群体做长期的努力。节目可对全国范围的"三城展"进行预告，对"三城展"的实体展览进行讲解阐述，对"三城展"中的趣味性选题进行文艺影视作品创作。

第二，在微博、抖音、小红书等主流融媒体平台开设官方账号，并开设"三城展"品牌官方账号及子主题展览（角色）官方账号，举办期间官方账号应主动带动话题，以情境化的方式增强与用户的互动，以"三城展"主题的口吻发布日常，加入社会热点讨论。将展览品牌拟人化、角色化，构建观众与展览间的跨时空互动感与真实感。

（2）"微博物馆""走出去"

为了扩大博物馆产品的传播范围及影响辐射面，博物馆应主动参与并融入当地的社区文化建设及青少年教育活动。"三城展"的主题与城市间有着千丝

---

① 王瑨. 解码现实题材剧"破圈"现象［N］. 人民日报，2022-05-12.

万缕的联系，待"三城展"持续性举办并形成品牌效应后，可进一步推动展览从"殿堂"（展厅）中走出，走进社群空间、走进人民的生活。打造一批标准化、模块化的可移动"微博物馆"。让博物馆不再孤独地矗立在城市公共空间中，成为孤岛，而是成为散布在城市角角落落的"文化入口"。

"微博物馆"可以融入人们生活的日常场景里，成为人们衣食住行的一部分。面向基层，服务广大农村、社区、学校、军营、企业，尤其应当加强博物馆的教育与文化功能。[①]在《在复兴征程中汇聚博物馆的力量》一文中认为，要持续深化馆校合作机制，巩固博物馆进校园示范项目试点成果，推动更多博物馆进校园、进课堂、进教材，把"殿堂"变"课堂"，让更多学生走进博物馆，打造青少年教育"第二课堂"。[②]

"微博物馆"面对不同的使用场景，展览中的展示内容及互动问答也可根据不同的场景需求进行难度切换。例如，走进校园可以成为生动的"展览课堂"，走进居民社区成为"展览活动室"，走进交通空间成为"展览充电站"，走进基层乡镇实现"展览下乡"。

（3）"总分云"站联动

"三城展模式"篇章中对线上线下的主、分会场权重转变进行分析，并提出线下展览为"分会场"、线上平台及展览空间剧场为"主会场"的展览模式。关于线上线下的联动理念已有学者提出并撰文论述，例如《博物馆展览的未来畅想》一文中提出"1+N+X"展览模式，可归纳为"1个主题性、引导性的展馆"+"N个分散的展览场所"+"X个散落在城市或乡村的展示点"。通过组合的方式来实现博物馆的传播目的；并且认为目前已出现将文化现象凝结成"博物馆"的展览趋势，如南京正在打造的"世界文学之都"博物馆。[③]

[①] 李燕.博物馆宣传推广手段及其效果研究［D］.长春：吉林大学，2017.
[②] 李群.在复兴征程中汇聚博物馆的力量［J］.中国博物馆，2022（3）.
[③] 龚良.博物馆展览的未来畅想［J］.科学教育与博物馆，2021（6）.

近年来也不乏联动的实践案例，例如：五大博物馆采用"1+4"模式联合举办"丽人行"主题线下展览；每届的文博会举办采取会场"1+N"模式，也就是1个主会场加上N个分会场并行的模式；江苏书展设立"1个主展场+111个分展场+2个线上分展场"。①

数字技术的运用对零散场馆的资源整合具有巨大意义。中国广袤的国土上除了大博物馆以外，二、三线城市及数以万计的城镇也拥有众多的小博物馆及极为分散的文化遗址点。"三城展模式"的使用对区域文旅资源的整合具有极强意义，可进一步形成主场馆作为总站、遗址点作为分站、线上作为云站的"总分云"站联动模式。如此，众多的城镇可将分散的文化遗址进行打包，通过研学路径的开发盘活地区文旅资源。

（4）与其他文化形式开展合作

电影、舞台剧、舞蹈诗剧等文化产品均具备一次制作、多地呈现的传播特点。例如，由故宫博物院、中国东方演艺集团、人民网共同出品，域上和美文化发展有限公司联合出品的舞蹈诗剧《只此青绿》——舞绘《千里江山图》首轮演出在国家大剧院上演。②众多"青绿粉"千里追剧，跨城连刷，所到之处场场爆满。新模式下，博物馆持续发挥自身的文化生产优势，开发出适合多种形式转换的原始素材，提高素材的形式适配性，目光不仅限于展览这一个手段。博物馆可将"三城展"品牌中的亮点部分主动与大剧院、歌剧院、话剧院等文化组织展开合作，如以三城展建都主题拍摄纪录片，博物馆作为"供货方"提供源源不断的优质内容。

---

① 王鹏飞，李萌. 云中漫步：2020年的中国书展［J］. 出版广角，2020（24）.
② 吴华. 舞蹈诗剧《只此青绿》为观众开启沉浸式"赏画"体验［N］. 中国艺术报，2021-08-20.

"产品化"的展览运营模式

（1）从"展览"到"产品"

①展览的产品化趋势。

前文中提到，"线下展览≠实体展览"，实体展览的边界不仅限于博物馆展厅内的实体展览。对博物馆而言，数字化技术催生出许多新产物，如线上展览产品、线上展览互动、实体博物馆探秘活动、装配式流动展馆等。新产品的出现也对博物馆既有的工作流产生影响，展览产品是商业化的产物，在内容生产的过程中，已有团队中缺少能对产品全生命周期进行规划与执行的负责人。

②需要"展览产品经理"。

"产品经理"（Product Manager）一词首先出现于美国P&G（宝洁）公司，为互联网公司的重要岗位之一。产品经理的出现是为了适应公司发展的需要，随着企业的壮大，产品线变得越来越多，越来越复杂，原来按职能划分部门的组织结构已经无法适应发展。[①] 2021—2023年，《从"新闻人"到"产品经理"》《从图书编辑到产品经理》《从文艺作者到产品经理》，不同岗位的研究者们不约而同地发表了数篇以"转型为产品经理"为主题的文章。结合上文中提出的"展览传播产品"理念，不难发现博物馆作为以研究为主的非营利性机构，在数字产品开发中难以把握主导权。为此，本章提出：在博物馆现有岗位体系中亟须培养"展览产品经理"岗位，并与商业公司合作，以市场化运作的方式进行产品运营，并对产品的文化安全和品质负责。为进一步对展览产品进行说明，下文将围绕其类型进行论述。

（2）"展览产品"类型

博物馆文化可进行产品开发的门类众多，通过调研可将其初步归纳为四种类型：降低门槛的展览体验产品；整合线上的展览平台产品；整体打包的展览空间产品；持续研发的展览文创产品。四者均体现并符合产品研发时"以用户

---

① 苏杰.人人都是产品经理[M].北京：电子工业出版社，2017.

需求为导向"的原则,但由于其各自类型的特点,用户在产品研发流程中的次序与重心又各不相同。

①降低门槛的展览体验产品。

在传统的展览建设流程中,策展和设计环节需要较强的专业基础,普通观众很难深度参与,数字化手段能极大地降低用户的操作门槛。为此,工具类展览产品必然作为研发的重点板块之一。例如,降低策展门槛的"人人都是策展人"小程序(杭州博物馆)、降低设计门槛的"酷家乐"平台(家装)、降低数字展览建设门槛的智能"AI"平台(咒语师)等。以上案例都具有统一的特点,即将原本需要专业团队完成的事情降低准入门槛,以娱乐化的方式让用户参与并进行体验,对博物馆文化的传播具有巨大意义,但无法替代原本的专业性工作。

该类产品的典型特征为降低门槛提升参与度,重点在于"我"想说什么,而非"你"想听什么。与实体展览策展流程相似,并不需要在策划初期精准用户群体,全民皆是该产品的潜在用户,体验过程中用户拥有平台限定规则下的体验权与创作权。在这一类产品中,用户分析反倒并非研发时首要考虑的问题。"展览产品经理"可从展览的已有流程上进行拆解,寻找兼具文化传播价值及商业销售价值的点进行产品化。

②整合线上的展览平台产品。

展览产品还包括整合类的展览平台产品。近年来,VR线上展览成为各大博物馆建设时的标配,其入口一般嵌套在博物馆官网及公众号中。线上展览的发展也促使整合型平台的需求,如央博App、百度博物馆计划等信息整合平台;线上展览数据的汇总不仅有利于观众的观展决策,也为采集用户的观展数据提供了可靠来源。正如我们所知,它被称为"商业原料""生产要素"和"新的煤炭"。没有大量数据,机器学习算法无法学习。[1] 该类产品最典型的特征为

---

[1] 杰米·萨斯坎德.算法的力量[M].北京:北京日报出版社,2022:264.

重整合、轻开发。现有市场虽存在同类产品，但由于缺少商业价值而无法盘活。

展览平台产品的开发难点在于确定用户、发现痛点，并通过产品塑造新需求。例如，"展览产品经理"可与文旅合作，打造展览圈的"携程""大麦网"产品，为互联网时代的年轻人提供优质文化分享种草、攻略制作、社群分享、票务服务、游客预估等服务。为旅行者出行前提供目标城市的文化全景地图，或结合兴趣主题为旅行者确定出行城市；出行中为用户提供提醒事项、导航及导览等服务；出行后提供分享及记录服务。

③整体打包的展览空间产品。

"数字展览"属于产品没有太多争议，但"展览空间"属于"产品"吗？以往，博物馆举办展览时只有"受众"，没有"用户"。不同专业、不同年龄的观众走进博物馆看的都是同一个展览空间，博物馆仅提供一套旗舰版展览，展览分众化诠释的任务交给了讲解员。

适应受众观的转变是展览产品研发时的重点，"受众"转变为"用户"，意味着用户不再是被动的信息接收者，也不是消极互动的反馈者，而是内容生产的参与者和对内容产品具有自主权的消费者。[①]实体空间呈现的"展览产品"需建立产品梯队，为不同的用户群体服务。本书第一章"博物馆实体展览的学术性和大众性"部分提出：博物馆到底应服务于民众，还是服务于文化？在实体空间打包成展览空间产品后，我们是否能进一步发挥实体展览服务观众的优势，针对不同参观需求的观众提供大众版或专业版的展览？

展览空间产品包含两类：第一，拥有用户群体，在博物馆展厅空间中呈现的展览产品。例如，穆夏的艺术作品在全国各地拥有广泛的用户基础，尤其受到年轻女性的追捧。穆夏展览在全国各地巡展期间，穆夏爱好者们纷纷慕名而来。第二，针对精准用户群体在博物馆空间外呈现的线下数字展览产品。

---

① 郭盛君. 从新闻编辑到产品经理：新内容时代媒体人的思维转型——以刺猬公社为例［D］. 烟台：烟台大学，2020.

例如，2022年9月，北京市文物局与北京二中携手推出的博物馆进校园活动，"北京中轴线"展览以数字化移动展览空间的形式亮相校园。展览依托于线下空间的形态，以中学老师及中学学生为精准用户，将"北京中轴线"打造为可复制的展览空间产品。针对来访研学团体的不同，在云端系统一键切换展览内容及题库的难度，实现"因人而异"。

④持续研发的展览文创产品。

由于传统实体展览展期有限、影响力有限，并未产生持续性影响力，现有博物馆文创主要围绕馆藏实物藏品开发。笔者认为在展览产品化的趋势下，待展览形成持续的文化品牌运营后，展览本身及各类展览产品均可成为文创产品的开发源泉。

高效而多样的监管机制

"展览传播产品"的新工作模式由于涉及文化安全问题，除文化产品、文化技术、文化传媒等因素外，最重要的是需受到政府部门的监管。为此，该模式的实际运转中具有以下两种可能性：第一，成立国有控股、持股的文化产品运营企业；第二，形成文化监制、市场制作的联合模式。

（1）成立国有文化产品生产运营企业

国有文化产品生产运营企业分为两类：

第一类为由宣传部门牵头（报社作为国家的舆论阵地直接受各级党委宣传部管理），如人民网、新华社、华商网、《金陵晚报》等中央及地方报社出资控股或持股，与相关互联网技术企业、文化产品研发机构、博物馆产业服务企业合作成立文化产品生产运营企业。

第二类为由地方省政府或市政府出资成立的文化、文旅投资集团，这类国企往往负责本地文旅、文博、文创的开发运营工作。在"展览传播产品"的研发环节中不仅具有国企背景前提，也由于在文化产业深耕多年，具有充分的自建产业优势及研发技术优势。

（2）形成文化监制、市场制作联合模式

文化监制、市场制作的联合模式是指将少量的工作放在国家文物局平台上，由文物局指定服务单位进行市场运作，文物局在制作过程中负责投资及监制，形成文化监制、市场制作的联合模式。

电影、电视剧作为市场化程度最高的文化产品类型，采取市场制作、政府部门审核的方式，所有影视作品上线前需经广电总局审核通过后颁发公映许可证。影视作品的拍摄主题包括市场导向及文化导向。其中，市场导向型主题基于对近年来观影数据及用户观影兴趣点的充分研究，文化导向型多为主旋律题材，如《长津湖》《我和我的祖国》《觉醒年代》等。以《觉醒年代》为例，这部2021年2月上映的革命历史题材电视剧由北京和安徽两地宣传部联合摄制，由两地传媒公司承制，演员及剧组均为市场运作模式。该剧在制作过程中获得"中央文化产业发展专项资金扶持项目""北京宣传文化引导基金扶持项目""安徽省文化强省建设专项资金扶持项目"等宣传口专项资金扶持。

5. 小结

在移动互联网时代，海量信息如浪潮般汹涌，为了吸引更多关注并出色地实现展览信息的传播，博物馆必须在内容承载、形式设计等方面进行大胆的革新，以顺应时代的步伐。

现有展览的组织运营形式，暴露出管理模式僵化、沟通成本高企、运作周期漫长、展览受物理空间限制等问题。在互联网思维的驱动下，展览行业实现了从管理、策划、运营到传播等各个环节的全方位变革。

电视、网络等传播媒介，为博物馆展览注入了新的活力。这些媒介不仅能

有效地弥补传统展览的短板，还大幅提升了展览的传播效能，吸引了广大群众的关注和兴趣，进而更好地履行文化传播的社会使命。

通过对近年来的联合展览案例分析研究，本章探讨了博物馆跨区域联合办展的历史背景、传统展览模式的局限性以及当下城际联展的创新与局限，提出立足博物馆立场的"三城展模式"，力图为"展览传播产品"的研发路径提供一套可供参考的新模式基本架构。该模式具有多种运用案例，包括多主题、多城市、多触点等。"三城展模式"将展览分为主会场和分会场，主会场在线上，分会场在线下。线上展览为主会场，线下展览为分会场，通过线上展览向线下展览引流，并逐步联通三城旅游。

本章中"三城展模式"的创新点在于：①"三城展模式"是一种实物和数字媒介虚实联合的展览方式，为未来城市间跨越地理边界"同时空"联展提供可复制的新型联展模式。②"三城展"展览文化品牌作为"超博物馆体系"的产物，在实施过程中对各博物馆间的协同联动提出更高要求，也对国家博物馆及宣传部门提出全新的工作要求。③"三城展"将个体展览由终点变成管道，线上成为唯一的主会场。增强粉丝观众为展览跨城流动的驱动力，由此进一步带动城市文旅发展。④"三城展"产品可基于同主题为不同的参观者提供分众化的展览产品体系。⑤"三城展"可持续性地将优质展览产品化研发，为中国博物馆展览季的实施提供高质量的博物馆自有文化品牌，并不断丰富"中国数字博物馆平台"的展览数据库。

该模式的探讨涉及具体企业的商业运营方式、工作展开方式、平台搭建技术方式等方面。数字技术手段极大地丰富了展览手段的可玩性，实体展览的传播价值也将被无限放大，展览的趣味性及可复制性更强，进一步放大实体展品的内在价值。

"三城展模式"在区块链"多主体、去中心化"思想的引导下，能够创造性地解决当前时代博物馆展览工作中的诸多挑战，助力展览更好地传承文化、提升社会价值，使博物馆在文化传播的道路上行稳致远。这种全新展览组织模式有一定的推广意义与价值。

作者简介

赵磊　西安美术学院设计艺术学院展示设计艺术硕士在读。

2017年获西安美术学院设计系展示设计学士，2017—2022年于北京清尚建筑装饰工程有限公司从事博物馆展陈设计工作，工艺美术师。

研究方向：展陈设计、博物馆展示空间设计。

发表论文：《创新展陈工程中的装配式应用：以北京市档案馆"档案见证北京"展为例》《浅谈博物馆展示设计中的叙事性应用》《"盐"与"城"——盐城市博物馆新馆设计巧思》。

参与项目：武汉自然博物馆、故宫博物院"爱琴遗珍"安提凯希拉沉船展、首都博物馆"重生"巴洛克时期的西里西亚展、故宫博物院永和宫"御医药文化展"、北京市档案馆"档案见证北京"展览、"人民至上 生命至上"武汉抗击新冠肺炎疫情专题展、湖北省博物馆"华章重现"曾世家文物特展（第二期）、盐城市博物馆EPC。

第六章

中国档案馆展览展陈传播研究

满思宇

| 摘要 |

　　档案展览是利用档案资源服务社会、实现档案价值的重要路径之一。近几年来，随着中国公共文化建设工作的推进，档案馆展览的市场需求和民众需求增加，从观众的视角来说，档案馆展览和博物馆展览在观看和体验上没有太大区别，然而对于档案馆的管理方以及展览设计方来说，档案馆展览和博物馆展览在展陈结构和设计重心上存在一定客观区别。

　　相较于相对成熟的博物馆展览，我国档案馆展览的起步时间较晚，在过往的档案馆展览建设实践中，档案展览基本沿袭博物馆陈列展览的相关规定与呈现形式，暂未形成一套统一的行业标准。为此，讨论档案馆展览不得不依托于博物馆举办的器物展览，将两者进行对比研究，分析两种展览的异同。

　　因此，本章从档案馆自身的功能属性出发，结合工作实际，分析了档案馆展览在社会使命、展览内容、藏品和展览传播逻辑上与一般博物馆器物展览的区别之处；进而指出数字时代档案馆展览的发展优势。在展览策略方面，提出档案馆展览搭建的三个层次，即物——文字——故事；特别指出了在档案馆展览设计中，设计方围绕信息如何实现"空间转译"的策划工作，以及其在展览"顶层设计"环节中的重要性。最后从设计档案馆专属的建设造价体系和拓展展览新形态两个方向提供档案馆展览建设的提升意见。

第六章　中国档案馆展览展陈传播研究

1. 研究背景

档案馆展览的市场需求和民众需求增加

"档案展览"是档案馆对馆藏档案提供利用方式和宣传的重要手段之一，是档案馆向社会宣传档案、增强社会档案意识的重要手段，也是公众端展览文化盛宴的重要组成部分。在党的十一届三中全会之后，我国档案展览工作呈现出蓬勃发展的局面。中国第一历史档案馆、中国第二历史档案馆、北京市档案馆等各级档案部门积极举办了各种类型的档案展览。2021年6月9日，中办国办印发的《"十四五"全国档案事业发展规划》一文明确提出：通过展览陈列、公益讲座等形式加大档案资源开发力度。

随着档案馆展览开发范围的扩大和展陈形式的推陈出新，民众对于档案馆展览的兴趣和关注度也逐渐提升。据国家档案局官网统计，2022年，全国各级综合档案馆举办档案展览3115个，接待431.3万人次参观展览。以北京市档案馆为例，自北京市档案馆（新馆）投入使用以来，截至2023年6月，已经举办了17个展览，累计参观人数超16万人。

档案馆展览已经成为展览领域的一个新趋势。在市场需求和民众需求增加的大背景下，档案馆展览的参观受众更趋多元，展陈手段更趋多样。如何在众多展览领域中保证展览质与量的双提升，是当前档案馆展览建设研究中亟待解决的新课题。

展览行业对档案馆展览的特殊性认识不足

从观众角度来说，档案馆展览的观展体验与大多数博物馆展览，尤其是纪念类博物馆的展览并无明显区别。在展览类型上，两者主要包括基本陈列、专题展览、特藏展、网上展览等；在实体展览的展陈形式上，主要由实物橱窗、图文展板、展墙、多媒体、场景模型等构成；展览布置方式上都是在有限的空间内，将展览内容和展品延展线布局。

对档案馆的管理方来说，档案展览是利用档案管理机构的档案资源服务社会并实现档案价值的重要路径之一。高质量的档案馆展览需要起到以下作用：①档案展览作为档案馆阅览服务的补充，可以满足不同类型参观者对档案不同层次的利用需求。②档案展览对档案和档案工作积极有效的宣传，综合体现档案管理水平，是社会各界了解、认识档案工作的一扇窗口。③档案展览是社会教育工作的一个组成部分，在加强社会主义精神文明建设方面发挥着重要的作用。

因此，在展览策划和设计上，档案展览是否具有"档案味"是评价一个档案馆展览水平高低的关键因素之一。

然而对于展览行业来说，博物馆展览的发展较之档案馆展览更早且更为成熟和规范化，在很多展览设计公司的业务组成里，档案馆展览的占比并不大，也极少有展览公司将档案馆展览的设计建设作为特殊的独立业务板块。因此，很多设计师在面对档案馆展览设计时会习惯性地按博物馆展览的设计思维进行展开，在形式设计和内容策划上基本沿袭博物馆陈列展览的相关规定与呈现形式，而忽视了档案馆展览在功能属性上的特殊性。为此，如何在充分汲取博物馆对于器物展览的成熟经验前提下，清晰认识"档案展览"的独特展陈设计策略，成为"档案展览"这一新门类发展需要面临的重要任务。

本章从档案馆实体展览入手，通过对档案馆展览和博物馆器物展览的对比，分别论述了三个问题：第一，对比档案馆与博物馆的社会价值，档案作为"历史证据"的特性使得档案馆展览传播呈现实物与文字内容分离的"双中心"特征；第二，档案馆展览搭建的三个层次及档案馆、博物馆、美术馆展览在各层次上的占比区别；第三，由档案馆展览设计特殊性推导出档案馆展览需要设计专属的建设造价体系，以及在数字背景下档案馆展览增加新功能、拓展新领域的可能。

2. 档案馆展览与博物馆器物展览

档案馆展览与博物馆展览的社会使命

博物馆展览的社会使命
如本书聂老师所述：中国的博物馆展览，是"讲好中国"的有力抓手。将"史书记载"结合"学术研究成果"以具象的方式在博物馆实体空间或线上空间里呈现，以历史课本的"背书"，加上文物珍品的实物展出，在完成历史文化教育的同时烘托文化和历史的崇高性和权威性。

档案馆展览的社会使命
（1）**国家大历史视角下的历史文化保存和展示**

我们国家的档案始终作为中华文明的见证有序传承。中国古代的体制背景是长期大一统的中央集权，中国古代的档案管理机构一直高度集权于中央权力机构，受最高统治者直接管辖，①并且有统一的档案管理机构网，从中央到地方逐级下沉，执行统一意志。

与国外相比，从档案工作的发展来看，西方的档案工作从客观来说比中国更早进入成熟期，但是通过研究可以看出西方档案事业的社会背景与中国是完全不同的。"古代西方由于大部分时间处于封邦建国的松散状态"，"档案工作与图书管理工作、编史修志工作的联系都不太紧密"②。缺乏一些以国家意志为主导的大文献，对于国家大历史的书写是片段性的。因此，对于中国的档案馆展览来说，在国家大历史视角下，对中国传承有序的历史文化的保存和展示是其重要的社会使命之一。

新中国成立之后，虽然档案工作成为独立业务，但是与社会发展的方方面面息息相关。70余年来发生的重大事件，无论是奥运会、冬奥会等国际重大赛事的举办，国家对于新建国家级开发区的批复，抑或是重大单体公共建筑项目的建造，所有重大事件的起点都是档案。因此，中国的档案展览的叙事始终在一种国家角度的大历史叙事的语境下，在不同历史阶段下都是整个国家的社会意识和民族情感的重要载体。

（2）中国近现代史的最可靠出处

档案的社会价值评判标准与传统文物不同。档案所记录的内容是清晰、确定的。档案是人们在社会实践中直接形成的原始性信息记录。③其具有凭证和情报价值，在社会发展中起着独一无二的作用。档案的社会价值判定和在历史上的地位评价不由考古单位对于文物的评价标准决定。

中国历史的发展充满了波折，尤其是在中国近代史发展过程中，因为战争等客观原因，实体文物的保存充满了不确定性。加上距今年限较短，很多有

---

① 高研. 实体档案展览研究 [D]. 苏州：苏州大学，2014.
② 刘荣. 文化差异对中西档案事业发展的影响 [J]. 兰台世界，2013（11）：9-10.
③ 陈虹君. 我国当代博物馆与档案馆之比较研究 [D]. 长春：吉林大学，2005.

凭证性的实物不足以上升成为文物。但是从档案的概念来说，档案除了文书以外，类型还包括照片、影片、实验数据，印章、奖状、锦旗、胸牌等具有清晰明确的原始记录作用的实物。因此，档案成为中国新现代史的一个特别的也是最可靠的出处，档案馆展览作为中国新现代史的重要权威展示和宣传途径之一，其公众价值、文化价值和历史价值在展览领域中独树一帜。

在这一背景下，很多档案馆展览的内容主体其实是以档案为凭据展示的中国近代史发展。同样，很多革命纪念馆虽然从类型上属于博物馆里的一种，但是从展览内容诠释方式上也近似于档案展览。由此也可以看出，关于档案馆展览的研究对于大量增加的红色展览同样起到启发作用。

档案馆与博物馆的展览藏品区别

博物馆的展览藏品

博物馆实物藏品的挖掘充满偶然性，发掘地点分布也较零碎。高品质的博物馆展览需要充足的文物藏品进行支撑。"展品形象资料是博物馆展览的'主角'。博物馆展览主要通过展品形象资料作为媒介来传播展览的观点和思想、信息和方式，通过展品形象资料这一特殊语言来反映展览的内容，体现展览的主题思想。并且，展品形象资料的丰富程度和质量高低将直接影响展览传播的效果和质量。"[①]

在最理想的状态下，博物馆展览的"时间叙事"有时代连续、品类多样的实物藏品作为"物证"。但是为了在展览里完成尽可能完整的历史叙事，讲清、讲全本地文化，博物馆的展览在优先选择器物作为展品的情况下也会选择档案作为展览藏品的补充，但是形式上多为复制品或图文版式。

---

① 国家文物局，中国博物馆学会，中国文物报社编.中国博物馆陈列精品图解（四）[M].北京：文物出版社，2006.

档案馆的展览藏品

与博物馆不同，档案馆的展览藏品天然地具有系统性的优势，这和档案馆对档案的系统性管理工作有关。从信息的传播来说，档案信息的传播并不依靠实体，档案馆展览中的实体展品的数量和种类并不会直接影响展览的传播效果。而为了提升展览的艺术观赏性，在视觉层面更加吸引观众，在保证叙事的真实度和连续性的前提下，档案馆展览也会优先选择具有一定艺术性的实物档案进行展示。

但是由于很多有历史的实物档案处于档案馆收藏和博物馆收藏的交叉范围，最终被博物馆收藏，因此实际上档案馆展览里的实物藏品还是以纸质、木质、绢质等有文字记录的二维展品为主。古代的有：地图、起居注、碑文、简牍、帛画等，近现代档案有：文献、手稿、签字证明、报刊、信件等。

档案馆展览与器物展览传播区别

传播逻辑不同

周婧景、马梦媛在《器物展览与文献展览比较研究》一文中对两类展品所策划的两类展览进行综合界定，认为应当完成两套不同的策展理念和阐释模式。① 与档案展品相比，器物展品包含更多直观可见的信息，因此在器物展览的设计中，既可以围绕器物排布大量的辅助展示道具，也可以将器物仅配合少量说明文字独立呈现。但是，档案展品实际上是"双中心"的形态，展览中档案展品的属性既包含"文字的载体"也包含"文字内容"。并且因为档案文件的可复制性，不同于器物展品实物与信息统一的属性，档案展品的文字和载体可以分离独立。

如图 6-1 所示，"器物展览"的展示主体毋庸置疑是文物本身，"档案展

---

① 周婧景，马梦媛. 器物展览与文献展览比较研究 [J]. 故宫博物院院刊，2021.

第六章　中国档案馆展览展陈传播研究

览"的展示主体是纸片档案。两种展览从观众角度来看同样被归属到展览空间中，然而展陈中心却截然不同。

器物展览的传播重心围绕"物"而展开。展厅里的艺术场景、图文版式、多媒体交互等都是器物多维信息的延展和体验。但是对于器物的传播来说，展览里的辅助信息并不是必需的，器物的物理外壳本身就具有极高的传播能力。

著名传播学家马歇尔·麦克卢汉（Marshall Mcluhan）在《理解媒介：论人的延伸》中指出："媒介即是讯息。"但是展示的结果不仅取决于内容的真实性和完整性，还与传递过程中多种因素的相互作用有关。档案展览的传播重心更多在于信息而不是载体。因为不同年代的书写方式或自然磨损，纸面上的文

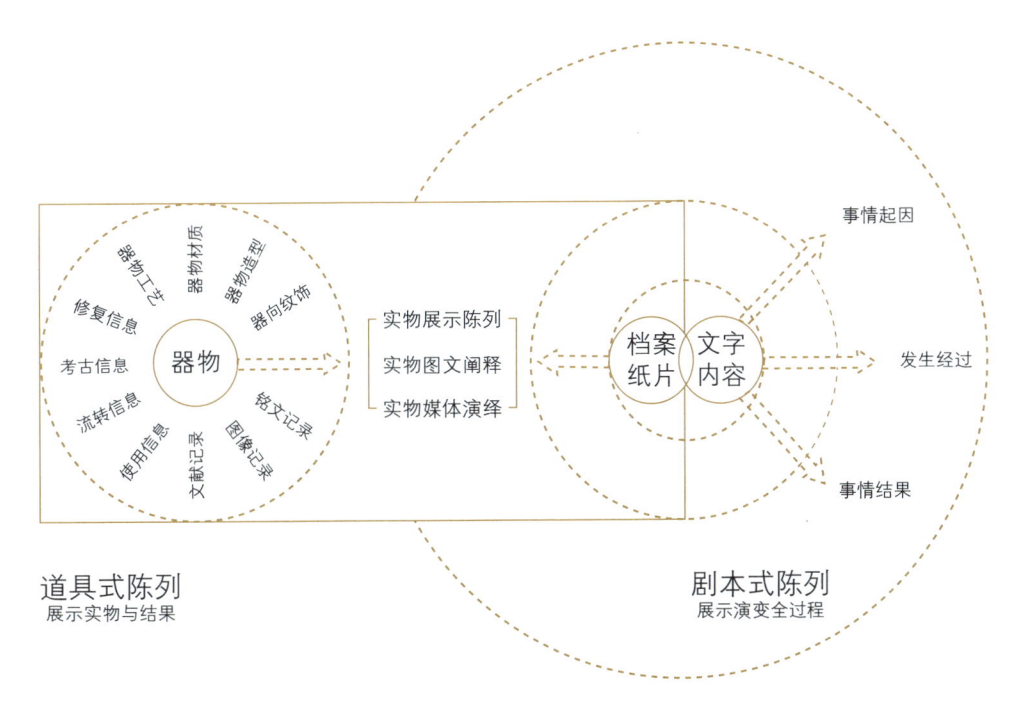

图 6-1　档案展览的"双中心"展示主体

字符号无法让观众直接快速解读。档案大多只有一个展示面，也无法像瓷器、青铜器等立体器物可以进行多角度的艺术欣赏，因此档案展览与器物展览不同，单独对载体进行集中陈列并没有太大的意义和价值。如果一面展墙展示的都是看起来外貌相似的纸片，纸片上的信息又无法让观众直接解读，那观众便会极易产生疲劳感，展览的传播效果也会大打折扣。

档案展览传播对实物的依赖性较弱

　　器物展览中最有价值的一定是馆藏高等级器物，如中国国家博物馆馆藏"四羊方尊"、湖北省博物馆馆藏"越王勾践剑"、甘肃省博物馆馆藏"马踏飞燕"等，观众前往博物馆的观展也是被器物本身吸引过去。长期以来，学界关于实体展览、数字展览两者的关系以及发展方式也有着许多不同的观点与争论。在博物馆举办的展览中，复制品、数字文物永远也无法替代真实的器物，哪怕复制品做到对器物使用痕迹的超精度仿真。

　　对于档案展览而言，能够被收录进档案馆的档案也必然是城市发展过程中的重要事件记录。档案馆拥有数以万计的珍贵档案原件以及对现当代生活全面记录的纸质、电子版档案。然而，从严格意义上来说，档案馆是"无实物"的。档案馆展览与一般器物展览相比对真实文物的依赖性较弱，且纸质藏品脆弱，易受光环境损伤，因此档案馆展览的实物藏品中复制件的比例会更大。

档案展览中纸质展品剧本属性更强

　　无论是器物展览还是档案展览，两者均是用不同的载体及不同的视角在展现某段历史事件。例如，北京市档案馆"档案见证北京"展览策展立意为以档案为载体讲述北京近百年的城市发展与历史变迁。器物展览的主体展品是以"三维器物/立体"为主体的展示方式，而档案展品是以"二维档案/纸片"为主体的展示方式。从某种程度上来说，档案展品缺一个维度，本质上是一个剧本或故事，尤其档案的社会价值又高于一般文物。因此，需要大价钱置景，需要大量模型、视频和其他补充内容，所以档案展览的投资比一般展览投资高。经对比发现，器物原件是历史演绎中的情景"道具"，而档案原件是历史演绎的真实"剧本"。

在这一类以"器物"为核心叙述历史的展览中，三维立体的器物本身便吸引了大量文物爱好者及研究人员驻足参观，各类展陈手段在这里仅作为衬托器物的"绿叶"，不能喧宾夺主。当然，在以器物为核心的展览中，展品也包含县志、文献、档案等纸质类展品，用以佐证历史，但是这一类展品占比甚微。然而，在以档案馆为代表的"档案展览"中，档案是唯一的主体。虽然档案馆中收藏的档案藏品包含纸质档案、音像档案、照片档案以及现当代重大事件的部分实物档案，但档案展览的展品主体当之无愧是"纸质档案"，最珍贵的也是定期解密后的纸质档案。本章中讨论的"档案展览"主要聚焦在以纸质档案作为展览主体时，展陈体系中所存在的一系列问题。

数字时代的档案馆展览

档案展品"双中心"的特征导致展览信息的组合传播既有载体与文字剥离、相互独立呈现的状态，又有文字与载体统一传播的状态。这使得档案展览的传播比器物展览多一个层级，在实体展厅中信息组合的复杂程度也要高于一般器物展览。

随着数字化时代的到来，档案馆展览可能迎来弯道超车的机会。由于档案以二维平面展品为主，加之其主要内容就是文字图片，所以与其他文物相比，档案更易于通过数字扫描入库，最终实现数字化展览。比如，可以对档案文献进行数字化处理，再根据分类形成不同类别的目录，最终形成完整的可供线上阅读的档案数据库，便于读者入馆或者网上随时阅读学习，同时也使档案线上展览有充实的素材基础。档案的线上展览既可以保护档案原件，还可以结合

"知识图谱"等技术重构故事的来龙去脉,这一点在某种程度上甚至优于线下展览。

现场观看的沉浸式感受和情绪化的渲染也可以搬到线上展览中,与本书中所讨论的数字时代博物馆的发展趋势类似,一个基于实体空间,一个基于线上传播,相互补充,相互支撑,未来向着两套不同的创作模式发展。

3. 档案馆展览的三个层次

第一层:实物

展览的基础层是"实物"。正如贾尔斯·维拉德所言,"任何脱离实物的叙事性质的陈列,成功的希望都是十分渺茫的。一个陈列,只有以实物为基础,组成它所要展示的整个发展序列,这才算是成功的"[①]。档案馆展览的实物展品可以是一张手稿,也可以是作为档案的文具、印章等。实物的展示通常被放置在专业的展柜中。展柜类型多样,常用类型有独立柜、通体柜、桌面柜、壁柜、台柜等,根据展品的数量、尺寸、摆放位置的不同进行选择。在展品陈列布置设计的过程中,需要利用不同的灯光、不同的色彩、不同的材质来美化和装饰实物展品,才能让观众更加深刻地感受文物展品的审美价值与历史内涵。

需要特别注意的是,档案原件陈列大部分是室内展出,因此灯光设计是档案馆展览实物展陈的一个重要环节。另外,很多古代档案年代久远,纸又有一定的脆性,必须合理利用灯光,防止灯光产生的高温对展品造成伤害。因此,

---

① 贾尔斯·维拉德. 博物馆陈列设计概述博物馆研究[J]. 1992, 4: 9.

灯光设计最基本的原则是突出展品、光线柔和、回避紫外线等。

从展览的目的来说，只有"基础层"的精品器物也是成立的，但是普通观众往往无法仅靠对实物的欣赏真实全面地了解与其相关的所有历史信息，想要继续对"实物"蕴含的内在信息进行深入诠释，需要通过补充"文字"和"故事"来实现。

第二层：文字

第二层，是档案的实物载体上记载的文字。档案管理大量的是文字逻辑，它的本质不是内容，它的本质是文字。文字里涉及多层内容，如：①文字写了什么？第一步是需要将实物载体上的文字转换成可现代化阅读的文字。为了便于观众阅读，展品上模糊不清的字迹需要在专家鉴定后以图文的形式进行注释。还有很多档案的文字内容往往晦涩难懂，纸质档案所记载的内容、书写方式等有历史特点，如唐代的珍贵纸文书有授勋告身、账单、私人信札、书籍册页等，撰写方式与现在的文件区别很大，这就需要展示时在字迹清晰可见的基础上用现代的表述方式进行翻译。②谁写的？名人手稿和签字证明也是档案展品中的大头，且具有历史价值，如国家领导人的书信、社会重大决策的批注等。

实体展览中，介绍性的文字和图片多用静态展板进行展示，布置的位置尽可能靠近展品，进行准确对应，一些重要展品的额外内容较多时也可以结合视听交互，让观众依靠讲解器等辅助工具进行体验。

这种展示方式在信息的传播上比实物的柜内展示更加直观，同时也是基础层信息的进一步拓展。这种展示方式在其他文化机构的展览中也有着广泛应用，如博物馆展览里对青铜器上的铭文展示，艺术馆、美术馆展览中对书画、书法作品的展示等。

档案具有作为"证据"的凭证功能，在展览时也必须体现出这一特征。因此，在展览设计时除了以"专家视角"对档案的基础信息进行介绍外，为了提升观众的认可度，达到情感上的共鸣，档案馆展览在建构时需要更多地从"观众视角"出发，将陌生、难以理解或不易表达的东西翻译转换成可懂、易理解的东西，也就是展览设计中常说的"叙事"。

第三层：故事

"叙事"一般说来就是展览在以"故事"的方式向观众进行内容阐释，这是展览中更高的一个层次。所有档案实物本质上是证据。其实严格来讲，其他的博物馆里的文物类也是证据，但是其作为"证据"的真实感比档案稍弱，因为大众对于档案的真实度有普遍认知。档案作为"凭证"，不仅字面上的内容是证据，一份档案流转、审批过程中的标注也是证据。比如现代很多城市开发修建的决策，可以从档案中确定是谁起草的、是谁审批的，修建过程中发生过什么变动，这其实也是中国现代历史的内容。为了体现档案的时代价值，拉近观众与文本的距离，让观众在碎片化的档案中了解事件全貌，展览时需要以事件切入，将档案故事背后的来龙去脉交代清楚。既要有国际视角，又要用通俗的语言、丰富的表现手法，使故事更有感染力，创造出一种能让现代人看得懂也爱看的档案故事。比如介绍三峡大坝建设工程的档案展览，建设过程中的一些重要的会议节点、举办人员和参会人员也都会在档案上存有记录。展览在设计时就需要充分考虑故事的逻辑、情节、展示手法、叙事视角等关键要素。形式设计上需要通过空间布局、氛围灯光、场景模型结合媒体交互打造沉浸式观展体验。

对于档案馆展览来说，实物档案在艺术吸引力上较弱，普通观众更是难以直接看出历史感。因此，档案馆展览信息传播的"故事"层在展览中的表现非常重要，对于大量的外行观众，它的信息传播效果甚至优于第二层级的"文字"。

档案馆展览设计工作重心

以上三个层次的划分并不是由档案展览的技术逻辑决定的，而是基于对档案内容的分解和重构。对于一个具体的展览来说，这三个层次可以独立存在，也可以共同形成一个完整的展览信息体验系统，随着层次的逐步提升，观众观展体验的丰富度也逐级增加。在不同的展览项目中，根据展品、场地、主题、成本预算的不同，三个层次的占比侧重有所不同。

表 6-1　展览建设配置表

主要环节	工作模块	"实物"设计表现	"文字"设计表现	"故事"设计表现
顶层设计	馆方策划	●●●	●●○	○○
	设计方策划	●○○	●●○	●●●
方案设计	空间设计	●●○	●●○	●●●
	平面设计	●●○	●●●	●●●
	文物保护	●●●	●●●	●○○
	文物陈列	●●●	●●●	●●●
	照明设计	●●○	●●●	●●●
	多媒体展项	●○○	●●●	●●●
	非标艺术品	●○○	●●●	●●●
深化施工/重点设备	文物展柜	●●●	●○○	●○○
	照明灯具	●●○	●●○	●●●
	多媒体设备	●○○	●●○	●●●
	信息设备	●●○	●●○	●●●
	展览智能化	●●●	●●●	●●●
	维保	●●●	●●●	●●●

如表 6-1 所示，展览的搭建工作从工作流程上主要分为"顶层设计—方案设计—深化实施"三个大体步骤。需要特别注意的是，无论是档案馆展览还是一般的博物馆器物类展览，其"顶层设计"环节都是由馆方策划人员与设计配合单位的策划人员共同合作完成的。但是档案馆为了提升展览易读性，对于信息的"叙事性转化"有着更高的要求，也就意味着档案展览的设计中对实物的搭建和对实物空间营造这件事的占比更高。

也因此，在不同的展览逻辑下，展览"顶层设计"环节中馆方和设计方的策划占比各有不同。档案馆展览的策划工作重心更多的是把档案的"故事"翻译成空间，翻译成形象。想要达到以上目标，就需要设计更多地进入策划过程，而且在策划的过程中居重要位置。在前期的统筹工作中不仅要考虑好形式语言进行表达的方案，还有大量的工作是高频率地和档案馆方或博物馆方进行沟通，以保证内容的真实性和准确性。此时，馆方策划人员的主要工作更倾向于展示材料的选择和对内容、主题的把控。相比较而言，在以器物为主导的展览中，设计单位的策划工作的比重相对弱一些。

除了档案以外，还有很多兼具文献和艺术品的书画类作品，如介绍了古代车舆、宫室、兵器以及礼乐之器等的制作工艺和检验方法的《考工记》，美术馆和艺术馆展览的艺术家采风手稿等。在进行作品介绍和专题展示时，为了让观众对于作品创作的时代背景有更直观的感受，也需要通过场景、半景画、装置艺术品的方式营造特定主题的环境氛围，将书画上记录的场景以可视化方式进行还原。因此，以上三个层次不仅会体现在档案馆展览中，对于展示文献、古籍、书画等有文字记录的实物载体的博物馆、美术馆和纪念馆也同样适用。

4. 档案馆展览建设提升策略

设计档案馆展览专属建设造价体系

充足的展览经费是开展展览工作的物质基础和物质保障。现行档案展览建设基本参照博物馆展览建设标准，然而档案馆展览拥有其独特的展示特点与难点。

从展览设计施工角度来说，通过以上讨论我们得知了档案馆展览设计中"故事"表达的重要性。为了增加故事的真实性，打消观众的怀疑心理，必须在展厅建设中尽可能细致充分地还原、重建当时的历史和社会背景，还原文字背后的历史环境和历史事实。这在展览项目建设时需要更多资金投入在装饰装修、场景、模型、多媒体中。更多的非标艺术品和空间里的定制化造型也意味着更高昂的设计费用、工程周期、成本原料和人员投入。

从团队组织上来说，想要展览里完成"文字—故事—空间"的转译，需要多方专业人员的参与，如档案馆方专业人员、历史学专家、展览策划团队、设计施工团队，以及灯光、多媒体、艺术品、沙盘场景等各专业分项。从方案的把控到设计深化实施，都需要比一般器物展览更复杂的团队配合。在设计团队的内部，也需要既懂策划又懂设计的全案人才。

加之互联网时代的到来，碎片化阅读及个人数字档案数据的爆发式增长。从档案的传播效果来看，实体档案展览的建设需求往往比一般的器物类博物馆展览更为复杂。纸质档案上记录的文本内容对场景、模型、多媒体、互动体验等展示手段的依赖性更强。数字时代的技术发展对于档案馆而言是一剂加速剂，AI技术的发展对于档案的数字化收集、调阅、展示提供了全新的可能性。

为此，档案展览建设不能仅依托于建筑装饰工程建设逻辑，而且需要考虑多种因素，对档案展览建设工程体系进行独立设计。例如：

定制具有档案展览特点的工程造价体系，对档案馆展览的成本预算要有更客观的认识。

研究线上档案展览建设的流程及建设方式。目前，线上档案展览建设主要形式为 VR 实景环扫，依托于对真实展览空间的简单镜像，形式较为单一，缺少真实性、体验感与独特性。未来，档案展览建设资金可围绕微信小程序、App、融媒体平台等方式综合开发，强化后期运营工作对展览传播的价值与意义。

推出走出场馆的智慧"微档案馆"

2023 年 2 月，北京市文物局发布的《北京博物馆之城建设发展规划（2023—2035）》中提到，在各类城市公共空间因地制宜设立一批具有传播功能的"微博物馆"，为市民和游客提供更多近距离接触文化展品的场景。参考这一理念，近年来，各级档案管理机构也在不断积极寻找让档案服务更好地契合群众需求的新场景与新方式。例如，上海市档案馆、长宁区仙霞街道共同打造的"城市忆空间——档案文化社区体验馆"，该体验馆除了提供展览陈列服务外，还提供书刊阅读、文化服务等功能，并定期举办档案文化沙龙和讲座论坛等形式多样的文化活动，充分活化了档案资源，将档案文化服务进一步下沉到基层社区。

为了更加充分利用档案的文化价值和社会价值，将档案文化的传播覆盖更多人群，各级档案馆在档案展览的策展中，可在更多城市公共空间内开展档案展览内容的情景化展示，以"微档案馆"的移动展览馆形式将档案进行传播推广。除了建立独立的档案体验空间，档案馆还可以积极与外部机构和企业合作，利用展墙、宣传栏、历史文化遗产要素、数字屏幕、艺术装置等多种形式，以"微档案馆"的方式传播档案文化，促进文旅经济发展。

"微档案馆"的形式应不局限于档案馆里的展览空间，而是以档案和城市的融合为目标，依托城市建设和大众日常生活中的文化需求，走出档案馆，吸引更多市民关注档案、了解档案、喜爱档案，发挥档案展览的社会使命。

重视展览建设前中后的用户体验研究

在国家政策的引导下，文化展览行业蓬勃发展。伴随融媒体传播手段的进步，观众对展览文化盛宴的体验感要求逐步提高。本书关于博物馆"适老化"提升中，将观展形成分为观展前、中、后期，并根据不同阶段的观众需求对展厅空间进行有针对性的改造升级。

以此类推，同样是以展览传播的方式进行文化推广，档案馆展览在工作流程中可以结合用户需求，适量地把一些宣传工作前置。以北京市档案馆为例，北京市档案馆新馆开馆展览"档案见证北京"在内容传播上采用了线上线下同步宣传的方式。首先，从新馆开幕就开展了与展名同名的"档案见证北京"文化讲座，该讲座作为展览内容的线下拓展，受到了很多档案和历史爱好者的追捧。与此同时，馆方还积极运用传统媒体和新媒体结合的传播路径，在广播电台、电视台、自媒体平台三方都展开了积极宣传，极大地扩展了传播范围。"档案见证北京"不仅是一个展览名称，也是通过档案了解北京文化的综合窗口。

前文曾提到，纸质档案展品存在信息与载体分离的特征。未来在新展览建设前期，策展团队可充分利用融媒体工具进行用户研究，围绕档案里记载的故事，以小型线上展览的方式在网络平台上进行话题热度测试。"线上展览"推出后，平台的用户数据及点击数据为后续展览的精准开发与迭代提供数据支持。后期实体展览的建设可以是对线上高热度系列故事在真实空间中的复刻体验以及档案文件陈列，这种方式可以在保证连续性的同时也不失可读性，并且也可将线上流量高效率引导到线下空间。让实体展览在正式开展前先有好"口碑"，观众被线上展览和线上内容吸引，便会更期待参观线下展览，也会对档案展览的预告持续保持关注，从而达到展览工作的良性循环。

5. 小结

档案馆展览有其无法替代的当代社会价值，从展览设计的技术层面来说，档案馆展览的技法与其他同类文化机构（如博物馆展览）并无明显差异，但是档案的真正价值并不在于实物，而是它代表的历史真实性。

对展览行业从业人员甚至一些档案的开发利用人员来说，我们需要对档案和一般历史物证的区别和联系有着清醒的认识，既要明确各自的差异，又不能忽视它们在进行历史塑造上的联系、在实践中的合作与交流。

就目前我国档案馆展览的实践案例来看，对于第一、二层级"物"和"文字"的表达还算充分，第三层次"故事"的表现水平水准不一。虽然档案馆展览在政策推动下基本普及，但是区域间的省级大型档案馆展览和中小型档案馆的展览质量落差较大。主要问题可能出自几个方面：

第一，不同地区展览设计和策划团队对档案信息进行拆解重构的意识有差异。在实物藏品充裕或藏品艺术品质较高时，片面地强调了档案展品的观赏性而忽视了档案作为"证据"的意义。而另一个极端情况，当档案藏品过少时，为了在视觉层面显示出展览的丰富度，过多地使用质量参差不齐的复制品进行"堆砌"，或者直接按图文展的方式进行陈列。

第二，资金和专业人员配置不足。由上文可知，要想构建三层完整系统的展览，需要多方专业的紧密配合和大量的资金成本。对此本章提出两条策略：

① "化整为零"。可将"总展览"置于线上，线下积极打造小体量、高品质的"微档案馆"，并定期轮流更新，进而避免短期内大体量的资金和人员投入。

② 馆际协作，跨界协作。各级档案馆应善用各方优势，以数字资源或人才交换的形式协作打造高质量展览。另外，可保持跨学科的合作，积极参加博物馆、纪念馆、艺术馆等其他文化组织的展览，以其丰富的策展经验和艺术创作理念，实现优势互补、资源共享。

总之，越来越多的档案馆把举办展览作为为国守史、为民服务的重要渠道。广大群众对于档案馆展览的兴趣度和关注度也逐渐提高。认识档案馆展览的特点、了解档案馆展览传播的特殊性和展陈设计的难点，对于提高档案馆办展水平有积极作用，也能更好地思考如何策划、建设好此类展览，为思考"档案馆展览是不是展览中的一个特殊类型"这一问题提供启发。

作者简介

满思宇　西安美术学院硕士在读。

2017 年获西安美术学院设计系展示设计学士，2017—2022 年于北京清尚建筑装饰工程有限公司从事博物馆展陈设计工作。

研究方向：展陈设计、博物馆展示空间设计。

参与项目：自贡市吴玉章纪念馆、景德镇彭加上弄遗产酒店。

第七章

从数字藏品论析我国博物馆数字产品平台的构建模式

张卓雅

| 摘要 |

　　近年来，数字藏品正成为博物馆数字化建设中的重要一环。博物馆数字藏品对满足人民对美好精神文化的需求发挥了积极作用，但在开发应用过程中仍存在不同程度的困境，值得我们关注和思考。本章分析了数字藏品区别于其他国家的发展理念，提出构建适应本土化的博物馆数字产品平台，并探讨有利于塑造中国文化认同和中华文化价值观的平台运营方式，从而真正实现数字藏品在我国博物馆领域的长足发展。

第七章 从数字藏品论析我国博物馆数字产品平台的构建模式

1. 研究背景

区块链技术与 NFT

区块链作为信息技术领域的术语之一，于 2008 年 11 月首次出现在《比特币：一种点对点的电子现金系统》一文中。2009 年 1 月，第一个序号为 0 的创世区块诞生。一周后，序号为 1 的区块出现并与创世区块连接成链，区块链技术正式诞生。2021 年，一种基于区块链技术的新型数字加密货币——NFT 受到了广泛关注。与此前的比特币等同质化数字货币相比，它具有不可分割、不可篡改且独一无二的非同质化属性。换句话说，每一个 NFT 都不一样。这种非同质化属性，让其能与特定资产挂钩，可关联数字艺术品、版权、音乐、影视、游戏等多个领域，更能体现虚拟物、抽象物的价值，具有一般数字货币所不具备的人文价值属性。从技术上看，NFT 本质上是一种数字资产证明，即通过计算机网络记录交易过程，并为购买者提供数字资产真实性和所有权的证明。

2019 年 10 月 24 日，在中央政治局第十八次集体学习的过程中曾讨论："区块链技术的集成应用在新的技术革新和产业变革中起着重要作用。要把区块链作为核心技术自主创新的重要突破口，明确主攻方向，加大投入力度，着力攻克一批关键核心技术，加快推动区块链技术和产业创新发展。"同时，会议提出了探索"区块链+"在民生领域的运用，要积极推动区块链技术在多个领域的应用，为人民群众提供更加智能、更加便捷、更加优质的公共服务。

数字藏品的发展

发展与现状

随着区块链技术的发展，国内博物馆数字藏品市场迎来爆发式的增长。仅在 2022 年 8 月，全国各地博物馆发行的数字藏品就达到了数百种。从支付宝发布敦煌飞天付款码皮肤，到圆明园十二生肖人身瑞兽铜像数字藏品发布，再到国际博物馆日国内外十大博物馆推出 20 款世界著名文物的数字藏品，传统的历史文化正基于数字化技术以全新的方式呈现在大众面前。

问题与危机

目前我国博物馆数字藏品市场一片火热，发展势头正猛，未来前景广阔，但是新兴事物机遇与风险俱在，博物馆数字藏品的市场仍处于初步发展阶段。

一是开发困境。在现阶段的数字藏品市场中，原创版权侵权、同一 IP 多平台重复发行等乱象屡见不鲜，对博物馆的风险规避能力和原创开发能力提出了更高的要求。从市场反馈来看，并非所有内容资源都适合开发成数字藏品，博物馆虽然拥有得天独厚的资源优势，但如何根据消费者市场的现实需求开发双效俱佳的数字藏品，如何保有其自身文化传承和价值传递的公有资源职能仍然是一项艰巨的工作。

二是藏家需求。博物馆内储备着大量的优质资源，民众们有着许多还未满足的文化需求。数字类型的产品可以满足各个群体的不同需求，如收藏、学习、二次创作等，如相关学者在进行学术研究时缺少博物馆文物的高清数字化的数据内容。

三是经营挑战。博物馆关联的数字藏品作为一种涵盖底层技术、包含多类应用、面向前沿科技、连通虚实社会的数字文创，面临着生产与经营周期不固定、市场需求千变万化等挑战，博物馆在生产和发行数字藏品的过程中要承担各种市场风险。当博物馆的艺术文化价值介入经济交易体系，便难以通过实体经济的"标准尺"衡量其文化价值和历史精神，而往往由市场的供需关系和收藏者喜好决定。数字藏品紧俏的市场表象、屏幕区隔导致的信息不透明，最终带来市场的不稳定性和不确定性，一些平台利用花式营销手段炒高数字藏品热度，形成无意义的经济泡沫。若博物馆数字藏品的经营模式不加以规范化管理，久而久之将出现经济价值与文化价值的不平衡，使得博物馆被迫成为经营过程中过度商业化和资本化的文化工具，让原本有丰富底蕴的历史文化与文物藏品受到影响。

2. 博物馆数字藏品与数字产品的关系论析

由于不同国家的文化背景与市场环境的差异，技术变革引发的产业革新在我国有着本土化的发展道路，基于区块链技术就发展出了名为"数字藏品"的产品模式。但由于我国数字藏品出现时间短、发展迅猛的特点，新业态在日趋繁荣的同时，也面临着诸多发展上的新问题，当前所谓的数字藏品在各个行业的相关标准还缺乏统一的认识，对于数字藏品法律属性与权利配置的研究尚处于探索阶段，理论界尚未形成完整且统一的认识。但作为支撑数字产业发展的新形式，学术界需要不断更新认识，辨析该产品在我国与其他国家发展方式的异同点，避免盲目跟风而陷入困境，应当探寻出数字藏品的本质含义，找到其适合中国本土化的发展道路。

数字藏品本土化发展的内涵

在经济市场中，国外市场通常将 NFT 归类为数字资产或加密资产，国内市场则更多将其与"数字藏品"这一名称挂钩。目前，我国明令禁止开展虚拟货币相关业务，随着 2021 年中国人民银行等十部门《关于进一步防范和处置虚拟货币交易炒作风险的通知》以及 2022 年中国互联网金融协会等组织《关于防范 NFT 相关金融风险的倡议》等相关文件的发布，NFT 开启了去金融化的历程，其交易平台也纷纷改名为数字藏品平台。由此，我国数字藏品的生产、交易、流通等环节与虚拟货币划清了界限。在此背景下，"数字藏品"在我国的发展形势可被看作具有中国特色的数字产品。

在文化属性中，数字藏品是融媒体时代下我国文化创意产业实现数字化发展的重要方式，但目前在不同行业、不同市场、不同发展阶段内缺乏统一的判断，只从定义上看就不尽相同，出现了如 NFT 藏品、NFT 数字作品、数字藏品等名称。产业界和学者们对数字藏品名称上的差异化体现了对数字藏品定义及其属性界定的不确定性。纵览这些名称的构成，首先可以发现数字藏品本身对新型加密技术成分的强调，也体现该类虚拟产品与传统网络虚拟产品有所不同。故学界对国内数字藏品取得的第一个基本共识是对技术成分的强调，数字藏品为经 NFT 技术认证后的产物，享有区块链技术能提供的可确权、记录流转等信息的技术支持；第二个基本共识是数字藏品提供的是虚拟作品，既包括基于现实事物的数字化作品，也包括直接创作的虚拟数字作品。

第七章　从数字藏品论析我国博物馆数字产品平台的构建模式

博物馆数字藏品的本质——数字产品

根据博物馆学定义,"藏品是具有一定历史价值、科学价值和艺术价值,并反映自然界发展变化规律和人类科学文化进程的历史见证物"。那么,数字藏品这一名称中的"藏品"二字应当如何理解,"藏"的属性体现在哪里,究竟应该将其定义为技术发展背景下的新兴数字产品还是所谓的数字藏品,是值得思考的问题。

从艺术的角度看,一件被称为艺术品的物品,其收藏属性应当与艺术价值呈现正相关,也就是艺术价值越高的物品,其蕴含的收藏价值也就越大。若我们将数字藏品的属性定义为"数字艺术收藏品",那么此事物所蕴含的艺术性就成为衡量其价值的首要标准。然而,当前关于数字藏品的相关热度常常来源于"元宇宙"、成交的天价金额等属性。例如英国艺术家 Banksy 的画作以 NFT 形式售出了三十八万美元的高价,其原作却遭到了人为的破坏,烧毁原画的人认为原作品若在现实世界中真实存在,那么其价值就被完全绑在了实体作品上,从而使得数字形式的作品一文不值。国内也有同样的现象,在北京的一次 NFT 展览活动中,现场烧毁了知名艺术家冷军的一幅绘画作品,紧接着再将生成的 NFT 加密作品进行拍卖。由此可见,线上 NFT 形式的作品正因欠缺足够的艺术收藏价值,才需要人为地制造稀缺性,以达到提升交易价格的目的。这些事情在热闹的表象中透露着荒诞的气息,显然不利于艺术市场健康有序地发展,这种以资本逐利为导向的行为实则已经通往艺术的另一面——消灭艺术。

从历史的角度看,在出现数字化作品之前,传统的实物收藏品在即便没有艺术审美价值的情况下,仍会因为时代的变迁而具备文物价值。我们可以在博物馆看到代表着各个历史阶段或与历史人物关联的藏品,或能够反映社会制度、具有社会生产代表性的物品,例如我国唐代的《金刚经》卷子,它是世界上现存最早的印刷品,且是仅存一份的孤本,因此可被视为稀有的珍藏品。可见，从历史的角度看，具备价值的藏品首先不应有无限可复制性，无可替代的珍稀属性才让其拥有了收藏的意义。而数字艺术品因互联网的传播模式以及其可以通过科学技术无限复制的特征，使得这种产品所能蕴含的历史价值十分有限，难以产生传统历史文物的收藏价值。

综上所述，所谓的数字藏品无论是从艺术审美还是从历史的角度看，都很难支撑其名称中"藏"的含义，可以说这种由海外兴起的数字消费品本质上仍旧是一种由技术进步而发展出的数字产品，形式上是数字产品内涵之下的一个新兴分支。深入分析数字藏品的真实内涵，认清其作为可消费的数字产品的本质，才能找到它运行和发展的最佳方式。博物馆作为见证人类文明和艺术发展的机构，尤其应该在利用技术发展自身的同时，找到数字化发展的合理形式，辨析不断涌入本土的各类型产物真实的内在含义，才能体现博物馆数字化发展的真正价值。

博物馆数字产品的发展方式与价值判定

博物馆研发各类数字化产品，本质上是对馆藏资源进行数字化的设计、再现与开发，曾经爆火的数字藏品作为数字产品的其中一个方面，借助了融媒体语境下发展而来的区块链等技术手段，对这一行为的主体、时间、权属进行了不可篡改式的固定。结合我国文化数字化战略以及行业发展方向可知，博物馆发行的数字藏品以具有文化创意价值的虚拟产品为主要形式。这样的产品通过对博物馆内容的数字化阐释，并赋予其产品属性，成为博物馆在数字领域的新兴事物，实现了博物馆在数字消费领域中的发展新形式。

本章认为，在包含数字藏品在内的数字产品发行内容的选择中，博物馆既可以基于馆内实物藏品创造独特的数字文创产品，也可以发行经由博物馆审核认定后的信息化数据内容。其内容可以涵盖馆藏资源在内的数字资料、学术内容、图片影像、展览信息、音频、各类型文化数据包等，产品形式可以包含图书、手游、文创等。以此拓宽博物馆借助 NFT 技术的应用范围，将馆内的信息内容以数字化的形式开放给各行各业，这不仅有利于文化资源的全社会流动，各类型的数据内容也可供消费者用于合理合法的正规使用，如供给二次创作、学术研究等。这样一来，数字产品的功能与流转就不再伴随购买这一行为的结束而立刻终止，其价值可持续性地延伸至社会大众和各行业间内，这样既能让博物馆文化产业内部产生更多可能的碰撞与创新，也能有效扩大博物馆更全面的社会影响力，将各大博物馆内的各类型成果在各个领域间发挥最大的价值。

3. 构建中国博物馆数字产品平台的必要性

在融媒体的时代语境下，构建我国博物馆数字产品平台将为中国经济数字发展和产业转型升级提供重要支撑。平台的强有力背书将有效提升博物馆数字化内容在公众间的可信度，增强博物馆的自输血与自供养能力。规范化的博物馆数字平台具备统筹、聚合、展示、流转等综合效能，可助力数字产品的稳定、健康、创新发展，加快推动文物的数字化文化保护、宣传、活化进程，构建各地区、各类型博物馆参与的专业数字平台是十分必要的。

数字平台模式对博物馆文创产业的作用

数字技术日新月异的进步强化了媒介融合的趋势，这种趋势不断促成了各类型数字平台的发展与创新。如今，数字平台模式已成为世界经济乃至世界数字经济体系中的重要环节，一些领先的数字平台在文化输出、价值创造、市场规模等方面都产生了巨大的影响。

在传统文化创意产业的发展过程中，产业价值链以产业组织为中心，前后沿着线性的发展轨迹进行。产业组织居于整个价值链的核心，在前端连接着文化产品的创意与设计，在后端连接着产品的生产与发行，组织本身还具有"把关人"的作用。在这种价值链中，通过逐个环节的安排来创造与传递文化价值，并最终抵达用户。这一传统的产业范式的局限性在于创造者与消费者始终处于产业链的两端，在这种状态下，供给与需求、生产与消费通常是二元的，而平台模式的崛起颠覆了过去文化产业的传统的线性价值链。

博物馆各类型数字产品的发展借助数字平台的产业模式，优势体现在如下几个方面：首先，在创新性方面，平台提供了更多元的数字化内容与数字化服务的可能性，聚合创意，并通过系统化的数据分析在产品研发、营销、传播上增加新的发展机会。其次，博物馆数字产品平台本身可以构成一个巨大的存储空间，让优质的馆藏资源及相关衍生数字产品的生命周期无限扩宽，借助区块链技术的优势，让优秀的创新成果都能以可追踪的形式记录下来。最后，数字平台让社会大众有机会以不同角色参与博物馆的数字化进程中。在平台中，用户可以是消费者，也可以是了解博物馆的学习者、参与创作的创作者、产品的出售者等。不同身份的参与者通过平台资源相互连接、相互交互，不断地创造新的价值。

博物馆之于数字产品的特殊所在

经由博物馆发行的数字产品被赋予了更多要求和内涵，习近平总书记指出："博物馆是保护和传承人类文明的重要殿堂，是连接过去、现在、未来的桥梁。"在我国，博物馆起到了承载中华文明智慧、继承红色基因的积极作用，是弘扬传统文化、激发爱国热情、振奋民族精神的活力源泉，因此博物馆在数字文创领域的各类行为也需要被规范和界定。博物馆在作为数字产品发行的参与者时，具备以下几个需要考虑的特殊属性：

博物馆数字产品必须蕴含文化性

博物馆作为非营利的永久性机构，向公众开放，为社会及其发展服务，守护国家文化遗产。通过收集、保存、研究、传播和展览人类的有形和无形遗产及其环境，以达到教育、研究、学习和娱乐的目的。可见，博物馆数字产品最终发挥的作用还是要助力优秀文化"走出去"，让更多人从这些文化创意成果中受益。

发掘文物的历史内涵是博物馆数字产品具有长久生命力的重要因素，"藏品"不论是传统的实体形态，还是数字化形态，其文化价值理应得到重视。因此在数字产品的开发设计上，不应局限于"照搬""还原""复刻"等行为，要警惕这种数字仿制带来的审美的缺位和文化的离场。融媒体时代下，新颖的表现形式固然能够引起受众的注意与兴趣，但当市场趋于合理、行业趋于理性时，让人民大众持续拥有文化兴趣和消费热度的方式就是去挖掘和呈现优秀资源背后的文化内涵。虚拟形式的数字产品背后恰恰需要真实的文化内容做支撑，有文化内核的数字产品才不会是空无一物的噱头与泡沫，才更能体现博物馆的文化价值和独一无二性。

博物馆数字产品理应具备经营性

2022年4月12日，国家文物局相关司室在北京组织召开了数字藏品有关情况座谈会，指出在文物信息资源的开发利用过程中，文博单位要坚持公益属性。这对于处在风口的博物馆数字藏品，可谓是一记提醒，对今后规范化地发展数字文创产品带来了启示，意在提醒和规范博物馆数字市场合法有效地运行。

  由此可知，博物馆在推出与馆藏资源相关的数字藏品时，需要通过良好的经营把社会效益、文化教育功能及经济效益相整合，减少资本裹挟下文化审美的过度娱乐化。当文化变成资本攫取超额利润的工具时，必将导致劣币驱逐良币，使得博物馆本该有的历史光晕与文化色彩受到影响，这样不仅起不到良好的宣传作用，还会让公众对博物馆自身的形象和传播内容产生质疑。数字藏品保持高速发展的态势，需要国家机构及相关单位进行有效和规范的监管，若不站在合理的角度加以经营，久而久之博物馆在数字化发展的道路上就会被迫成为过度商业化、资本化的文化工具。

博物馆数字产品应当注重创新性

  博物馆相关文化创意产业的发展在实体产品上已经有相对多的经验积累，但是在依靠新技术发展出的数字化产品的创作与开发上还缺乏与时俱进的创新能力，相关参与者少，创作力仍然相对匮乏。在目前市面上被冠以数字创意名称的产品之中，设计水平低下、追求短期经济效益、模仿成风等现象屡见不鲜，同时也存在着创作人才不足、创作水平良莠不齐的现状。

  当博物馆数字产品的经济价值被日趋放大时，创新程度高的产品才能拔高其艺术与审美价值。历史文化和人类智慧的结晶是博物馆数字化不断创新的内容基石，也只有具备创新性的数字产品才符合博物馆的定位。因此，需要具备敢于打破常规的创新性，充分发挥人才的创造力。博物馆在为公众提供创作后的数字产品以外，也应该积极调整、灵活调动自身的角色，利用数字产品的形式为社会有创新才能的人提供养分。例如博物馆通过平台向社会公众提供可以二次创作的内容原型，既可以为博物馆带来部分收益，也有利于让未经充分开发的内容实现创新性的流转，实现数字产品赋能数字产品的双向促进作用。试想，当一个沉寂在馆内许久的内容有了更多元的机会与公众见面，必然会让数字产品的设计实现更大的创新潜力。

博物馆数字产品需要考虑安全性

当前，从我国数字藏品看整个博物馆数字产品市场的风险问题，包含着技术不成熟、市场不规范、价值不清晰、监管政策有待明确等一系列挑战，还存在大量以所谓"数字藏品"为噱头进行的投机、炒作、欺诈甚至是非法集资等行为。当博物馆在未来不断涉足数字化领域时，各个角度的安全性考虑就变得尤为重要。

一是版权安全。博物馆数字产品因具有相当的劳动价值与创造性，应与实体产品一样受到著作权法的保护。以数字藏品为例，在利益的驱动下，不少平台对内容上大多没有实质审查程序，如果发生侵权行为，著作权人最好的维权途径就是通知交易平台下架和删除产品。

二是数据安全。2021年9月1日起国家正式施行《中华人民共和国数据安全法》，从国家层面证明了数据安全的重要性。数字产品的推广一方面促进了博物馆的信息化发展，另一方面也给馆内文化资源带来了安全威胁。在博物馆为数字产品提供创作原型时，馆内藏品管理信息、文物保护信息很容易成为攻击目标。重要的馆藏是我们国家宝贵的文化资源，因此构建完整有效的信息系统安全防范体系，是博物馆在数字产业发展中不可或缺的基础性工作。同时，平台对于用户数据的储存也是相当大的挑战，互联网时代的用户数据悉数储存在平台的数据库中，在生产、运营中都高度依赖数据，但近年来企业将用户数据资产外泄、破坏、丢失的案例屡见不鲜，用户无法对自身的隐私数据进行安全保护。

由此可见，博物馆作为国家重要的文化单位，需要建立信任度高的平台维护机制，强化原创作品的版权安全与数据信息的安全，才能让数字化发展的内容得到保护。

博物馆数字产品平台的开发优势

有力的信用背书

当前，数字产品的相关市场机制并不完全成熟和规范，相当数量的数字化交易平台存在着合规缺失、技术与信息安全得不到保障等相关问题，甚至存在利用数字产品从事欺诈或非法集资等违法犯罪活动的情况，造成了一定程度上的公众财产损失，更重要的是损害了公众对数字产品本身的信任，这样的现象十分不利于推动国家文化产业数字化的发展。各地区的博物馆作为国家思想文化传播的重要场所和文化产业的主力军，是我国公众生活中十分必要的组成部分，并在长期发展中于公众间积累了无可替代的可信度、权威性与声誉力，利用官方博物馆的公信力建立专有数字产品平台，可以为数字产品的发展提供强有力的信用背书，并减轻公众对这一新兴产品的疑虑。

明确的政策支持

2022年5月，中共中央办公厅、国务院办公厅印发的《关于推进实施国家文化数字化战略的意见》明确指出，"促进文化和科技深度融合，集成运用先进适用技术，增强文化的传播力、吸引力、感染力"，为近来积极充实数字经济模型却因缺乏健全的多技术协同融合机制、合理稳固的价值体系、安全高效的智能流程以及清晰明确的发展方向而乱象频发的数字产品业态指明了聚焦文化保护、传承与传播的创新通路。博物馆作为社会公共文化服务体系的重要组成部分，要抓住政策优势。以数字藏品为例的数字产品本身就是一种技术应用，合理的开发能够助力博物馆实现文化内容数字化、数字内容资产化和文化权益自由化的目标，属于国家明确鼓励的集中强调数字资产内容价值的新兴业态，因此开发高水平的数字产品是数字中国和文化数字化战略背景下博物馆升级、重塑定位的可行路线。

第七章　从数字藏品论析我国博物馆数字产品平台的构建模式

丰富的资源储备

博物馆作为文化资源储存、传播的重要机构，具有文物资源、历史图片、史书资料、非物质遗产等重要文化资源，这些资源是博物馆开发特色数字产品的核心优势。近年来文博单位在推进文物资源数据化的成果十分显著，如中国文物信息咨询中心在 2016 年提出深度发掘第一次全国可移动文物普查获取的宝贵文物数据资源，整合省域博物馆信息资源，拓宽信息资源共享利用渠道，并对博物馆业务管理提供数据支撑。

如今，在先进技术的加持下，区块链技术带来的数字藏品这一新形式可以推动博物馆文化产业的数字化，实现有效利用和传承。博物馆数字产品平台可以整合各地博物馆独一无二的地方文化以及特色馆藏资源，通过平台规范化的引导与整合，进一步实现资源的价值多样化利用与呈现，既有利于扩大博物馆数字藏品自身的影响力，又能强化博物馆和地方的品牌标识，实现对各类文化资源的再组织和新传播。

积累的行业经验

如今，博物馆在文创领域方面已有多年的探索与尝试，在将馆内资源转化成公众喜爱的产品、将文创消费品与博物馆更好地链接等相关问题上已然积累了丰富经验。实体文化产品与数字化文化产品之间存在可以相互借鉴的广阔空间，同时线上线下产品间能相互赋能，实现博物馆文化创新产业更全面的发展。

在数字化工作模式方面，国内各大博物馆以建设智慧型博物馆为导向，依托国内大数据、云计算、人工智能等一系列新兴的技术，以互联网为媒介，已经逐步建立了数字化藏品的工作模式，并摸索出数字化资源与观众之间的双向交互模式。这些行业经验的积累，构建起了博物馆作为主要参与者开发数字产品的显著优势。

4. 博物馆数字产品平台的构建模式

平台构建的总体目标

博物馆数字产品平台由多元主体依托国家文化机构共同搭建而成，核心目的是充分发挥博物馆文化资源数据向数字文创产业发展的能力，最大化地聚合、规范并维护博物馆数字产品的相关服务，成为链接博物馆与社会公众的桥梁。通过不断革新的数字技术，为博物馆数字产品的发行、销售、服务、数据确权等多方位的服务提供助力，形成我国规范有序的博物馆数字产品本土化的互联网平台。

协同发展赋能文博文创

博物馆数字产品平台应当以让产业逐步走向规范化运行为核心要求，日益形成彰显多方合作、多维共识行业准则的场所。国家机关、博物馆、数字产品发行方、平台技术方与消费者等参与者在平台中有序交易与合作，建立规范、合理的各方收益模式，协同发展以助力博物馆文化的传承与传播，让数字化产品最大程度地为文博行业赋能。

黏性增益汇聚文化交流

鼓励博物馆数字产品的有序与创新发展，可以让兼具趣味性、社交性、文化性的博物馆数字产品成为天然的线上信息媒介，令其自带社区认同感与集体共识的归属感。平台在为消费群体提供营销新场景时，蓬勃的黏性增益能够精准汇集目标用户和高关注度话题，提升文博文创的知名度并沉淀用户，加强文化产品与消费者之间的长久联系，助力拓展文化边界，实现真正意义上的博物馆数字产业高质量发展。

安全流转降低风险危害

博物馆数字产品的健康发展需要规范有序的平台环境，需要合理化版权层次、保留创作主体部分权益的新版权理念支撑，需要制度创新驱动交易、管理、科技和产业创新等管理机制的完善。平台中的交易应以数据安全为基石，保证平台数据的可用性、完整性和保密性，形成安全健康的发展模式，平台的规范机制能够最大限度降低文化信息传承与传播中的诸多风险。

平台建设的核心要求

协同创新的内容模式

博物馆数字产品平台应强调协同创新的理念，不同地区的博物馆可通过平台审核上传符合要求的各类型馆藏内容，内容可供给社会各界进行数字产品创作、交易、流转等用途，同时支持参与协作的各地企业、消费者等各方主体通过平台进行作品认证、作品创作、互动交流、交易等行为。

有效的协调跨地区博物馆馆藏数字文化资源的共享，让安全的数据有效流动，为协同多方相关人员展开工作提供良好条件，充分发挥平台功能。同时，保证平台信息的公开性和透明性，并使平台与国家相关信用评价和评分网络建立联系，为协同共建的平台模式进一步提供硬性参考。

完善规范的治理关系

博物馆数字产品平台需要完善规范的治理关系，应处理好稳健发展与审慎监管的治理关系。

一方面，政府和行业主管部门要营造有利于博物馆数字平台成长的政策环境，给平台创造开放的成长空间，为产生高品质的数字产品和线上服务提供支撑。另一方面，针对平台的开放性和动态性，要建设卓有成效的科学评价体系，不断对其进行评估和监管策略的调整，设置平台责任的合理边界，避免出现行业垄断、不正当竞争、违法侵权、信息泄露、诚信缺失等市场失灵问题，最大限度地保护社会大众的权益，提高博物馆数字产品平台带来的文化影响力。

行之有效的商业模式

博物馆数字平台要持续良好地运营，必须具备一套行之有效的商业模式，因此在平台运营过程中不仅要提高服务质量，也要注重服务内容的多元化。

首先，平台可以借助于已有的线上用户资源和数据信息资源，与线下服务相连接。例如在平台上连接博物馆的线上线下展览，既有利于减少用户的信息搜寻成本，为客户提供多元化的服务，也可以拓展平台的营收渠道，"以虚强实""以虚促实"，提高博物馆全方位的社会影响力。

此外，为了增强公众认同感和信任感，应增强博物馆数字产品平台的品牌认知度，发挥品牌效应。例如：通过为公众推荐新用户并提供激励机制，使其增加为平台宣传的动力；或对不同年龄、不同受教育程度的公众实行有差异化的服务模式等。

平台体系的核心功能

博物馆数字产品平台首先要以构建公共、透明、安全为准则，对重要信息进行完整、可靠的记录，并且使该记录可追溯、不可篡改，实现数据拥有方、数据需求方有效连接。其次，要保证博物馆数据权益和文化安全，并实现快速、高效的数据产品集合，提升融媒体时代下博物馆数字信息的流转、利用和服务的能力。平台主要有如下几个核心的功能作为支撑：

流动循环的数据资源库

各类型的文化数据资源是支撑博物馆数字产品创作的基石，平台内数据资源遵循统一规划、统一服务、统一接入、统一治理的要求，通过博物馆提供数字资源，用户创作再流转回平台内经由平台审核后发布、出售，资源可以被用户检索、交易，形成流动的循环，成为不断丰富的博物馆数字产品的资源库。

该模式主要流程为：经平台审核后，数据提供方将数据发布、存储在博物馆数字产品平台。数据需求方从平台可检索数据，查看数据的相关描述信息，并向平台申请获取免费或付费数据资源。平台通过数据管控机制向需求方授权，数据需求方将数据下载并应用或创作于不同领域，如学术研究、设计创作、收藏展示等。

在该模型中，各主体有明确角色界限，角色之间可以相互依赖和转换（图7-1）。数据拥有者通过博物馆数字产品平台发布数据，作为信息流的起点，数据的内容及形式在符合平台规范的要求下实现多样化、全面化的覆盖。接着，再对上传的数据进行分析，判定此资源是否可被定义为数字产品，判定为不合规的产品将被返还至数字藏品资源库，各方人员可进行重新调整，判定合规的产品将进入平台。经过层层核验的安全资源流转进平台后，平台内可完成检索数据、查看数据、质量评价、发布数据订阅等需求，最终公众可在该平台上进行数据权限可信、透明、平等的共享交互，助力营造良好的博物馆数字生态环境。

虚实共促的用户服务

从用户服务的角度看，博物馆数字产品平台可以被视为内容和服务的连接器，将博物馆、企业、用户相关参与者等多元主体转化为平台用户，让其成为信息提供者、服务消费者和品牌推广者，所以平台应有运营良好的用户服务（图7-2）。在线上，应与社群深度互动、挖掘用户数据、培养潜在用户。同时，博物馆可定期举办线下活动，促使"弱关系"（观众）向"强关系"（用

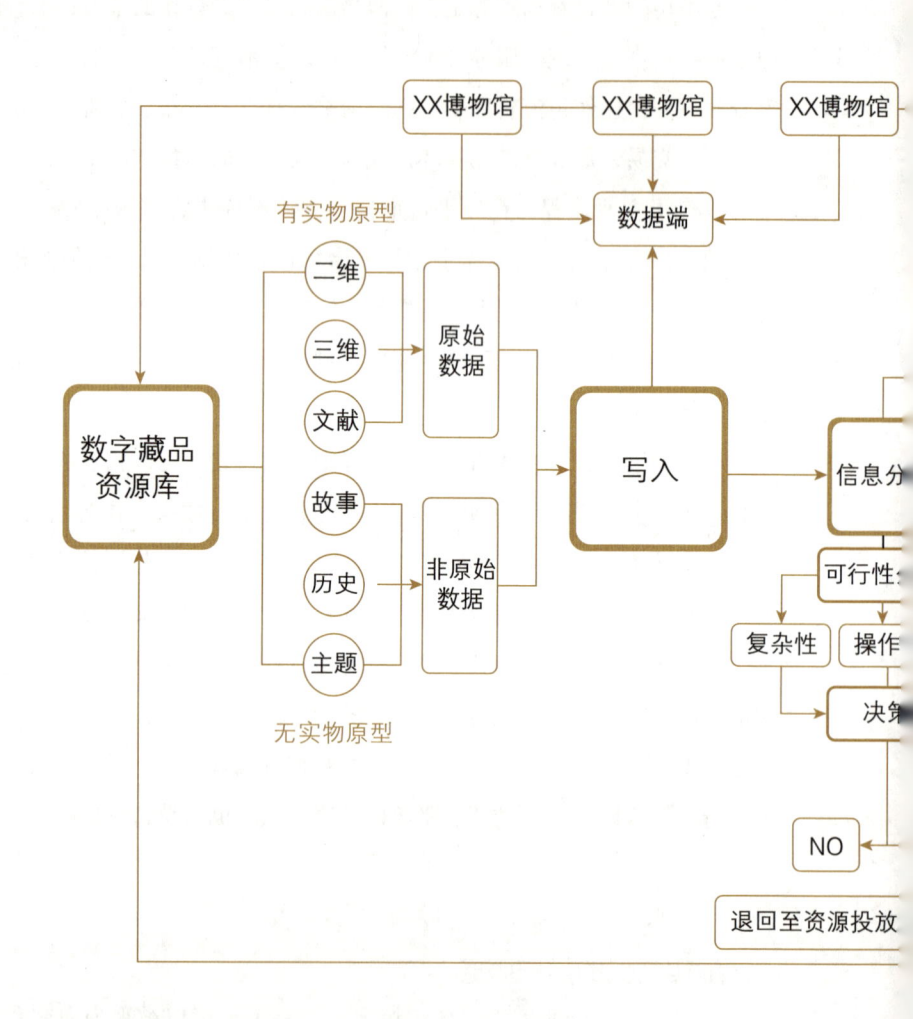

图 7-1 数字藏品平台资源运行流程图

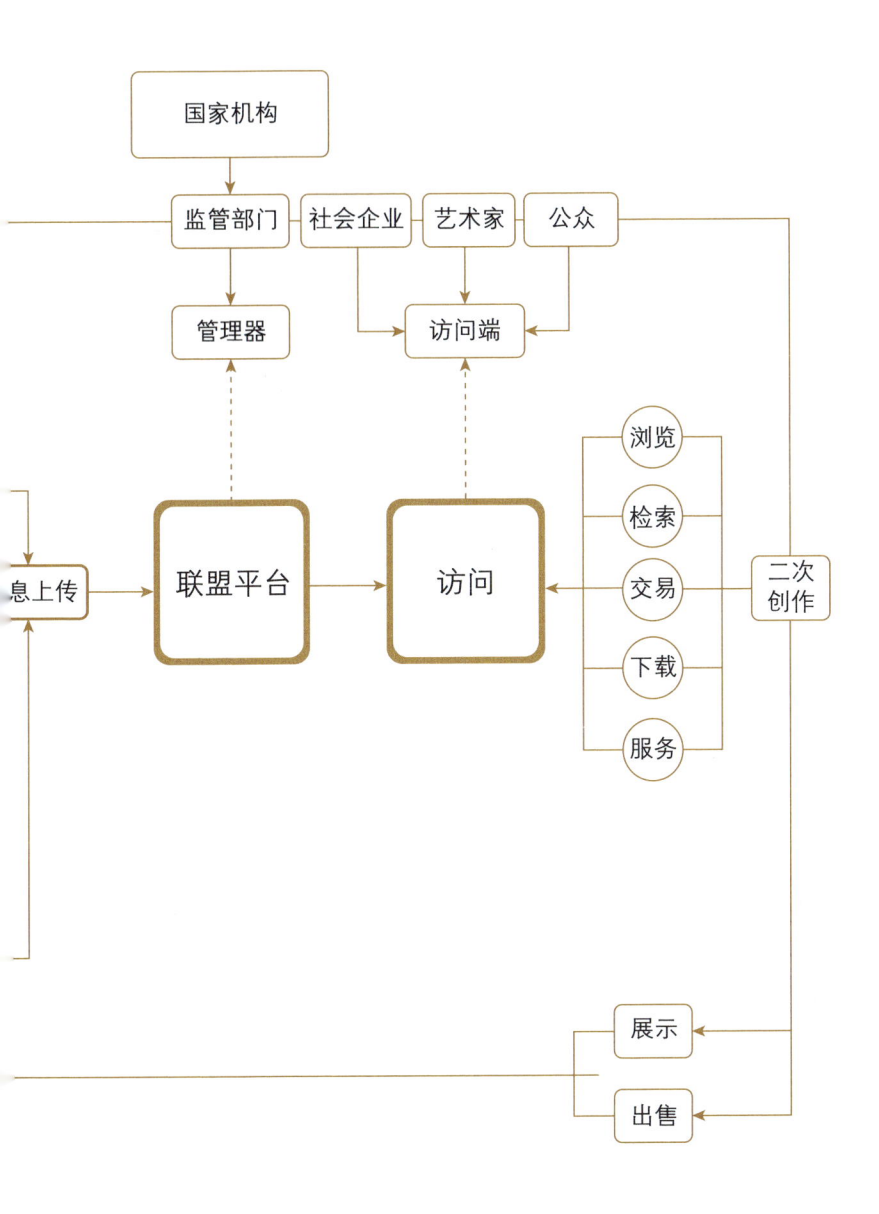

第七章　从数字藏品论析我国博物馆数字产品平台的构建模式

```
国家机构
   ↓
监管部门   社会企业   艺术家   公众
   ↓           ↓      ↓     ↓
管理器        访问端
   ↑           ↑
   ⋮           ⋮
联盟平台 → 访问 ← 浏览
              ← 检索
              ← 交易 — 二次创作
              ← 下载
              ← 服务

信息上传 → 联盟平台

二次创作 → 展示
         → 出售
```

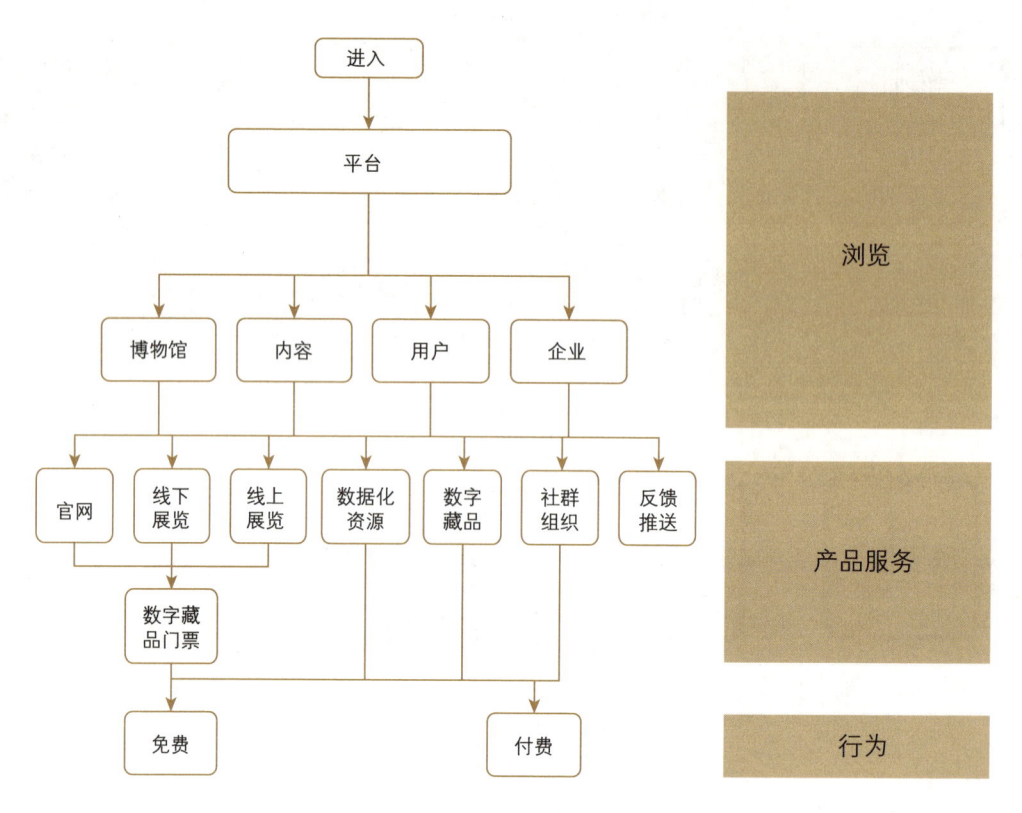

```
                    进入
                     │
                    平台
      ┌──────┬──────┼──────┬──────┐
     博物馆   内容   用户   企业
      │             │             │
  ┌───┼───┐     ┌───┼───┐     ┌───┤
 官网 线下 线上  数据化 数字 社群  反馈
     展览 展览  资源   藏品 组织  推送
      │             │
   数字藏           │
   品门票          │
      │             │
     免费          付费
```

图 7-2　用户服务流程图

户）转变，如发布数字形式的电子门票或实物门票，链接博物馆的线下展览，组织线下社群活动等产品服务，进一步加强线上用户的转换。

稳定有序的交易功能

数字产品是关联文博衍生、数字文创，并以互联网商业交易为载体的新生业态。不健全的交易过程可能成为违法犯罪活动的新型工具，加之数字内容天生具备的高度的虚拟属性，稳定有序的交易在平台维护中显得尤为必要。

为保护博物馆文化资源及公众财产安全，平台首先需要建立符合国家法律以及保障人民财产安全的发行、交易及监测的准则（图 7-3）。同时，可运用在线交易流程，结合技术手段创建博物馆数字内容交易信息登记、公示与查询机制。除基本的交易功能外，还兼具数字产品的价值评估以及版权鉴定等配套与辅助性的功能，实现快速、高效地运行和跨领域数据集合，提升数据流转、利用、服务的能力，以维护平台内交易的合理性与稳定性。

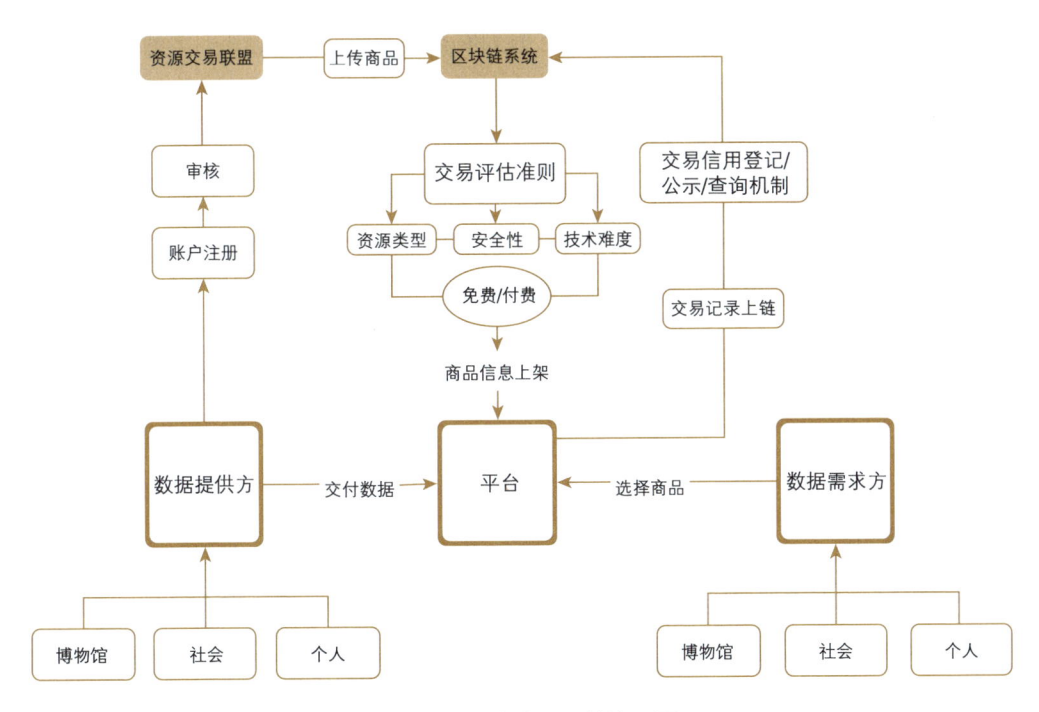

图 7-3 平台交易评估流程图

5. 小结

在琳琅满目的数字藏品出现的当今世界，我们需要建设以国家为主导的、有公信力的博物馆数字产品整合平台，不让数字藏品只是短暂火热的过眼云烟，让全国各实体博物馆放心、有序地将馆内的文物数据有效运转，并根据国家规定获取合理、合法、合规的经济收益或名誉成果，同时形成全国各地博物馆文物和研究成果的实时交流互动，这对行政层级较低的博物馆、类博物馆尤为重要。

建立中国博物馆数字平台在重塑中国文化认同和中华文化价值观上有着重要的意义。这不仅是"建设国家文化自信"和"讲好中国故事"的需要，甚至是在数字时代，在媒介形式愈发多样、价值观愈发分离的时代，世界上所有国家在塑造价值观认同、增加社会凝聚力时最可靠的途径之一。

作者简介

张卓雅 清华大学美术学院信息艺术设计系硕士，环境艺术设计系博士在读。

研究方向：数字时代建筑空间的营造。智能建造的商业模式。

参与项目：国家科技部重点研发计划"科技冬奥"项目，"中国与世界：习近平总书记视察云冈石窟一周年"系列特展，"中国希腊文化和旅游年"中"平行时空：在希腊遇见兵马俑"系列线上展览。

第八章

老年友好型博物馆空间的
适应性设计研究

王孝祺

| 摘要 |

  2023 年，我国已经进入老龄化社会，博物馆空间作为中国社会文化空间的重要部分，在针对老年友好型空间的探索上应该积极进取。博物馆的空间服务应体现对老年人群的社会影响力及贡献的重视，改善并优化老年群体的文化生活和文化空间，帮助加快构建老年友好型社会。本章从老年人博物馆参观行为的角度进行切入，对如何更深层次地认识当下社会中的老年群体以及更好地塑造博物馆类公共服务空间的老年友好空间环境、满足老年人群的需求进行探讨，达到完善博物馆文化传播与提供社会服务功能、提高博物馆服务质量的目的。

第八章 老年友好型博物馆空间的适应性设计研究

1. 研究背景

博物馆空间强化"老年观众服务"能力的必要性

老年人口逐渐成为社会主体,"银发浪潮"对中国社会的影响覆盖各个方面。对人口老龄化带来的深刻复杂变化,加快构建老年友好型社会成为"十四五"时期实施积极应对人口老龄化国家战略的重要任务目标。昔日,我国普遍对老年人口的社会影响力以及贡献体现出较为忽视的一面,以博物馆为首的社会公共空间、教育空间对老年人群的关注较弱。作为公共空间的服务对象,老年人群相较于青壮年以及儿童处于次级地位。

过去,我国文化场所的发展处于较为早期的阶段,这使得我国博物馆更偏重于收藏和研究工作,在博物馆发展到一定的水平后,逐渐重视文化展示和青年教育等领域。空间服务被认为区别于展品、历史研究等"核心内容"工作,针对观众服务领域的关注度并不高。可以说,我国文化类公共空间的通病在此,与之相反的则是一些商业公共空间,服务作为促进消费的附加值经常超越"核心内容"商品本身。在当下社会科技迅速发展的情况下,文化行为与商业行为越发紧密,二者之间的区别在空间与时间观念上越发减少。博物馆也逐渐被"市场化",博物馆与受众之间同样是"供给、需求方"关系。博物馆代

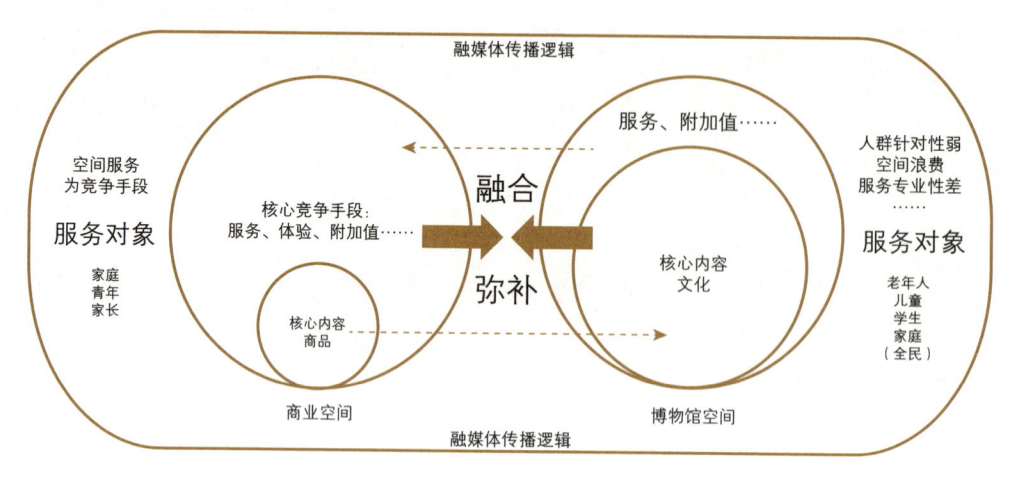

图 8-1　博物馆与商业空间营销模式上的相互浸染

表的文化传播方也意识到这是一个充满竞争意味的进步方向，博物馆空间与商业空间在表达形式、营销模式上相互浸染，使博物馆面临着跨行业的挑战（图 8-1，图 8-2）。博物馆空间在低强度的竞争中较少具备提升现代服务水平的敏感度。因为过去的不需要、不重视，博物馆的观众服务能力远弱于商业公共空间。与商业空间一样，要想提升未来博物馆的竞争实力，就要逐渐满足空间"丰富度、娱乐性、舒适度的三位一体"。因此，关注和提升博物馆服务能力是必要的。

我国的博物馆具有一定的观众服务能力，然而其服务能力并不满足和匹配目前的需求。虽然文娱商业空间与博物馆空间共同迅速发展并形成了买方市场，但是我国博物馆现存或已提供的观众服务的有效性不高、针对性不强、设施不完善、空间合理性较差，例如博物馆极其缺乏面对老年观众群体的针对性强的公共服务和空间分配。在目前的博物馆服务中，针对儿童及其家庭群体的关注较多，但也依旧存在服务信息不通的情况，许多馆内虽设置母婴室、便民药箱、轮椅、拐杖、婴幼儿手推车、便民针线包等服务，但宣传意识不强。随

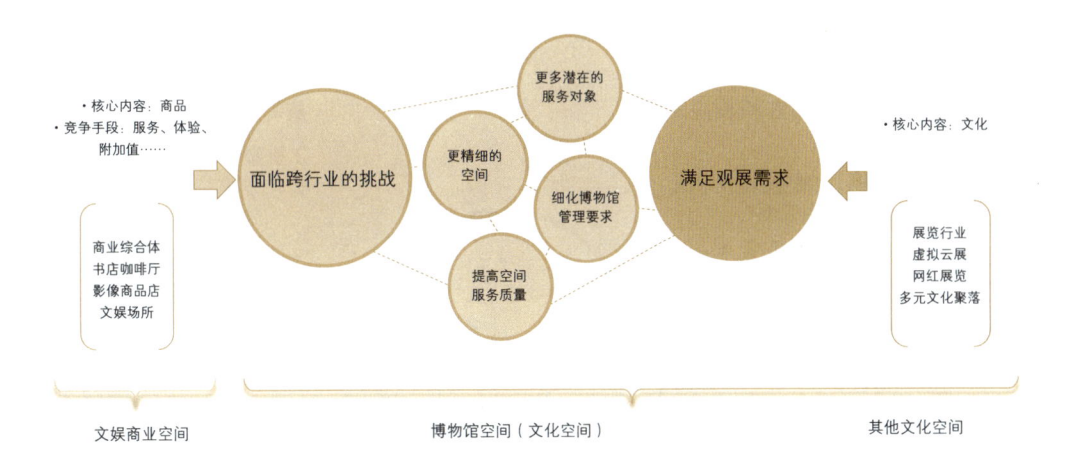

图 8-2　博物馆面临跨行业的挑战

着我国老龄化社会进程的发展，老年群体在社会中所处的位置、所提供的价值被重视和规划。对老年群体的认识在被革新和重塑，老年群体的需求和声音与青年群体同样重要。对博物馆空间来说，回应老年观众群体的需求不仅能提升博物馆公共服务能力，更是遵从国家供给侧结构性改革的核心。因此，针对老年观众群体的博物馆空间需求研究，在我国社会老龄化时代下具有促进社会发展的意义。

博物馆作为社会发展的参与者和社会进步的推动者，应积极应对老龄化问题。对老年人的重视，是推进博物馆多元化发展的重要组成部分。要从社会整体的角度看老年友好建设，应主动探索老年友好型方案，正确认识和对待老年群体；推进老年友好型社会建设，促进社会稳定发展；使得老年群体的生活更加便利，在社会中重塑社会地位，担当起社会角色，为整个居民群体建立美好的康养环境（图 8-3）。

博物馆
（公共文化空间）

1. 博物馆作为社会发展的参与者和社会进步的推动者，应积极应对老龄化问题。
2. 对老年人的重视，是推进博物馆多元化发展的重要组成部分。
3. 进一步推进博物馆文化多元化。

老年群体

1. 生活更加便利，建立美好康养环境。
2. 重塑社会地位，担当起社会角色。

老年友好型建设

社会

1. 主动探索老年友好型方案，正确认识和对待老年群体。
2. 推进老年友好型社会建设，促进社会稳定发展。

图 8-3　社会、博物馆、老年观众群体相互促进

积极老龄观下的老年观众

　　有专家指出，到 2053 年社会将有四成以上是老年人。（根据世界卫生组织的划分，44 岁以上为青年人，45 岁到 59 岁为壮年人。老年人的界定较为复杂，细分为三个阶段：60 岁到 74 岁是年轻老年人，75 岁到 89 岁为老年人，90 岁以上为长寿老年人。目前作为社会常识的老年定义是指 60 岁或 65 岁及以上的人口，这一标准来源于 66 年前的联合国。我国《老年人权益保障法》将 60 周岁以上公民称为"老年人"。《中华人民共和国 2015 年国民经济和社会

第八章 老年友好型博物馆空间的适应性设计研究

发展统计公报》显示，2010年我国全体人口的平均预期寿命为74.83岁，2015年我国人口的平均预期寿命为76.34岁，采用上述理论与方法，老年标准应为60~61岁，这与目前我国以60岁为起点的老年定义基本一致。）在人们抛去对老龄化社会的恐慌不解后，社会也在积极地重新看待老年群体在社会中的价值。"积极老龄观"会成为当下热词，也是有助于老龄化社会建立新的发展模式的革新理念，老年人力资源开发成为重点：一是拥有一技之长，选择"退而不休"；二是虽然步入老年，却因收入不高需要打工补贴家用；三是子女成家立业后，老人没有家庭生活负担，利用积蓄创业。目前在老年人就业市场上，第一类占据了主要部分。一般退休老人重新就业集中在"高、精、专"的岗位，而劳动力市场所需要的是一般技能型、体能型的劳动力。可见，今后老年观众群体不是被排除在社会主体之外的闲散群体，而是社会主力的一部分，这由人群基数和现代人寿命决定。老年观众也因此栖身为主流观众。有关数据称，新冠疫情后老年观众群体已成为博物馆的最大观展群体。面对如此庞大而有力量的社会群体，博物馆作为文化公共空间的重要载体，已经承担起在老龄化社会支撑老年观众群体文化生活的重担。

而针对老年人年龄也有更多细分，普遍来说60岁以上的人群就已经属于老年人范畴。然而，按照现代生活水平以及个人体质，一些60岁到80岁的人群身体依然很健朗，各方面和壮年人的差别还不是很大。也有不以壮年和老年划分，而是以初老和老年期划分的方式。例如，西方一些国家认为初老期是45岁到64岁，老年期是65岁到89岁。

新中国第一批大学生在1949年至1950年间入学，改革开放第一批大学生在1977年恢复高考，他们的年龄正好处于63~70岁以及87~90岁阶段，从侧面反映出了新中国高等教育的发展历程，也代表一大部分当下中国社会的老年群体。这些老年群体目前已经退休或在职，往往担任一些具有文化属性和专业性的工作，如学者、教师、科研人员、老干部等，他们具有更高的文化水平，对历史文化熟知且敏感，且具有一定消费能力。同时，因为退休或有闲暇时

```
博物馆老年观众群体 ── 新中国第一批大学生 87~90岁
                    通过他们的视角和故事，从侧面反映
                    出了新中国高等教育的发展历程
                    1977年恢复高考
                    改革开放第一批大学生 63~70岁
                  ── 退休或在职
                    学者
                    教师
                    科研人员
                    老干部
                    …… ⇒ 自身文化水平高
                         对历史文化熟知且敏感
                         具有一定消费能力
                         退休或二线有闲暇时间
                         更习惯偏好线下实体展览
```

图 8-4　博物馆老年观众群体

间，更习惯并偏好线下实体展览（图 8-4）。

积极老龄观提供了更加多样化的老年群体生活方式思路。以博物馆空间为例，针对老年观众群体更详细地划分空间服务需求也可以更有效率地提高空间服务质量。

博物馆服务模式的局限性

首先，多数博物馆提供的空间及服务模式都存在人群针对性弱的问题。由于忽略老年人群体的现实需求而导致空间安排不合理，博物馆在空间安排和服务中欠缺针对老年受众的功能考虑。许多现有的公共空间服务内容针对人群含混不清，一项服务内容时常与空间设计利用相互冲突。这有时也导致大量的空间分配不均、空间利用率低，时而局促时而浪费。

其次，现有的老年观众服务欠缺专业度，在博物馆为首的公共文化空间中，不论是针对老年人的服务技术或者是服务意识都较欠缺。随着我国老年人口的不断增加，日益膨胀的养老需求与社会所能提供的养老资源之间的矛盾逐年增大。由于公共文化空间普遍对老年观众群体不重视，博物馆空间针对老年观众的服务标准低、服务布局水平低、资金精力投入有限。而且并不注重相关专业人才的岗位招收，缺少专业技术和服务人员。由非专业的博物馆工作人员整体进行老年观众服务的模式难以保证质量。

因此，在针对人群不明、非专业的模式之下的博物馆空间提供给老年观众的服务是片面的、不构成系统的、缺少信息互通的服务。没有利用当下数据技术的服务缺乏建设性，真实的老年观众与家庭成员数据才有利于服务及更有针对性地实施操作。例如，老年观众与博物馆服务人员之间既没有数据监测的技术指导支撑，也没有基于专业人员的帮助救护能力。对于老年观众的行为需求掌握不准确，徒增沟通空间及时间成本，同时也会加大意外风险。

2. 老年友好型博物馆空间服务需求

传统博物馆空间服务体验案例

有关数据表明，我国博物馆的数量正在以每两天新建一座的趋势增长。但博物馆在加强展示功能之外，依旧缺乏对博物馆空间环境和服务能力的深度探究和改进。因此，需要对博物馆整体作为一整个服务空间体系来看待并进行优化，增强观展人群与空间的亲密联系，"在分离中衍生新的关系。"

国内的博物馆空间服务能力正在逐步地提升，也经常与国外的博物馆进行对比学习，但西方的博物馆空间案例与国内博物馆的实际感受区别较大，一些小体量博物馆日常人流量远远低于国内，因此其走廊空间、观展空间的设计尺度标准与国内博物馆的要求不相同。西方博物馆的人流量与小体量更能够满足对曲径通幽的小品空间的需求。另外，细节服务也因为空间尺度和家庭理念的不同而受到影响。例如，轮椅服务在西方的博物馆中更多服务于个人需求，不良于行的观众独身一人参观博物馆的情况更为多见，而在国内，轮椅使用者则需要家庭成员的陪伴，因此轮椅服务就要满足多方人员的需求，以及针对中国家庭子女为老年人订票的服务等。国内博物馆的服务细节需要满足当下各年龄层级社会人群的真实需求。国内博物馆在这种问题中不仅要考虑增减服务设施和项目，也需要从管理组织的方面来进行提升，比如空间与动线更丰富的、合理的安排。

一些现代博物馆在柯布的启示下对"动线演绎"的设计大多与萨伏伊别墅相近。建筑坐落在山顶草坪中央，四周绿树环绕，由车行道进入一层，具有引导性的曲面玻璃将人带上坡道，继续向上到达起居室延伸出来的二层平台，伴随坡道的变化视线缓缓抬升至空中花园。这样的动线演绎隐藏着一条无形的方向线，这些现代的博物馆叙事性空间布局大多是具有导向性的秩序空间。博物馆内部根据展品时间线或展品种类区分依次展开、层层递进，这也意味着其空间布局的设计是比较单一的，并没有考虑服务分众化。

南通博物苑

以 1905 年建立的国内第一座公共博物馆——南通博物苑为例。根据德勒兹的哲学思想，南通博物苑在空间布局上属于条纹空间，在"动线演绎"上具有一定的方向性与导向性，等级制和层级化是其空间组式的特征，象征着一种静态的封闭式叙事空间。进入南通博物苑，根据水平参观路径与垂直参观路径，依次穿过各个展陈空间，在空间的布局方面强调连续的时间秩序。室内空间布局始于南通古代文明陈列，到达展厅的高潮，再到出口，形成一条完整的叙事线。南通博物苑的动线演绎强调叙事性空间，多数博物馆在动线演绎上亦是如此，根据展品及展项规定出一条叙事动线，观众根据设定好的路径进行参观，心情由平铺直叙到高潮的变化，感受着设计师预先规划好的升腾跌宕。这种动线设定虽能很好地表达博物馆的叙事作用，却忽视了参观者的独立性，遏制了参观者的主动感官体验。

国家博物馆

国家博物馆的平面布局显示出建筑空间内非常明确的"展览空间"区域和"服务空间"区域（图8-5）。这种分区方式尽量地将博物馆空间的服务进行"大众化"，虽然制造出非秩序性的参观路线，但同样模糊了参观人群具有分众基础的概念。

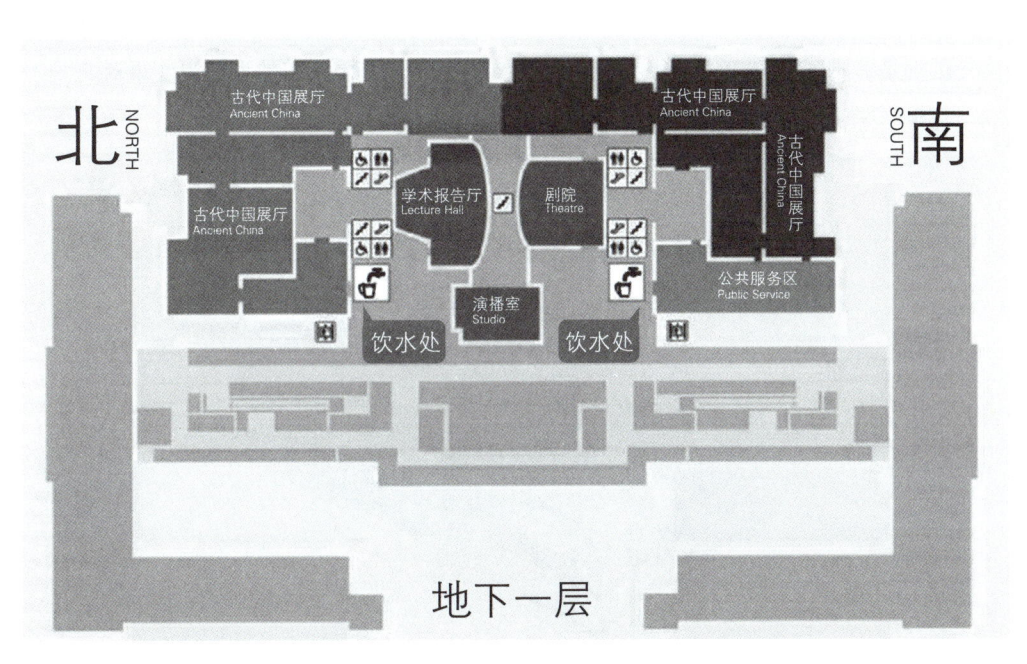

图8-5 国家博物馆B1平面图（图片来自国家博物馆官网）

上海博物馆东馆

上海博物馆东馆（上博东馆）建筑的整体设计于 2017 年确定，目前项目已经开放。上博东馆可以看作叙事性与"集中分散"的区域性空间并存的一个博物馆空间设计类型，其建筑平面逻辑是沿两个长边外侧做了两条以功能性为主的房间，中部是群组的共享空间（综合服务空间），建筑内部的一些能够体现叙事性的精彩空间基本都集中在此。如图 8-6 所示，红色部分为展厅等功能性空间，蓝色部分为包含中庭、花园、巨型悬梯等的共享空间，可以看作是一个巨大的开放流线空间以及提供综合服务空间。上博东馆在空间设计逻辑上与国家博物馆的相似之处，在于都是中心与四周分散这样的空间安排。二者的区别是：国家博物馆的"中心"空间庄严感更强；上博东馆的设计更注重对文化生活感受的体现，将上海的生活文化体设置在"中心"空间。

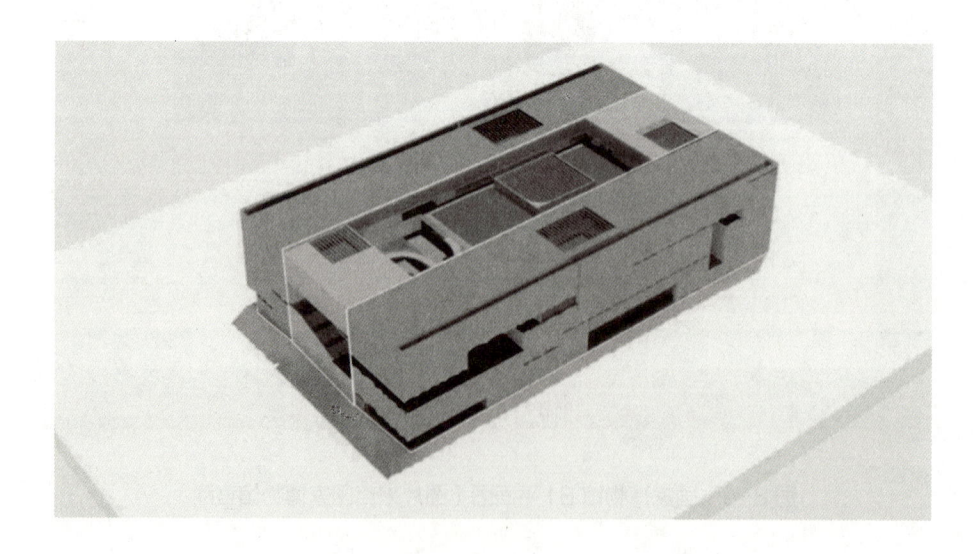

图 8-6　上海博物馆东馆空间分区概念图

第八章　老年友好型博物馆空间的适应性设计研究

中国目前的博物馆建筑太聚焦于外形，反而缺少对真正使用空间与用户之间的探究，设计的结果不符合真实的使用感受。上海博物馆东馆则强调博物馆空间的生活性，博物馆通过满足复合功能的需求，来激发民众文化生活的活力。博物馆建筑的公共空间因其文化价值导向而具有很强的公众吸引力，涉及的活动类型及服务对象呈多元化趋势：既包括学习考察的观展者，也包含鉴赏研究的专业人员；既包括享受文化氛围的漫游者，也包含负责日常使用和维护的管理者等。其中的活动类型以及承载空间不尽相同，而传统思路下的博物馆空间布置往往基于机械的功能关系图解，这是对功能意义的狭义理解，对博物馆这类内涵丰富、功能复杂的空间并不完全适用。博物馆承担着众多的城市使命以及公众期待。对城市来说，博物馆扮演着地标的角色。对博物馆本体来说，其根本任务是收藏、研究和展示艺术品。对于公众来说，参与博物馆文化活动是对个体日常生活的丰富。博物馆往往被视为城市的标志物，注重仪式感以及形式上的文化特征，很多时候忽略了个体的需求以及对公众活动的回应。博物馆设计应该和城市居民的生活充分联结，将激发活力的公共活动整合到一起，给区域带来聚集效应。

上博东馆的建筑空间与城市生活充分融合，因此博物馆的动线也是非常开放的，博物馆四面都有参观入口，以面向东北方向的长边一侧为主入口。左右两侧为副出入口和车载展品运送通道，南面则是面对商业与办公楼群的副出入口。整体建筑的外部空间与建筑内部空间具有灵活的穿插设计，通过融入众多面向城市开放的公共服务功能，"24小时博物馆"的空间架构已然成形，带动北面世纪大道的活力，有助于提升区域的整体活力。同时，博物馆地下空间和地铁站厅延伸交会，空间通透开放，整个建筑的地面层都和城市公众日常出行以及日常生活紧密联结。但是，在面向不同观众人群的细分设计上还可以有更多的考虑。以上博东馆建筑平面布局为例，正面主入口正对着北面的"世纪大道"，服务于来此地附近一日游的步行家庭和年轻人；西侧的主干道留给运货车辆和到地下停车场停泊的游客；东侧与南侧出入口服务于相邻建筑群，也就是商业写字楼群和世纪大道周边的文化建筑。对于出行不便的老人来说，坐公共交通的方式显然更普遍，从靠近公共交通的室外入口以及直接连接地铁的室内入口进出博物馆是最佳方案。博物馆地上连通室内外的北端主入口和车行道之间具有相当长的步行距离，如果是乘坐公交车出行或者地上车辆落客的老年人需要耗费较多的精力到达主入口。而侧边入口如果能配合公共交通车辆落客点，设置成灵活性较强的老年群体直通入口，与轮椅接驳站点相互配合，就可以为老年游客群体提供便利的服务。

上博东馆建筑空间内有非常明确的空间区域分区，与前文中的国家博物馆空间一样，在这样的空间中服务易被"大众化"，即使设计"共享空间"并创造出非秩序性的参观路线，目前看还没有为参观人群的分众基础设计出更有深度的服务思路。

传统博物馆预设轨迹的空间体验、封闭式的叙事空间通常让参观者与博物馆空间成为两个无差别群体，忽视了参观者的独立性和个体需求，遏制了参观者的主动感官体验和博物馆服务品质升级。而区域性空间的博物馆则更强调空间大众化，同样忽略不同人群的空间服务需求。博物馆或许需要利用"过渡空间"的多种组合方式，促进不同空间的相互渗透，通过模糊界面的方式弱化建筑的空间体量，形成空间功能、历史元素与文化性、地域性的辩证统一，反映出空间设计在博物馆为不同年龄层观众群体营造适宜展示空间的具有高度人文关怀的服务理念。

老年友好型博物馆空间服务需求

在博物馆参观过程中的老年群体是由参观开始前—参观进行中—参观结束这样的顺序进行，整个过程涉及外围空间、场馆空间和网络空间三种空间形式（图 8-7）。

参观结束后

准备：
交通服务
- 轮椅、坡道、栏杆
- 导航标识、导航设备、人工指导
- 设备交还服务

馆内服务
- 取物服务（集中、分散）
- 文创购物（老年）

离场：
交通信息
- 公交站点、公交站至博物馆入口的步行线路
- 博物馆出口至停车场位置、停车场的步行线路
- 导航系统搜索的目的地（精确至博物馆出口）
- 周边信息：下个安排

线上支持

交通服务：
老年定制路线
轮椅等用品规格数量

馆内服务：
取物系统

交通信息：
公交地铁实时信息网页
提供老年观众定制路线

线下服务

通道设置：
快速临时出场
导航借还空间

馆内服务：
取物点、提货点、运货？
实时信息导航
定制路线展示
周边信息：下个安排

通道设置：
快速预&临时出场
轮椅、导航借还空间

离场馆内服务：
取物点、提货点、运货？
实时信息导航
定制路线展示
周边信息：下个安排

场外空间：
接泊候车点

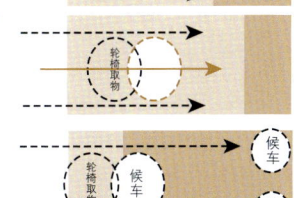

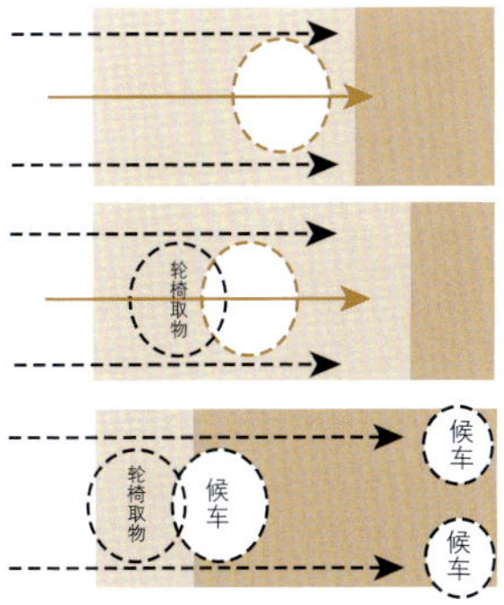

轮椅取物　候车
轮椅取物　候车
　　　　　候车

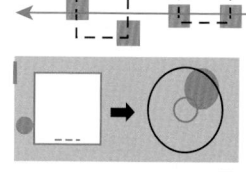

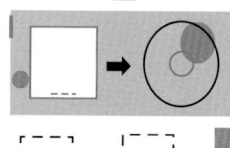

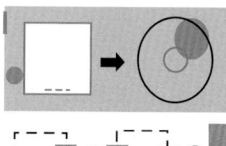

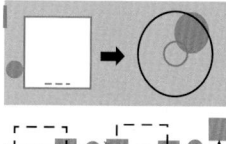

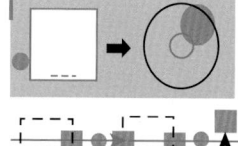

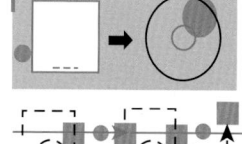

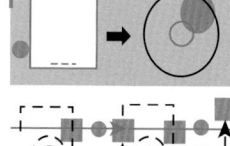

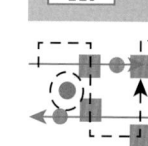

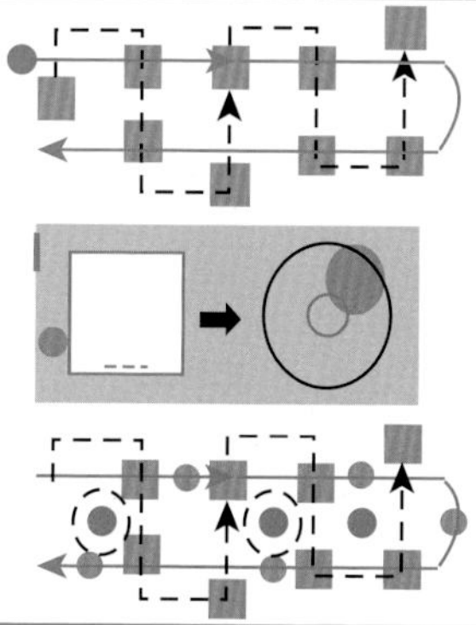

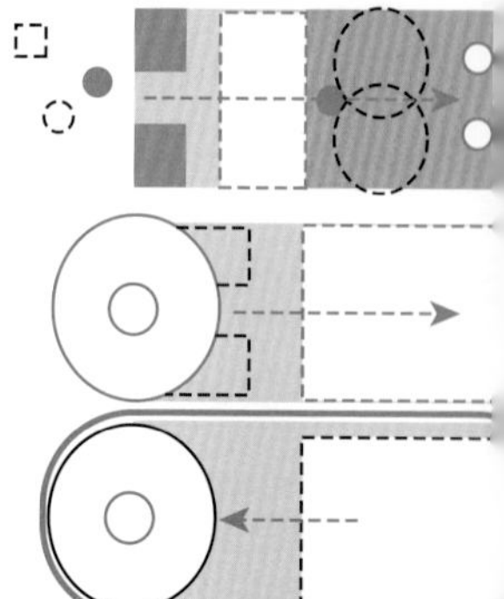

图 8-7 客车检修库建筑设计图解要求

参观开始前

注意：
加强预约
- 网络订票提前预约购票
- 根据预约的时间入场（预约系统/现场入口）
- 有关随行人员的重要须知

交通信息
- 公交站点
- 停车场距博物馆入口的行走路线
- 停车场位置
- 停车场距博物馆目的地（根据指示牌指示入口）

出行前
- 携带物品：身份证、老年证、饮用水、手机、水杯、药品、充电器

预约信息
- 预约信息
- 团队信息：一天安排

米箱器分

线上/ 线下服务

线上服务：
预约购票、一键预订的购买、有关随行人员的重要须知

线下服务：
交通信息、公交线路以及到博物馆目的地、接待中心、图书馆服务、出行前、携带人工讲解、语音讲解、信息咨询服务设施

米圆回场

过去交通信息场
- 找出博物馆
○ 有教育馆场
- 引导员工作范围
- 使用咨询

场馆和信息场
- 储物馆场
○ 信息展览场
- 引导员工作范围
- 储物柜设施

通道
现有通道 ←
即时通道 ←
通道 ←
根据游客一部分入场通道
现场设立备案通道

参观开始前（接驳点 / 室外场地 / 入口）

博物馆应为老年群体的出行提供大量帮助：改善场馆周边的环境卫生和通用性无障碍设施，如标识系统、无障碍坡道、公共卫生间等，使博物馆成为安全、便捷出行的目的地。针对老年群体进行必要提示，列出详细清单，包括衣物、饮食、医疗用品、乘车指南、票务信息、博物馆服务等，及时有效地进行提醒（以确保老年观众能够接收的信息方式），或通过家属确认等多渠道告知。将博物馆的基础信息（时间、方位、紧急救援点位、通信服务人员、联系电话等）通知到位。

（1）行前准备工作：

• 网络订票或现场购票、提前预约或即时入场（预约系统 / 临时窗口）、有关随行人员的票务规定。

• 交通信息：公交站点、公交站至博物馆入口的步行线路、停车场位置、停车场至博物馆入口的步行线路、导航系统搜索的目的地（精确至博物馆入口）。

• 出行须知：列出携带物品清单，身份证、老花镜、饮用水、手机、衣物、药品、充电器等。

（2）确保人工售票窗口或电话专线通畅。在推行网络预约的基础上，保留人工窗口和电话专线，为智能手机使用障碍的老年人提供一定数量的线下免预约进入或购票名额。增设专用通道，减少老年人排队等待时间，方便老年群体购票或核验信息后快速入馆。

参观进行中（入口 / 信息点 / 交通空间 / 展厅空间 / 休息点 / 卫生间）

在公共服务中心设有爱心轮椅、无障碍通道、休息座椅、电梯、医疗服务等项目。

公共空间中的引导标志、安全标识应张贴于明显位置，并且容易辨识。博物馆导视图示标明电梯位置、通往展厅线路，以及休息区、卫生间、饮水区、餐饮区、文创商店等功能分区，强化老年群体的方向感，使其在现场情境中巩固之前从清单上获取的信息，避免因路线迂回造成体力不支。

博物馆大厅中的展览简介可适当增加展厅讲解时段、配套活动时间等信息，一方面对观众进行分流和引流，另一方面便于老年群体依照自身兴趣和需求选择参观路线，合理安排行程。

（1）入场服务：

• 现场购票所需的网络订票或现场购票、提前预约或即时入场、有关随行人员的票务规定、非预约窗口、免排队服务、坡道服务。（入口处工作人员或志愿者有意识地提前介入引导，设置老年观众的帮助询问点，提示参观中的重要注意事项。）

• 提供信息包括：馆内分区位置（服务站、卫生间、休息区、饮水区、充电地点等），上网信息、设备租用信息（轮椅、雨伞、充电器、语音导览等），餐饮食品种类及价格（关照老年群体的饮食习惯），文创产品种类及价格（关照老年群体的消费特点）等服务信息；当前展览、展厅导引（自主选择参观动线、减少线路迂回），展厅面积（提示观看时长），展厅温度（提示增减衣物）等展厅信息；活动内容、活动地点、活动时段、讲解时段、展厅位置等活动信息。

（2）参观过程中的服务：

• 交通服务：轮椅、坡道、栏杆的设置，导航标识、导航设备、人工指导面向老年友好的观展路线（距离、逻辑），对老年人、患者、残疾人、急救提供轮椅设施。

• 展厅服务：老年友好型展览信息说明（陌生语境、视觉），适老的体验型展览，展厅环境适宜（灯光、温度）等。

• 馆内服务：餐饮方面需要考虑游客自带食品的加热用餐区，老年餐和病理餐提供，休憩设施的座椅、专室，集中、分散的充电点，以及存物服务、导航器点和文创购物。

• 医护健康方面需要准备老年人常用的基础药品、相关病症以及意外的紧急处理服务能力、专业救护能力。此外，还应考虑到休闲互动的空间和服务，室内活动区的休息座椅、家庭陪同老人的等待空间、应急品存物点；室外活动区则考虑到天气（荫凉，遮蔽）、广场空间中的聚散（桌椅聚点）、线性环绕（小公园遛弯）等。

参观结束（交通空间/休息点/卫生间/商店/出口/场外/接驳点）

（1）准备过程中的交通服务，如轮椅、坡道、栏杆等设施，以及馆内服务，如取物服务和文创商品购物。

（2）离场时需要的服务：

提供离开返家的交通信息，公交站点、公交站至博物馆入口的步行线路，博物馆出口至停车场位置、停车场的步行线路，确保导航系统搜索的目的地精确至博物馆出口，以及为游客的下个活动安排提供周边信息和安排建议服务。

笼罩整个参观过程的技术支持

（1）"云端"代表的数据信息技术一定是支持老年友好型空间的基础。云上运算平台和远程的医疗资源，包括线上线下、远端近端的一切关联节点，保障数据和信息的畅通输送，实现整个体系的良好运转。

（2）"智慧化/数字化"将空间分割又整合在一起，跨越了物理空间的限制，以点状发散服务于老年观众。贴合时代需要的技术能力需要更多利用到博物馆空间，谋求针对老年观众群体空间需求的合理分配。

以"医疗"为中心的智慧健康服务后台

（1）收集并根据服务、展厅、活动信息提供实时信息网页、用户数据统计，用来计划用品规格数量、计划产品种类价格、计划馆内环境（面积灯光温度）；提供老年观众定制路线。

（2）用户数据用于导航系统、统计轮椅等设备需求，以及计算空间逻辑、尺度；设置老年定制路线，注意计算轮椅等用品规格数量。

（3）为老年观众提供舒适健康的展厅服务、馆内服务，通过馆内灯光温度环境监测，收集视觉、听感体验效果数据，为老年友好内容提供更新。各项服务网点覆盖（存行导休食购），医疗数据联网，提供急救系统和专业团队，建设活动议题、检测、反馈，提供送货服务。

（4）提供紧急快速取物取药服务系统。

（5）为老年观众提供实时信息网页，定制交通地铁线路网页以及信息导航。

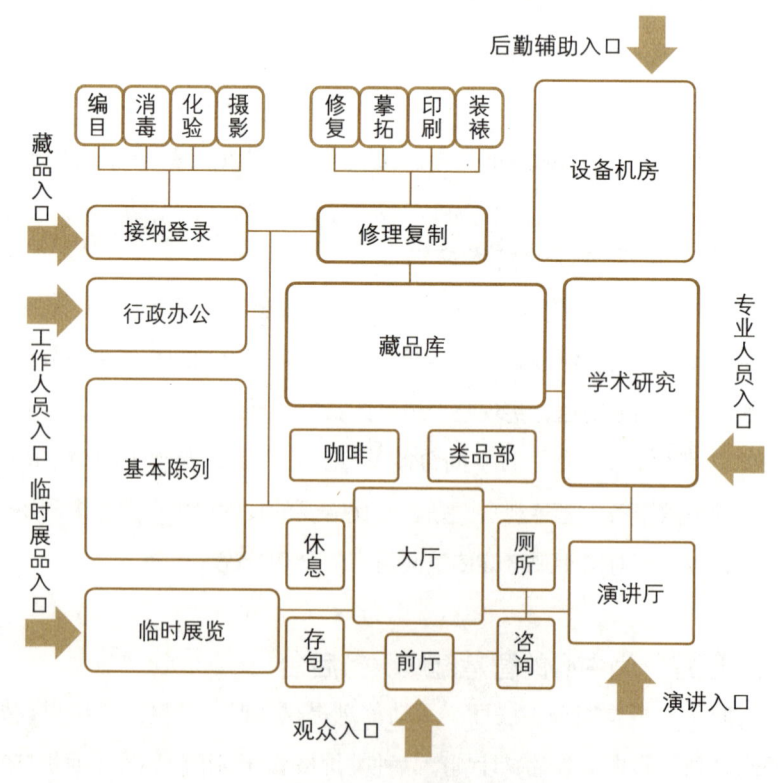

博物馆各房间功能关系

图 8-8　由中心向外辐射的博物馆空间布局

博物馆空间服务的局限性

（一）室内外区域普遍面积范围大，利用率小，室内室外联系较少（包含气候等原因）。

（二）建筑面积广阔，通达效率低，观众游览逻辑路线单一。空间设计原则标准粗犷，空间尺度设定（展厅面积、走廊宽度）标准单一。

（三）设施的使用逻辑被不合理的空间秩序打乱，功能性被削弱。

（四）数字化信息转化利用率低，针对个人的服务信息掌握缺失。

以国家博物馆 B1 层平面为例，传统的博物馆空间布局设计一般为由中心

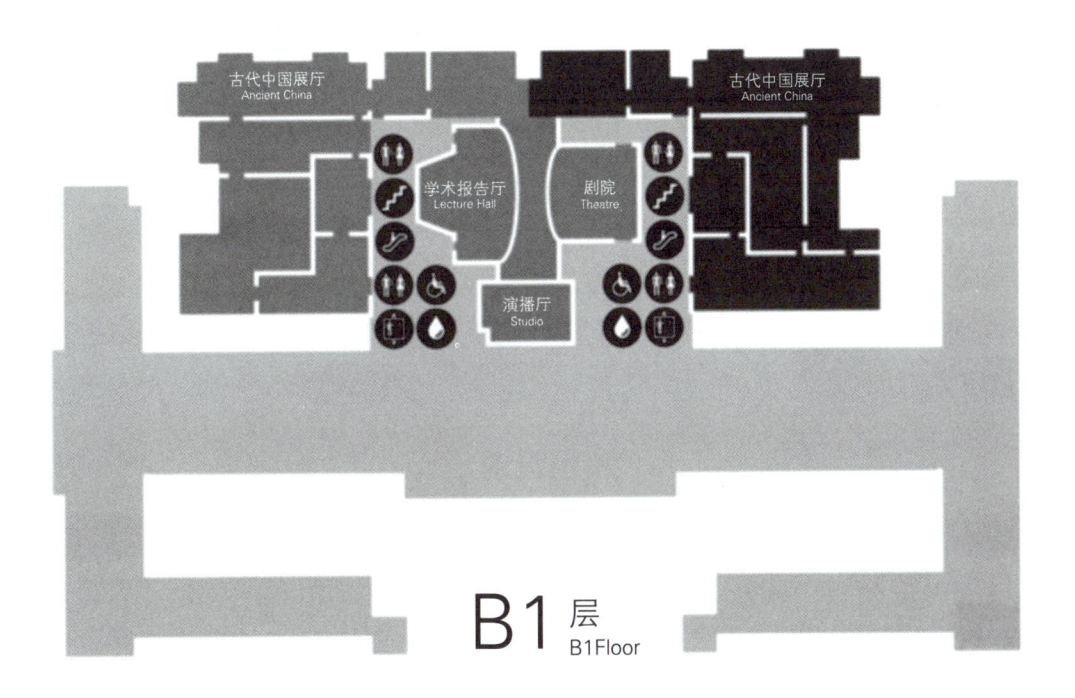

向外辐射的空间布局逻辑设计,中心为公共服务空间以及服务设施,外围一周为展厅(图8-8)。这样的设计是为了集中公共服务设施,减少空间成本,但并没有体现参观指定线路,以及分级参观标准。对于老年观众或者具有特殊需求的观众群体来说,缺乏针对性的服务体。

博物馆空间服务的特点和原则

博物馆应主动投身健康老龄化行动,关注老年群体多样化的精神需求及其在社会中的处境。如今,越来越多的博物馆意识到可以在积极老龄化、创意老龄化等方面有所作为(图8-9)。

▪建立"老年友好内容"

要从博物馆的内容入手,以输出交流内容的方式建立"老年友好内容",通过构建相关公共议题,增进其他社会群体对老年人的理解、认同与尊重,重

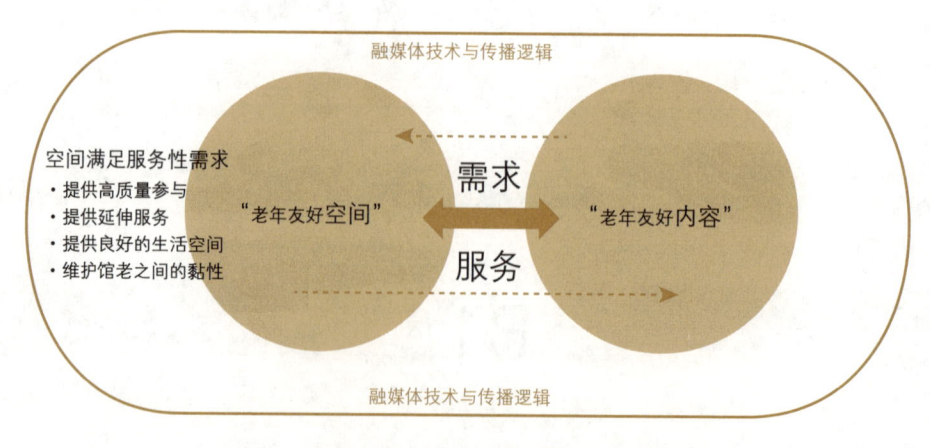

图8-9 "老年友好型"博物馆服务的特点和原则

塑老年群体的公众形象，在公共领域以文化的力量凝聚社会正能量。一些博物馆尝试用"艺术疗愈"提高老年人的自尊、自信和自我认知。依托丰富的文化资源，博物馆开展文化服务可及性和多样性行动计划，将有效拓展老年群体文化共享的适用性和覆盖面，为文化养老提供更多新路径，帮助老年群体树立积极老龄观，提升主观幸福感和群体幸福感。博物馆面向老年人举办教学艺术工作坊系列活动，鼓励老年人学习技能、提高社区参与度、发挥创造力，帮助他们克服年龄歧视带来的压力。

建立"老年友好空间"

立足于满足老年群体观众更多的服务性需求，在场馆的空间服务上建立"老年友好空间"。在加强老年观众研究，持续为老年群体提供高质量的展览及参与式活动的同时，逐步为老年人提供延伸服务，维护好博物馆与老年群体之间的黏性，给老年观众群体提供良好的生活空间。

博物馆观众服务的供给是为了促使场馆成为任何家庭背景、教育程度、收入水平、年龄层次或性别的人都能轻松参观和愉快体验的地方。优质的观众服务能减少观者的疲劳感，更好地促进学习展览与教育活动。《博物馆规划手册》(Manual of Museum Planning.)中将一系列非参观、非活动性的公共区域一并纳入，包括门廊、主大堂、信息中心、售票处、寄存处、零售店、饮食区、VIP区域、公共厕所等。服务范畴覆盖了衣帽间、餐饮区、急救站、咨询台、卫生间、座椅、标示牌、电话亭、饮用水等。老年友好型博物馆服务不仅要在此基础上进行完善，更要涉及老年护理、老年心理等多方面。

3. 老年友好型博物馆空间适应性设计原则

博物馆空间的整体进阶

如今，公共博物馆、美术馆等公共空间更多地与商业空间发展思路相融合，几种类别间的界限区域模糊。博物馆经历了从 1.0 "集装箱式"的博物馆空间，到 2.0 艺术博物馆建筑……乃至今天的 4.0 基于未来时态的融合体验空间创造的博物馆。当下的博物馆超越原本博物馆观念，更加注重现实空间与虚拟空间、展示空间与研发空间、教育空间与娱乐空间的有机融合。而老年友好型博物馆正是在 4.0 博物馆的基础之上，注重人文需求与社会未来发展，不仅以具有生命表征与体温特质、具有浓郁情趣及亲和力、具有空间独特叙事能力、具有自生长功能的融合场域的建构为目标，还要精细化空间需求，提高服务水平，制定完善的文化公共空间标准。

与商业空间类似，在博物馆当下立足于空间格局及其功能的变化之上，除了传统的物理空间展示的展品空间、教育文化空间之外，技术空间的出现使博物馆的展示理念及其空间功能的划分，随着时代技术的不断发展而出现新的变化。其一，在今天由于 VR（虚拟现实）、AR（增强现实）技术的出现，博物馆空间在传统的建筑空间及其展示空间之外，又出现了数字的虚拟空间与现实再现空间。其二，这一新增的空间，无论是虚拟还是再现空间，都充分考虑到博物馆空间的沉浸游览、体验、消费、审美等诸多功能。其三，这些不同的空间功能，都具有一种不断综合与融合的趋势。比如，由于网络技术的发展带来的超链接，导致了现实空间与虚拟空间的有机重叠，可以实现博物馆展示空间与图书馆阅览空间、学术研究空间、产品研发空间、商务接待会谈空间、动手体验空间、教育培训空间甚至休闲静思等多重空间的有机融合。

博物馆应在参观路线上为观众提供更多的选择和服务标准，这样有利于不

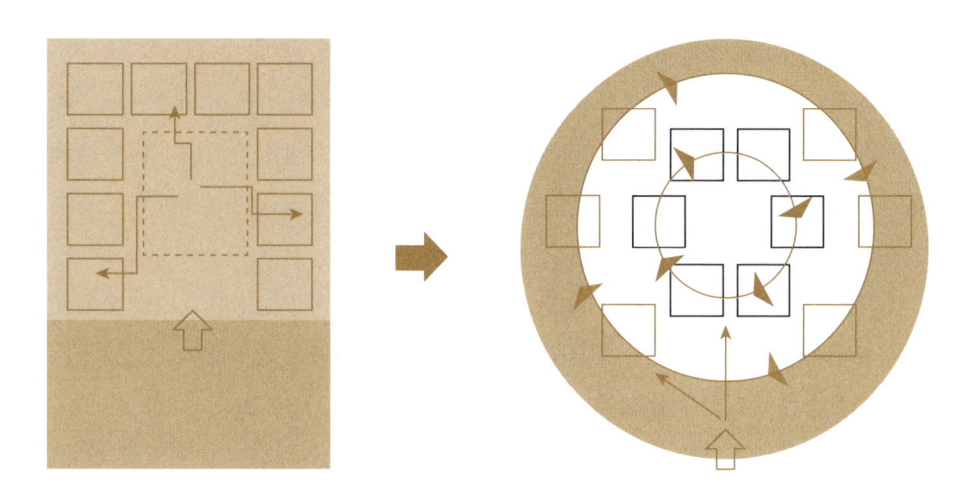

图 8-10　老年友好型博物馆空间布局变化设想图

同需求的观众群体更好地进行参观。博物馆空间布局可由中心向外辐射变化为平行以及穿插式的多重级别参观路线，根据展览空间的不同种类或者时间进行串联（图 8-10）。

博物馆的建筑室内空间

本章中"老年友好型博物馆空间服务需求"最下端的"空间需求"部分以示意图形式对博物馆室内外空间适老化提出了新的解决方案，本部分在图示之上作文字解释说明。

建筑与室内空间加强多年龄层使用逻辑，以高龄需求作为空间设计的原则，设定空间尺度量值，建立分级标准。例如，加大室内休憩点的密度，缩短休憩空间与展厅之间的距离，为儿童家庭观众、青年群体、老年观众提供多样的服务空间等。

交通空间为中心进行设计的建筑空间安排

博物馆空间是以"流线"作为空间使用核心的，与让人长时间停驻的学习空间和办公空间不同，博物馆空间实际上是每天承载大量流动人群的巨型空间站，在某些方面与车站等空间类似：人们为了目的地前来，在寻找到自己所需的站台后离去，不同的是博物馆空间是往返程流线。

考虑到游览便利，展览空间应该以交通流线为逻辑进行串联，因此交通流线需要根据客群分类进行分级分层：可以由导航系统展示老年群体、儿童家庭的专属参观路线以及完整参观的路线。

展厅空间—空间标准分级

在交通路线分级分层的基础上，展厅作为点状空间分布在不同支线。应根据不同年龄层、不同兴趣点的观众进行展览空间服务标准和展示内容的区分。为老年观众提供的服务，便利性和实用性可以大于体验性，空间明亮、简洁、路线简单，且方便观看。进一步加强休憩空间与展览空间的结合，拒绝强烈刺激等可能导致身体不适的展陈内容和方式，建立简单明了的展览表达方式和信息输出方式。

对青年群体和儿童家庭观众群体来说，可以适当增加体验项目和感官刺激。展厅布局可以更复杂。

基础服务空间

在根据交通路线分级分层，并落实展厅的基础上，基础服务空间的框架就基本搭建完毕。应在不同分级分层的路线与展厅之间根据客流量预设卫生间等固定服务空间，并随时添加或减少休憩区、活动区等可移动空间，调整点状布局。

饮食空间

因为考虑到老年游客与儿童家庭自带食品的需要，应添置加热用餐区。同时，餐厅提供一些老年餐和病理餐。食品售卖空间可以与进餐区分开相邻，路线的顺序可以是：展厅→休憩区→食品售卖→用餐区（设置加热点）→室外用餐区。

购物空间

购物空间可以分为两大布局类型：文创预购点和综合商品店。这种模式在环球影城、迪士尼等游乐场最为典型。文创预购点设置在展厅内或附近，根据展览内容 IP 抓住针对性客群，在此基础上还可以增加网络远程浏览和预定，游客通过某个临时展览预定该品牌或 IP 在馆库存之外的商品，所以，提供优质的送货和预订服务也是非常必要的。

医护空间

医护方面需要准备老年人常用的基础药品、相关病症以及意外的紧急处理服务能力、专业救护能力，药品准备应急储存点或者应急通道需要和展厅临近，也可以和餐饮购物空间结合。提供老年观众定制路线，可以开拓基础急救室并留有家属等候区，平时作为后台存储间或办公室。

空间串联的开放地图与闭环设计

将交通路线分级分层。分层意味着针对不同人群设计几种闭环路线，分级则是固定分类路线与开放地图之间的区别。

分层是将交通区分开，或是在重复利用交接线路基础上提供设计不同的线路，类似工作人员与观众的路线区分。将老年观众、家属与青年及个体观众游览逻辑区分开来。

分级是提前充分考虑设计人员流线使用，即使是不期望按照固定路线参观，喜欢开放自由式路线的游客也能便利他游览。

博物馆的公共室外空间

通道
游客抵达泊车后，建议在宽敞醒目的入场空间，添加方向性强的通道分级，明确普通年轻观众网上订票的快速入场通道，以及为老年群体设定的现场购票的即时入场通道（排队空间大，预设休息座位），预约观众快速通道。

公共交通信息站
交通信息站可以使用站台表示的思路，强势融入空间中心，使游客在进入空间过程中首先关注信息点，增强博物馆对游客的指导性，减少游客在寻找信息过程中的空间和时间的浪费。

场馆须知信息站
进入场馆后的信息站同样可以使用站台表示的思路，在主要行进路线直白地融入，只是要更多考虑与存物、安检系统、引导员之间的顺序安排。

离场通道
离场通道根据需要为离场观众设计多种离场方式。比如为离场通道设置两条路线空间，将取物点、设备归还、轮椅归还区都设置在快速离场线路当中，快速离场路线无须寻找归还点位（与宜家家居行进路线相似）。

离场馆内服务区
离场馆内服务区强调取物与设备归还，在快速离场路线上提供离开返家的交通信息：公交站点、公交站至博物馆入口的步行线路、导航系统、下个活动安排、周边信息和安排建议等。

场外空间

候车点也可以双线并行,游客离场线路的设计可以有两个端头,一条是距离场馆非常近的应急出口,另一条是为普通观众设计的穿过室外的候车空间。

移动散点式的小空间准备,以备临时活动以及特殊情况参展需要。

室内外区域的利用范围扩大,以室外空间建立老年群体互动互助区域为例。

4. 老年友好型博物馆空间的其他形式

博物馆的"前奏"空间

博物馆融入老年人生活空间
(1)公园绿地 & 社区学习空间

城市公园绿地作为对公众开放,以游憩为主要功能,兼具生态、美化等作用的绿色空间,因其普惠性和开放性成为老年人日常户外活动的重要载体。老年人在公园绿地中的游憩活动半径小,以1500米内近距离出行为主,喜欢在离家近的城市公园中活动。应在绿地公园的合理布局之中设置博物馆的"外置"展览,打造十分钟服务圈内的微型展览体验。对民众来说,在家门口生活区随处可见的科普知识和展览可以增强博物馆展览的宣传。同时,也对社区进行了服务设施配备的完善工作,提升景观环境品质;提升社区学习空间质量,填补知识信息来源,有效整合社会资源,鼓励多方参与管理。

（2）商业空间

博物馆与商业空间合作已经是一个比较常见的合作方式，多是以文创的形式入驻一些文化商品店、连锁书店等，售卖钥匙链、水杯、帽子、箱包等。另外，在大型商场设置展览的形式也是可取的，并且有很多成功的商业项目案例。以韩国的高端墨镜设计品牌 Gentle Monster 为例，其在北京 SKP、上海专卖店设置的艺术展览形式的实体店面广受好评。在这些艺术展览与商品结合的背后，实际上也有文化方（艺术家、社会研究组织）的参与，只是由博物馆单独合作的例子还不多。博物馆在老年人及家庭常去的商场设置展览合作，不仅是商品层面上的，更多是理念、题材、技术的展示，既提升商业项目的文化品质，又增加展览的普及性。

（3）文旅项目

博物馆展览与文旅项目结合非常紧密，通常在文化游览过程中，游客都需要对当地的历史知识或者技术文化有所学习收获，除了景区实地观览以外，对每一项文旅项目相关文化核心的博物馆进行参观学习也是很有意义的。包括针对老年群体的夕阳红旅游项目，应该加强与博物馆的合作，让老年人群体将博物馆参观当作日常休闲的良好爱好。

文化空间中内容的纯度分类

走出博物馆后的知识文化要点往往要注意文化的真实性，尽管文化的不断创新和发展是必然的，但是一定要把握好文化植入标准，尽量避免文化兑水现象。老年观众对公共信息的信任程度高，辨别能力比壮年、青年一代略低，对于"前奏"空间展现的知识的准确度绝对不能下降。因此，博物馆展览与商业项目、社区项目结合并落地，可以更好地监督信息质量。以文旅项目为例，旅游项目规划更侧重营利，营销策划必然先驱于项目文化。博物馆应监督项目严谨展示知识文化、合理创新演绎形象形态。商业项目竞争激烈，植入博物馆的知识文化是个错综复杂的问题（8-11）。

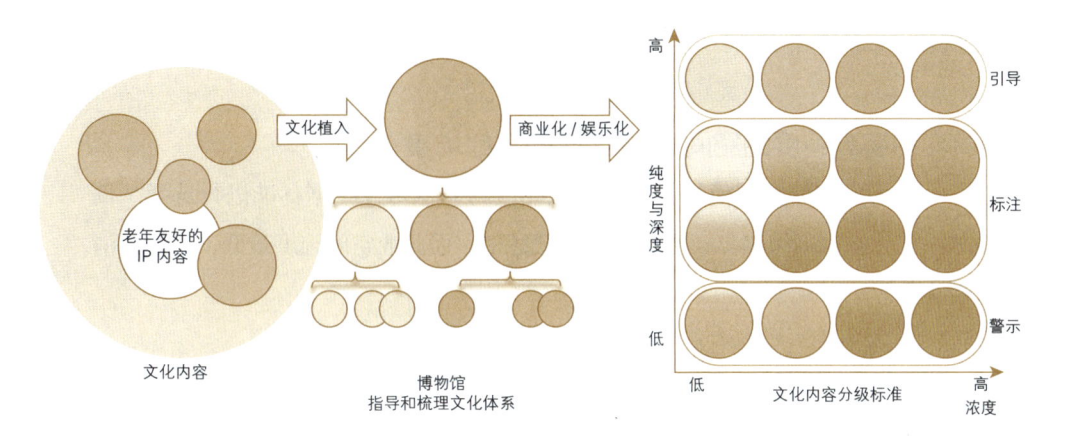

图 8-11　文化空间中内容的纯度分类示意图

首先应该由博物馆负责指导和梳理文化体系，利用标注、警示、引导等建立分级文化的植入与再造。一些带有创新的信息，以及对文化的二次创作应该有专业的评估标准。众说纷纭的信息、各界的猜想以及由此引申出的文学艺术创作要——标注，对于未知信息要警示，有歧义的信息需要官方引导。

老年友好的 IP 内容

（1）引入海外模式，开发本土 IP

优势：模式现成，节省一定的时间成本，同时便于学习借鉴海外成功经验。

劣势：模式与 IP 往往存在文化关联，两种不同文化下主导的成分难于协同，导致成品不伦不类，例如万达推出的《海棠·秀》和"汉秀"。

（2）延续传统经营模式，融入本土 IP 元素

优势：节省投入，避免了模式转型带来的经营风险，属于保守型策略。

劣势：停留于表面文章，效果平淡粗糙，难以取得实际成效。实质上未能

形成 IP 效应，游客难以认同其内在的文化价值，例如横店影视城各景区。

内容高纯度的空间 & 低纯度的其他场景

对于不同的空间使用场景，文化纯度的高低可以根据标准进行选择。例如：文化空间内纯度高；生活空间纯度适中；而商业空间纯度较低，以娱乐消费为主。

微博物馆的新用途

根据对老年友好型博物馆空间变化和博物馆"前奏"空间的探讨，可以设想适用性更强的新型博物馆展览空间模式，设计打造适应位置多变、外形多变、空间布局灵活等特质的"微博物馆"（图 8-12）。参考本书第一章"微博物馆——线上线下，展览之外"中所描述的：相较于传统博物馆展览，微博物馆的体量肯定不大，但它的本质并不在于"微小"，而是说在空间有限的情况下，可以体验到丰富的文化内容，因此"微博物馆"的"微"尤其对应博物馆的"博"。

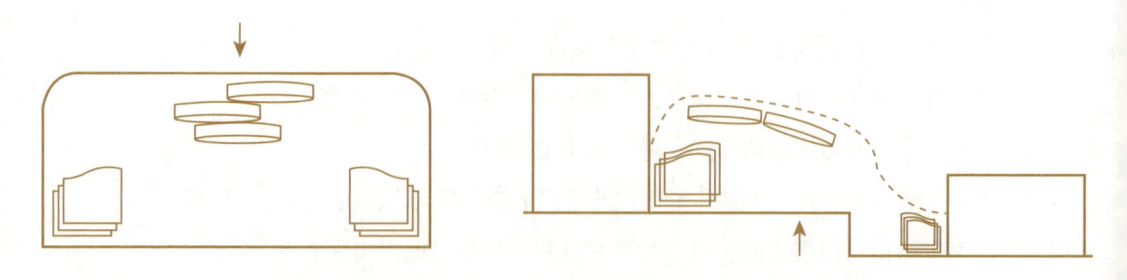

图 8-12　寄居蟹模式（左）与因地制宜模式 / 装配式（右）

寄居蟹模式

"寄居蟹模式"是将标准化的展览服务内容、多媒体设备、展陈设施，还有展览运行系统搬进各个现存的场馆空间，例如商场大厅、艺术园区、工厂，能够适应各种场馆规模和空间形态。

因地制宜模式（装配式）

因地制宜模式以室外快速建立为基础，不需要以建筑空间为外壳。装配式的展览基础设施、设备和外表面预设可以根据不同户外地形和天气进行构筑。但是，这种模式对设计师提前设计的要求很高。

5. 小结

老年友好型博物馆空间的适应性设计研究，以老年人群参观展览的需求为出发点进行探讨，对博物馆展览室内外空间进行合理布局建议，细化参观展览的流线，整理出更舒适的空间逻辑。研究发现，博物馆空间服务需要制定不同标准，既要更新博物馆空间的服务理念，还要提高整体服务质量。最终结果可以探知，满足老年群体需求而提供的服务也同样适用于各个年龄层的观众群体。应更深层次地认识当下老年群体，在督促博物馆类公共服务空间提高老年友好空间环境的同时，也推进博物馆公共服务整体进阶。

作者简介

王孝祺　清华大学美术学院环境设计系博士在读。

2017 年获清华大学美术学院环境设计系学士学位，2018 年获英国伦敦大学学院、巴特莱特建筑学院建筑设计专业硕士学位。

工作经历：中国建筑设计研究院、建筑历史研究所。

第九章

博物馆外交与国家形象传播研究

张逸君

| 摘要 |

　　博物馆外交是以博物馆为载体的我国对外文化交流的重要形式和传统手段之一，博物馆是公共外交和文化外交中的重要参与者。我国博物馆外交的发展脉络可分为初步发展阶段（新中国成立至改革开放）、快速发展阶段（改革开放至21世纪）和拓展深化阶段（21世纪至今）。当前，我国国家形象的国际传播已成为亟待解决的重要问题，传播主体不再是传统的单一传媒机构，国家机构、社会媒介及全体中国人民等不同维度的多元主体可以从不同层面全方位展示和传播我国的国际形象。因此，在融媒体时代，博物馆外交出现了新的发展趋势，与产业发展、技术创新和新兴业态紧密融合。未来，融媒体时代的博物馆外交可以从创新发展模式、完善体制机制、人才培养、优化传播方式、重视国别传播以及开拓资金渠道等方面进行提升，进一步推动我国国际形象传播。

第九章 博物馆外交与国家形象传播研究

当今世界正经历百年未有之大变局，新一轮科技革命和产业变革正在加速演进，科技创新呈现交叉、融合、渗透、扩散的鲜明特征，颠覆性技术创新不断涌现，以数字化、智能化为特征的高新技术行业进一步迎来发展机遇。党的二十大报告中指出，高质量发展是全面建设社会主义现代化国家的首要任务。这为我们深刻把握高质量发展的重大意义、丰富内涵和实践要求提供了根本遵循。未来乃至今后很长一段时期，我们都必须深刻把握新时代新要求，立足新发展阶段，坚持新发展理念，构建新发展格局，实现高质量发展，加快建设社会主义现代化国家。

博物馆外交是以博物馆为载体的我国对外文化交流的重要形式和传统手段之一。随着我国对博物馆政策的支持与互联网新媒体的发展，传统媒体与新兴媒体融合发展，国家传播生态发展态势良好，博物馆外交在继承发扬前辈成功经验的基础上，与新媒体、高新技术、数字产业等新兴手段相融合，逐渐成为我国在国际舞台上彰显文化影响力的重要名片之一，向更多国家展现出可信、可爱、可敬的中国形象，为人类文明交流互鉴，构建人类命运共同体提供助力支持。

1. 我国博物馆外交的发展脉络

自新中国成立至今，我国博物馆外交的发展历程可分为初步发展阶段、快速发展阶段、拓展深化阶段等三个阶段（图9-1）。

1949—1978年　初步发展
1950年10月，新中国首次对外展览——"中国艺术展览会"在苏联和东欧国家展出
1973年恢复对外展览

1978—2000年　快速发展
规模从小到大
影响力从弱到强
覆盖面从少数国家到遍布世界五大洲
1983年我国加入国际博物馆协会

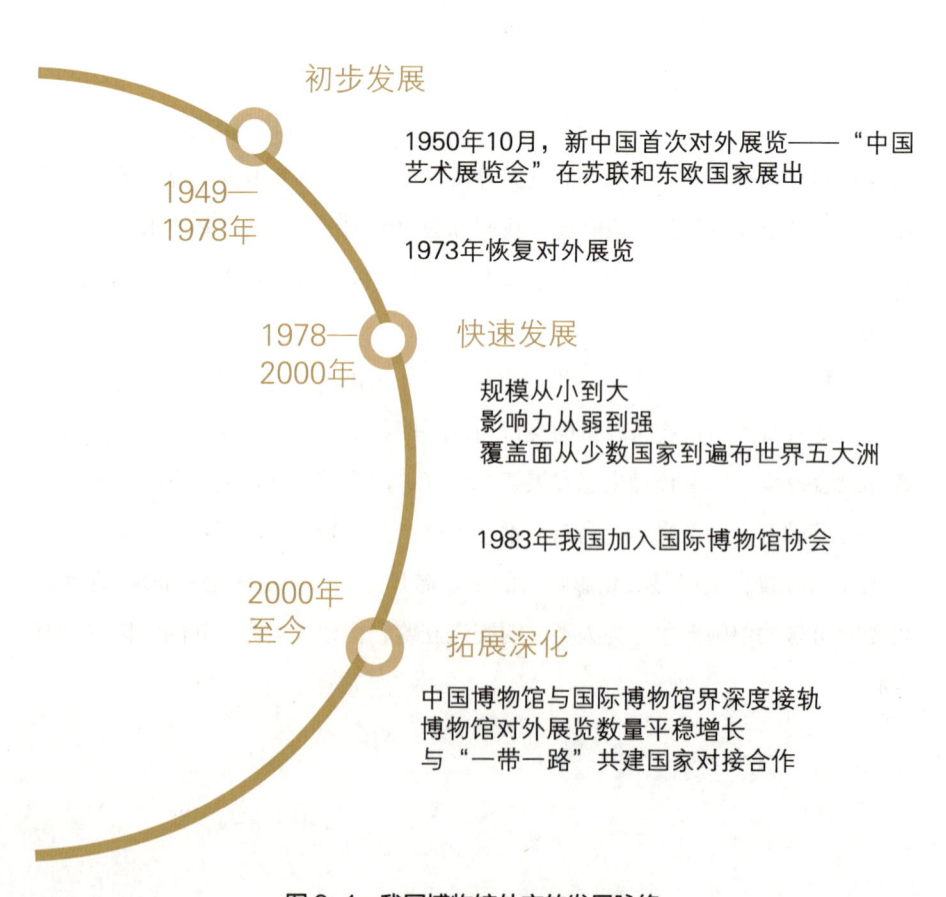

2000年至今　拓展深化
中国博物馆与国际博物馆界深度接轨
博物馆对外展览数量平稳增长
与"一带一路"共建国家对接合作

图9-1　我国博物馆外交的发展脉络

初步发展阶段：新中国成立至改革开放

新中国博物馆对外交流与合作始于对外文物展览。文物凝结了一个民族灿烂的历史文化，传承着独特的文化基因和美学价值，是人类文明多样性的结晶。通过对外文物展览，我们可以让世界各国更好地了解中华民族独特的传承与信仰，进而产生文化认同感。

20世纪50至60年代，我国组织赴苏联、捷克、印度、波兰、日本等国的展览均取得了很好的社会效果。新中国的首次对外展览"中国艺术展"① 于1950年10月起在苏联和东欧国家展出，运往苏联的展品为600件古代文物和495件现代艺术品。在这一时期，我国向苏联和东欧国家开展的对外展览促进了社会主义国家阵营的交流和团结，对日本的展览则有助于恢复两国传统友谊，推动实现两国关系的正常化。

20世纪60年代，由于时代背景和大环境等外部因素，对外文物展览陷于停滞状态。在周恩来总理的主持下，我国于1973年恢复对外展览。1973年至1978年，新中国首个文物出境展"中华人民共和国出土文物展览"先后赴法国、日本、英国、美国等15个国家和地区巡展，接待观众654.3万人次，这些展览在对外宣传和发展友好关系上起到了积极作用，为我国的外交活动提供了重要的支撑和助力，享有"文物外交"的美誉。

快速发展阶段：改革开放至21世纪

在改革开放的历史新时期，我国迎来了对外展览开展最为活跃的30年，

---

① 赖荣幸.新中国第一次海外艺术展的模式与意义——1950年苏联"中国艺术展"[J].艺术探索，2014（2）：28-35-4.

博物馆对外展览经历了规模从小到大、影响力从弱到强、覆盖面从少数国家到遍布世界五大洲的辉煌历程，博物馆外交在我国国际交往中扮演着越来越重要的角色。

1983年7月，我国的博物馆代表团出席在伦敦召开的国际博物馆协会第31届大会，恢复了我国在国际博物馆界的席位。加入国际博物馆协会之后，我国的博物馆对外展览进入了快速发展期。1983年之后，我国加入了国际博物馆协会等与文化遗产有关的全部三个国际组织和四个国际公约，初步形成了有中国特色的中国文物对外交流与合作体系。1989年3月，国际博物馆协会亚太地区大会在北京举行。1994年9月，我国主办了国际博物馆协会博物馆学委员会年会，大大提高了中国博物馆在国际博物馆界的地位，中国博物馆界开始在国际舞台上发声并提出自己的观点。同时，在长期的对外交流中，我国博物馆界不断吸收借鉴优秀的国际经验和先进的理论成果，也进一步推动了我国博物馆的新发展。

拓展深化阶段：21世纪至今

进入21世纪，我国博物馆对外展览数量平稳增长，展览内容逐渐丰富，渠道有所拓宽，水平不断提高，影响逐步扩大。2010年，国际博物馆协会大会和世博会在上海举办，这标志着我国博物馆领域的全球化趋势更加显著，我国博物馆界开始与国际博物馆界深度接轨。

数据显示，"十三五"期间，我国博物馆举办文物出境展览约400场次，"故宫""兵马俑""丝绸之路"等展览都是亮丽的"外交使者"和"文化名片"，成为象征中华文明标识的文化品牌。由中方自主策划的文物展览更多体现"以我为主"的理念，在陈列艺术设计中融入了更多的中国元素。展览题材不断丰富，从改革开放初期以历史文物类为主的展览，逐步发展为以反映中华五千年文明为主题的各类综合性文物展览与反映不同文化艺术类型的专题性展览相结合的展览体系，更加全面、立体、生动地展示了中国形象。展览阐释更加重视多元化、普世性，积极探索中国故事、国际表达的有效途径，涌现出一批更富教育性、对话性和情感性的展览案例。

"十四五"规划明确了2035年建成文化强国的远景目标，博物馆外交是实现文化强国战略的不可缺少的组成部分。《关于让文物活起来、扩大中华文化国际影响力的实施意见》要求积极拓展文物对外交流平台，多渠道提升中华文化国际传播能力。在"保护第一，加强管理，挖掘价值，有效利用，让文物活起来"的新时代文物工作方针的指引下，中国博物馆事业全面进入了高质量发展的新阶段，博物馆外交也将迈上新征程，迎接新使命，谋求新发展。

2. 国家形象传播理论及意义

国家形象传播相关理论

关于国家形象概念的研究

"国家形象"这一概念更多出现于国际关系与国际传播领域，主要是指"一个国家对自己的认知以及国际体系中其他行为体对它的认知的结合"，包括本国与他国社会、公众对于一个国家的总体印象、认知、认同与评价等。从20世纪三四十年代开始，就有政治学家讨论这一概念对于国家战略和国际关系的意义。

传播学者Lippmann在1922年发表的《公众舆论》一书中提出了"形象认知"这一观点，他认为人类一直尝试在头脑中建构对世界形象的认知，那些不能接触到的事物会随着认知的深入慢慢变得立体生动，最后成为人们心中的概念。[1]

美国学者 Boulding 认为一个国家的国家形象是本国对于自身形象的认知与别国对于其国家形象认知的有机结合，并重点描述了人们是如何通过观察感知世界，并在此基础上从事生产活动的。他认为，这是由于人们的行动在很大程度上取决于心中的图像，而图像的形成来自多种信息源，如家庭、朋友、生活经验以及媒体等。对于任何社会、文化、亚文化或者机构来说，一种对外显出的"公共形象"是其得以组织起来的基本要素。[2]

"国家形象"这一概念不仅体现为本国人民对国家形象的认知，同时也囊括了别国对于自身国家形象的认知。为了解释这一现象，学者 Herrmann 等人探讨分析出了更为复杂的形象传播理论，认为国家形象的传播来源于对自身形象的积极探索与对别国认知的积极改造。国家形象是一个种群对另一个种群全方位立体化的认知，具体而言包含对自身文化威胁强弱、与自身文化的兼容性、所处的文化地位以及相对权力的大小等。[3]学者 Kotler 对于"国家形象"这一概念的认知与界定则更为清晰、具体，他认为"国家形象是个人对某一个国家的亲身经历、领悟、观点、回忆和印象的总和，它包括个人对这一国家的情感和审美"。[4]

国内学者于 20 世纪 90 年代开始对国家形象传播理论进行深入研究。学者管文虎指出，各国形象是一种综合体，是世界各国公民对外国，以及国内公众对该国自身、国家行为、该国政府的各种行为过程及结果等所给出的综合的评

---

[1] Walter Lippmann. Public Opinion [M]. New York: Macmillan, 1992: 181.

[2] Boulding K. The image [M]. Ann Arbor: Univerting of Michiganpress. University of Michigan Press, 1956: 120-121.

[3] Herrmann P K, Fisherkeller M P. Beyond the enemy image and spiral model: Cognitivestrategic research aftercold war [J]. International Organizations, 1995 (49): 415-450.

[4] Kofler P. A Framewerk for Marketing Management [M]. Vpper Saddle River: Prentice-Han, 2001.

判与判断。① 学者程曼丽认为国家形象由民族历史文化中的闪光点积聚而成，将民族文化与现代化的社会文化因素融合，成为本国国家形象。② 国家形象作为一个国家潜在的深层次文化属性，具有抽象、无法测量等特性，深植于各历史文化因素的融合之中。学者郑萍认为，国家形象是以国家综合国力为基础的，通过多元主体建构传播达成的国内及国际社会对主体国家的整体认知和评价。国家形象不仅直接关乎一个国家的美誉度，成为国家间交往的名片，而且会影响其在世界政治经济格局中的地位，具有不可忽略的政治、经济、文化、外交功能，其重要性不言而喻。③

关于国家形象传播理论的研究

对于国家形象传播，经典的国家形象传播理论有如下几种思路：

第一种是结构主义的思路，即按照拉斯韦尔"5W"的模式来组织传播要素，进而从事国家形象传播活动。这一思路很多时候容易陷入"媒介中心主义"的窠臼中。

第二种是建构主义的思路。在建构主义的视角下，国家形象并不是一国自我设计、定位和建构的产物，而是国家间基于社会互动而构成的一种身份认同关系。受到主客体差异、互动关系以及传播中介等因素的影响，身份与形象之间总是存在一定偏差，为此，管理部门需要制定传播战略，对国家形象进行有意识的投射与管理。国家形象的建构与传播，是一个集价值定位、符号表征、叙事阐释与传播网络搭建于一体的过程。一方面，国家形象的建构与传播需要立足自身身份，在主客体间关系的基础上，确立希望展现的具有独特性、吸引力和沟通性的价值体系及其符号表征；另一方面，在国家形象的建构与传播过

---

① 管文虎.国家形象论[M].成都：电子科技大学出版，1999.
② 程曼丽.大众传播与国家形象塑造[J].国际新闻界，2007（3）：6.
③ 郑萍.后疫情时代中国国家形象传播问题及对策探讨——基于传播治理的视角[J].中国行政管理，2022（11）：155-157.

程中，也要诉诸共通的情感与审美，进行文化叙事，以故事进行价值阐释，并建立传播网络，形成良好的对话关系，才能不断扩大主客体间共享的意义空间，在共享观念、知识和经验基础上实现积极的国家形象建构。

第三种是从文化学角度对国家形象塑造的问题进行讨论。这类研究多数是肯定文化作为一种软性的力量对国家形象的维护作用，而民族学的角度则考察少数民族文化对国家形象多维度的呈现作用。

第四种是基于国际关系角度对国家形象的塑造与传播进行探讨。学者门洪华等对国家形象的传播提出了一系列战略性的建议，并将国家形象的传播分为"自塑"与"他塑"。[1] 学者范红则从自塑角度出发，认为国家形象的传播应从政府维度、企业维度、文化维度、景观维度、国民维度、舆论维度等六个维度进行。她的这一论述受到了国内学者的广泛认可，并以此为基础延伸到了众多研究领域。[2]

新时代中国国家形象传播的战略意义

随着中国的快速发展和国际地位的提高，中国正日益走近世界舞台中央。这要求我们塑造符合国家利益、有利于国家发展的形象，更好地向世界展现真实、立体、全面的中国。

自中华人民共和国成立以来，我们一直在努力"构建稳定和向好的大国形象"，尤其是党的十八大以来，国家高度重视国家形象的建设，不断向世界展现最为真实的、鲜明的、立体的"文明大国""东方大国""负责任大国""社会主义大国"等形象，并取得了明显成效。

---

[1] 门洪华，周厚虎.中国国家形象的建构及其传播途径[J].国际观察，2012（1）：8.
[2] 范红.国家形象的多维塑造与传播策略[J].清华大学学报（哲学社会科学版），2013（2）：12.

近年来，中国国际话语权和影响力显著提升，但也面临着新的形势和任务。例如，2020年新冠疫情暴发以来，国家之间线下交流困难，导致国家形象的国际传播路径受到限制，使线下跨文化传播优势无从发挥，只能更多地依赖数字平台。而数字平台虽然有助于提高跨文化沟通效率，但是并不必然带来文化间的深层交流和理解。当前，国家形象的国际传播问题已成为亟待解决的重要现实问题，因此要进一步加强和改进国际传播，展现可信、可爱、可敬的中国形象，为我国改革发展稳定营造有利外部舆论环境，为推动构建人类命运共同体做出积极贡献。

中国国家形象的传播主体

当前，中国国际形象的传播主体不再是传统的单一传媒机构，而是在党的宣传政策统一指导下的开放式空间中的多元主体，这些多元主体从不同层面全方位展示、传播着中国的国际形象（图9-2）。传播治理方式也不再是单一传

图 9-2　国家形象的传播主体

媒机构的独白，而是通过各类传播治理主体以"复调传播"和对话方式对治理对象进行有效传播。"复调传播"突破了以往单一主体媒介机构的"独白传播"，多元主体在相互补充、相互作用中，逐步建构和传播着立体丰富的国际形象。

这里既包括政府层面的传播、主流媒体的传播，也包括多种媒体对国家形象传播、社会组织和典型性个人通过媒介平台对国家形象的展示传播。这些多元主体既需要独立发挥作用，又需要相互呼应，形成"复调和声"，尤其需要重视和强化多种媒体及专家学者通过媒介平台对国家形象的传播。

国家形象传播的最重要的主体是国家本身，也可以理解为国家机构。国家在国家形象的传播过程中发挥的是统筹协调、统领全局的作用，同时也是国家形象传播的"主窗口"。国家能够起到调动各方面资源助力国家形象传播的作用，同时作为"风向标"，起到带动其他传播主体的作用，从而确保国家形象的传播始终处在党和国家的领导下，始终以马克思主义为指导思想，始终为社会主义现代化建设服务，并始终沿着正确的道路纵深前进。从"主窗口"的角色来看，国家机构本身就是国家形象的直接代言人。各国间的交流合作是国家形象传播的重要路径，国家机构的行为表现和语言表达构成了国家形象的一部分。在国家形象的立体化传播战略布局中，国家机构对外传播的是最新、最权威、最全面的官方国家形象，为社会媒介、人民群众及团体等传播主体提供了国家形象传播的目标、方向和思路。

国家形象传播的第二个主体是社会媒介。互联网全球化的演进打破了国际交流的边界，使国家形象传播突破了时间空间的桎梏，社会媒介也能够通过一定的影响力作用到国家形象的传播过程中。社会媒介需要对外传播的是国家形象中最鲜活、最真切、最有中国特色的社会现实与生活。因此，社会媒介必须坚持党和国家在国家形象传播方面树立的正确指引，始终坚持党的全面领导，充分发挥社会媒介的主观能动性，积极把握国家发展态势，及时总结国家形象的塑造因素。同时，社会媒介也肩负着引导人民群众的责任，要发挥好向人民群众传播国家形象的桥梁作用。

国家形象传播的第三个主体是全体中国人民。中国的国际形象需要由全体中国人民去树立，也需要全体中国人民以个人的身份作为传播主体对外进行宣传和传播。以社会组织或个人身份对外发声，可以淡化西方受众由于意识形态和制度差异对我们产生的抵触，拉近传受双方的心理距离。因此，应关注国际传播中"普通人"的视角，让更多中国人利用互联网的优势讲好自己的鲜活故事，或让身在异国的华侨华人发表自己的声音，往往会取得事半功倍的传播效果。我国的海外企业和海外中资机构就是一个非常好的群体，如能依托海外的中资机构，深入挖掘他们背后的中国精神、中国力量和中国文化，可以展现我国的发展和变化，打造更多具有国际影响力的对外传播品牌。也可以通过他们，让更多关于中国的真实信息抵达更多国际受众，赢得更多朋友，让更多人了解、理解和支持我国发展。此外，海外知名学者对于中国国家形象的国际传播也有着得天独厚的优势，他们与海外受众处于同一个文化体系中，更了解海外受众关注的话题及其情感共鸣点，会站在海外受众的立场思考问题、表达观点，其所传播的信息将更有说服力，有利于实现传播效果的最大化。

3. 博物馆外交

博物馆外交的定义与内涵

公共外交

公共外交是指一国政府通过文化交流、信息项目等形式，了解、获悉情况并影响国外公众，以提高本国国家形象和国际影响力，进而增加本国国家利益的外交方式。在传统的认知中，公共外交被简单地等同为宣传和政策的"创可贴"，以集中化的大众传媒作为主要手段。非政府组织及其网络的兴起标志着"新公共外交"的崛起。新公共外交强调双向对话，将公众视为意义的共同创造者与信息的共同传递者，是"巧实力"武库中的重要工具。

"公共外交"作为专门的术语首次出现是在1965年，当时美国塔夫茨大学弗莱舍法学院系主任埃德蒙德·古利恩（Edmund Gullion）对其做了定义和阐述："公共外交旨在处理公众态度对政府外交政策的形成和实施所产生的影响。它包含超越传统外交的国际关系领域：政府对其他国家舆论的开发、一国私人利益集团与另一国的互动、外交使者与国外记者的联络等。公共外交的中心是信息和观点的流通。"在当时，公共外交主要指美国新闻署所从事的非传统性外交活动，如国际广播等信息活动及教育文化交流活动等。南加州大学教授尼克·卡尔（Nick Cull）认为公共外交可以被定义为"国际行为主体试图通过参与国际事务来改善自身所处的国际环境"，包括倾听、宣传、经贸往来、国际广播，以及文化外交。

文化外交

"文化外交"目前比较广泛采用的定义由辛西娅·施耐德（Cynthia Schneider）做出，她认为文化外交是"在国家间或各国公民间通过交流想法、资讯、艺术和其他文化领域的内容来促进互相理解"的外交方式。文化外交作为构建国家形象的一种重要手段，是指以国家政府为行为主体，通过文化、艺术、教育等途径，向他国传播本国的政体、价值观、文化特性等，以期达到建立、发展、维护与他国关系，促进国家利益的目的。文化外交是主权国家利用文化手段达到特定政治目的或对外战略意图的一种外交活动。丰富和发展文化并不是文化外交的根本目的，以文化交流为媒介，用以维护、促进国家利益，实现国家对外战略才是文化外交的宗旨。

因此，文化外交具有政治性和文化性两种特性，目前学界关于文化外交的定义也是从这两种特性出发来进行界定的。偏向政治性的理解认为文化外交是实现国家外交政策的一种手段和方法，服务于国家总体的外交政策，担负着具体的使命和任务。偏向文化性的理解认为文化外交的主要内容是文化交流、思想传播和价值输出，它对外展示国家文化的影响力，构建正面的国家形象，维护国家的文化利益，拓展国家的文化安全。博物馆作为文化征集、典藏、陈列和研究代表自然和人类文化遗产的实物的场所和为公众提供知识、文化教育的社会公共机构，兼具政治性和文化性，自然而然在"文化外交"中占有一席之地。

博物馆外交

目前，对于"博物馆外交"这一名词，学界尚没有公认的定义。尼克·卡尔将文化外交定义为"试图通过输出参与者的生活方式、信仰或艺术来改善国际环境"，其中也包括博物馆的国际工作。德国外交部文化和传播司司长安德烈亚斯·格尔根（Andreas Grgen）在2016年曾发表声明，表示"博物馆是文化工作的先锋——它们是21世纪的外交官。它们可以作为对话和交流的平台，特别是在与价值观不同的伙伴合作时。"

本章认为，博物馆是公共外交和文化外交中的重要参与者，博物馆外交是借助博物馆的历史文化、社会政治、风土人情等实际或虚拟陈列和特殊设计的空间提供社会公共服务、传达外交意图或进行国家交流活动的外交方式，并在推动服务国家外交大局、提升中华文化国际影响力、塑造我国国际形象等方面发挥了更加积极的作用。博物馆外交的主体可以界定为进行国际交往、交流的国际关系行为体，包括主权国家的政府部门、各类非政府组织，以及服务于博物馆建设的各种协会、团体和联盟等。博物馆外交的客体可以界定为参观博物馆的社会大众及参与博物馆工作的各类工作人员。

博物馆文物收藏体系是国家文化软实力的资源基础，博物馆公共服务体系则形成了国家文化软实力别具一格的传播枢纽。作为一种以实物为文化媒介、以空间为传播场域、以感官为教育途径、以大众为传播对象的公共文化机构，博物馆所体现的历史真实性和客观性，能够让本国国民与国外观众较易产生信任并留下持久性印象，以非强制的精神牵引力塑造文化向心力，更容易实现厚植家国情怀、浸润思想人心、消弭文化分歧的传播效果。博物馆特有的知识多样性、视听形象性、影响广泛性的特征，在强化本国国民的综合素质与文化认同、促进外国观众增进跨文化理解等方面有着胜于其他文化机构的突出作用。

博物馆外交的作用与价值

在展现新时代中国国家形象上，中国博物馆担负特殊的、无可替代的职责：展现中国古老灿烂的文明，呈现中国当代文化科技成果，表达中国人民的友好热情。具体而言，博物馆外交的作用与价值可概括为以下三点。

第一，博物馆外交具有政治属性。作为外交途径之一，博物馆外交在支持我国外交事业发展和促进我国与国际的交往中发挥了重要作用。艺术史学家卡罗尔·邓肯（Carol Duncan）曾提出，"从理论上说，博物馆是参观者获得精神提升的文化空间，然而它们又是意识形态的强有力的机器，举足轻重。"① 湖北省博物馆曾作为"国家客厅"，在 2018 年 4 月习近平主席会晤印度总理莫迪时发挥了重要作用。在这一空间里，两国领导人共同参观湖北省博物馆精品文物展，欣赏了编钟、乐舞、文物等多种文化表达形式，并把中国文博创意产品作为国礼赠送外方，再次成就了文物外交佳话。

第二，博物馆外交具有文化属性。博物馆外交依托博物馆对外展览，向西

---

① Carol Duncan. The Aesthetics of Power: Essays in Critical Art History [M]. Cambridge University Press, 1993: 191.

方社会介绍了我国的历史文化和积极向上的精神，有助于西方社会正确了解我国文化价值观念和意识形态，从而助力我国在国际社会中树立起负责任的大国形象。博物馆对外展览多以"文物展览"为主，通过展示我国的优秀文物，对我国的传统文化和灿烂文明进行传播。1973—1978年，由我国专门的工作委员会组织策划的"中华人民共和国出土文物展"于15个国家及地区进行展览。观展人次达650余万，在各地掀起中国文物热潮，不仅增进了中国与世界各国的友谊，改变了一些西方国家民众对中国的认知，更为实现我国的外交突破，做出了历史性的贡献。

第三，博物馆外交具有全球视角。它是一种在内容上、人员上和传播手段上的双向互动，在全球化的背景下，博物馆进行国际间的交流与合作已日益成为国际博物馆间普遍认同的发展方向。国际博物馆协会的国际博物馆日主题多次涉及博物馆在文化扩散、文化交流、文化理解、文化创新方面的责任。我国博物馆也通过对外出境展览、引入海外展览、跨国考察、人员互访、科研合作、开展国际研讨会、文献资料翻译及行政管理机制改革等途径开展博物馆外交，提升了我国在国际社会中的影响力，在政治上产生了巨大的作用和深远的影响。

博物馆外交的实施路径

对外展览有助于树立国家开放、友好、文明的形象，而这种形象的塑造，往往不是博物馆凭一己之力可以实现的，需要与国家的战略政策、外交外事议程相互配合。

英国巡展组织（Touring Exhibitions Group，TEG）从国际展览制作实践出发，提出了国际展览分类的经济模式和制作模式。[①] 英国巡展组织按照展览经济成本的投入产出比，将国际展览划分为全额赞助、部分补偿、全额补偿和营利展览四种类型；按照展览的制作模式，将国际展览划分为单一场地制作、反应式合作、对等合作、主场式合作、战略合作和商业合作等六种类型。

中国文物交流中心将我国出境展览划分为自主策划型（境内机构负责撰写展览大纲及陈列设计，自主选择展品）、共同策划型（在大纲编写及陈列设计上各有侧重）和合作分工型（境外机构策展，境内机构出借文物至境外展出）等三种类型。

新西兰惠灵顿维多利亚大学副教授李·戴维森（Lee Davidson）和墨西哥国家人类学与历史研究所教授莱蒂希亚·培瑞兹·卡斯特拉诺斯（Leticia Pérez Castellanos）则提倡以展览动机为导向的国际展览分类方法，提出了展览驱动力模型，即文化外交驱动、博物馆使命宗旨驱动和经济/市场目标驱动三种类型。[②] 李·戴维森认为外交、博物馆使命以及市场/经济因素推动了国际展览的产生。外交因素方面，因涉及政府直接干预，以"文化作为资源"实现国家品牌或外交政策目标，有时也与其他利益，如贸易和合作协议等挂钩。博物馆在受文化外交因素影响的同时，也会给文化外交一个反推力。参与文化外交的博物馆，或直接作为政府机构，或间接支持国家外交政策目标，以

[①] a.Charlotte Dew. Economics of Touring Exhibitions: Recommendations for Practice [M]. London: TEG, 2016.
b.Charlotte Dew. Toolkit: Developing an Economic and Production Strategy for Touring Exhibitions [M]. London: TEG, 2016.
c.Charlotte Dew. Economics of Touring Exhibitions Survey Report: An Analysis of Touring Exhibitions Practice in the UK [M]. London: TEG, 2016.

[②] Lee Davidson, Leticia Pérez Castellanos. Cosmopolitan Ambassadors: International Exhibitions, Cultural Diplomacy and the Polycentral Museum [M]. Delaware and Malaga: Vernon Press, 2019.

及出于自身的"外交"目的并代表其他人（如土著团体）从事国际活动。总体而言，将博物馆外交纳入国家外交的框架内，会使博物馆进一步发挥其作用。

一场成功的"博物馆外交"，必须是国家战略支持与博物馆专业运作之间的积极配合。作为国际文化交流使者的博物馆对外展览，在能够保障展品安全，符合输出国输入国双方的展览、文物出入境等相关法律法规的基础上，通常需要国家、政府在政策、制度、人力、物力、财力等各方面给予一定程度的"超常规"待遇，不仅需要对展览规模、展品质量等象征性指标加以区别，同时也需要关注展览与国家外交外事活动的配合程度。另外，博物馆对外展览的主题选择、呈现方式、博物馆的宣传推广等一系列博物馆专业运作，也都会影响展览输入国民众、媒体对于输出国文化的解读，进而影响展览输出国的国家形象塑造与传播。

表9-1 不同机构的国际展览分类方式

国际展览/出境展览分类	
英国巡展组织	经济成本的投入产出比角度：全额赞助、部分补偿、全额补偿和营利展览 展览的制作模式角度：单一场地制作、反应式合作、对等合作、主场式合作、战略合作、商业合作
中国文物交流中心	自主策划型、共同策划型、合作分工型
展览驱动力模型	文化外交驱动、博物馆使命宗旨驱动、经济/市场目标驱动

4. 博物馆外交的发展新趋势

与文旅产业发展相融合

博物馆的定位变化：从文化体验场所到重要文化资源

博物馆是一种集文化、展览、旅游等多种属性于一体的文化教育场所。作为"文化的中枢"，博物馆不仅是文化的体验场所，也是一个国家、一座城市重要的文化资源。消费结构的变化为旅游创造了巨大的市场需求，市场需求的变化为文化旅游带来了机遇，新时期旅游市场的需求出现了从基本的观光型旅游向高层次的文化体验旅游转化的趋势。[①] 文化旅游是未来旅游业发展的主要趋势。文化是旅游者的出发点和归宿点，是旅游景观吸引力的渊薮，是旅游业的灵魂。这两点为活动的机遇。[②] 在全球文旅产业深入融合发展的大背景下，通过博物馆向来自世界各地的游客展示和传播当地历史文化的价值及意义日趋凸显。同时，当博物馆与国家经济产业发展进行紧密联系之后，能够形成一种"城市博物馆"的新式概念。

博物馆与文旅产业融合的产物：博物馆旅游

相对于其他形式的旅游，博物馆旅游具有自己的特点。第一，博物馆旅游文化内涵深厚，这是促使博物馆旅游业持续发展的内在动因。第二，博物馆旅游具有高度集中的特性。第三，博物馆旅游受季节变化影响小。不论什么季

[①] 李华，师谦友，高楠，李龙梅. 基于 ASEB 分析的帝王文化遗产体验式旅游开发研究——以咸阳帝王陵墓群为例［J］. 陕西农业科学，2012（6）：183-186.

[②] 李湘豫，梁留科，韩辉. 河南佛教文化体验式旅游 ASEB 分析［J］. 地域研究与开发，2011（4）：4.

节、天气如何，参观博物馆都能照常进行，与许多自然景观旅游点相比，这是博物馆旅游的一大优势。第四，与游客的需求高度融合性。博物馆是各类历史文物荟萃所在，这与游客求知、求异的旅游需求正好吻合。博物馆的观摩性、娱乐性，又与游客的求乐性相通；有些博物馆在陈列实物展品的同时，还设有实际操作活动，这又恰巧符合了游客对于参与性、体验性的要求。[①]

博物馆的角色转型：城市品牌宣介的信息源

博物馆和国家或城市的特色文化品牌具有一定的联系，一个国家或城市的品牌形象与该国或该城市的特色文化、价值理念、客户忠诚度、精神导向等无形因素相关。一个国家/城市博物馆一旦形成一定的品牌效应，就能在其他没有具备品牌特色的城市博物馆中脱颖而出，为其经济发展和文化宣传起到一定的积极作用。当国家/城市、参观者、博物馆之间形成一个完整的循环发展路线时，就能在不断发展中形成立体化、多元化的博物馆城市品牌，再利用各种传播媒介进行文化输出，就能使博物馆成为一个具有稳定发展优势和经济文化优势的信息源，为博物馆城市品牌带来传播效益和发展效益，形成全新的、面向国际的文化传播产业链条。博物馆可以利用自己的文化名片，制作具有"城市博物馆品牌形象"的宣传片，在各友好城市中进行投放宣传，或者通过以城市命名的论坛、博览会、电影节等形式进行城市品牌的塑造和推介。同时，将传统的民间文化融入互联网资源中，打造"互联网+城市博物馆"的文化符号，以文化助推城市经济发展和国家形象传播（图9-3）。

---

① 王冠玲.博物馆体验型旅游产品开发研究[D].成都：成都理工大学，2007.

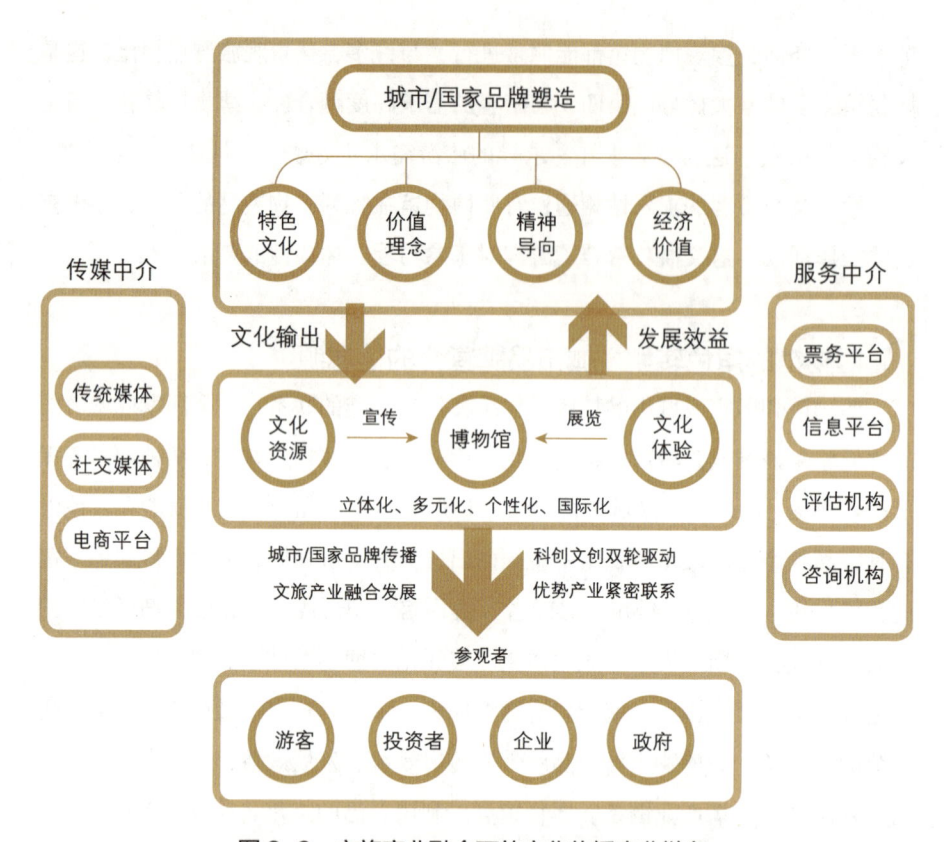

图 9-3 文旅产业融合下的文化传播产业链条

与数字媒体和人工智能相融合

以云计算、大数据为支撑，广泛的网络以及虚拟现实技术的应用，颠覆了以往的传播形态，实现了博物馆与数字媒体和人工智能的紧密融合。数字媒体借助技术的力量使互联网成为观众创造和交流信息的理想空间，在近年来的博物馆展示中，数字媒体扮演了相当重要的角色，数字语音导览、交互式信息系统、数字视听、虚拟现实等技术帮助博物馆的功能从传统整理和展示藏品，转变为休闲、娱乐、体验甚至其他服务功能的全方位拓展。据统计，在近年新建的博物馆陈列（科技博物馆除外）中，数字媒体展项的实际投入大约占展示总投入的25%。[1]同时，AI与博物馆融合推进了博物馆发展，让观众与文物可以更加轻松地"对话"，尤其是随着机器人技术、深度学习、神经网络的发展和应用，博物馆的管理更加智能化，在策展陈列、智能导览、人脸识别、图像识别等方面，由以往的被动式适应发展为自主学习、智能控制、主动探索。

博物馆数字化转型：从线下到线上，主动寻求与观众的互动交流

数字化转型是当下博物馆发展的一大趋势。近年来，数字化博物馆和博物馆数字化产品如雨后春笋，不断推陈出新，面向全球观众开放，为博物馆的展览展示和文化传播搭建了新的平台和渠道。"十四五"规划纲要提出，要推进公共图书馆、文化馆、美术馆、博物馆等公共文化场馆免费开放和数字化发展。数字化发展已经成为博物馆运作中的一项重要工作，不仅是社会、经济、科技飞速发展下的时代要求，更是博物馆适应大众信息获取方式的发展需求。

需要注意的是，正如本书第一章所言，博物馆数字化绝不是对现有工作的缝缝补补，也不是博物馆与数字技术的简单叠加，其最终方向不仅会改变观众观展的习惯，还会全面改变甚至颠覆博物馆自身的工作边界和工作模式。特别是新冠疫情的暴发，改变了民众的生活方式，也促使博物馆更多地从线下走到了线上，以前沿技术结合当下热点，主动寻求与观众的互动交流。欧洲博物馆组织网络曾于2021年1月发布了对48个国家600多座博物馆进行的调查，结果发现：疫情以来，线上活动最受欢迎的是社交媒体（59%）、视频内容（42%）和虚拟游览（32%）。近半数博物馆表示线上访问在重新开放后保持了相同水平。在数字化服务方面，93%的博物馆在疫情期间启动或增加了线上服务。75%的博物馆开启或增加了社会媒体活动，53%的博物馆开设或增加

---

[1] 陈娜.打破博物馆的围墙——数字媒体与人工智能的变革[M].北京：经济管理出版社，2022.

```
Online services that visitors are most interested in
600 answers

Quizzes and contests                                    14%  24%
Features of individual objects from the online collection  18%  30%
Social media activities and hashtags                    19%                              59%
Updates to the online museum collection                 21% 22%
Live content within the museum                          11%  28%
Special newsletters                                     16% 26%
Video content (on for instance YouTube or Vimeo)        16%            42%
Museum podcasts                                         10% 15%
Virtual tours though the museum                         12%  32%
Online exhibitions                                      13%  29%
Online learning programs                                14%  29%
                    0%   10%  20%  30%  40%  50%  60%  70%
                              Museums responding

■ No change
■ More popular
```

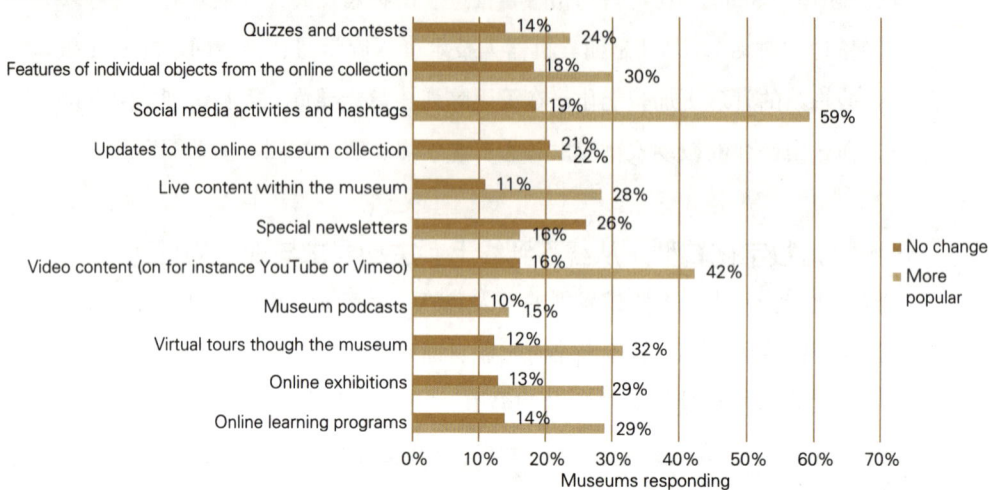

图 9-4　欧洲博物馆组织网络 2021 年"最受欢迎的博物馆线上活动"调查结果

了视频内容。超过四成的博物馆表示将现有员工的工作调整到线上活动上。仅有 47% 的较小型的博物馆因为疫情提高了数字工作能力（图 9-4）。

数字化博物馆：虚拟与现实融合的文化体验

　　数字技术不仅能让人们随心所欲地"云游"博物馆，还可以创造出虚拟与现实融合的网络时代文化体验。相对实体博物馆而言，数字化博物馆可以不受时间和空间的限制，不仅能让民众更便捷地参与，也能进行自主参观学习，还能有效地将实体数字资源进行归类、整合与实时更新，并运用信息实体虚拟化技术制作成真实、逼真的视觉效果，让不同年龄、不同层次的公众能接受到有趣、易懂、多元化的知识信息。

国家博物馆更是在 2020 年新冠疫情暴发期间凭借"国博邀您云看展"话题，使其官方微博的阅读量突破 1 亿。其官方微博自 1 月 24 日起开设"国博邀您云看展"话题，聚合国家博物馆 60 余个精品展览专题网页，40 余个虚拟展厅、50 多部展览相关短视频的优质内容，以"每日一展"的形式带领网友"云看展"，并通过发布金牌讲解员的"云端"导览内容，不断丰富和升级"云看展"。充分发挥网络展示"短平快""内容活泼""互动性强""开放性广"的优势，让观众更近、更清、更便捷。

与全媒体传播体系相融合

"1+1>2"，跨媒体、跨学科、交叉领域的融合

全媒体实现了传统媒体和新兴媒体的有机结合，拓展了传统媒体的功能范围，实现了多种媒体"相乘"的集群效应。博物馆外交与全媒体传播的融合，不是传统的新旧媒体非此即彼的"传统媒体融合观"的融合，而是跨媒体、跨学科、交叉领域的融合。它从单一新旧媒体二元对立思维转变为物、媒体、人共生的系统观，相互竞争，相互合作，共同塑造着媒体技术、产业与文化的格局与样貌。全媒体构建了融媒体性质的传播矩阵，加快了内容生产，强化了渠道建设，提升了传播效能，形成了全方位、宽领域、多渠道、广受众的国际传播矩阵。博物馆外交如能与符合时代发展要求、符合国家形象传播需求、反映社会生产生活的中国特色全媒体传播体系紧密结合，将充分发挥出全媒体的"全"和"新"优势，助力新形势下国家形象的对外传播发挥出"1+1>2"的聚合效应。

实现博物馆内容价值最大化

博物馆价值变现的底层逻辑是通过博物馆优质内容吸引用户，将博物馆的文化资源转化为文化创意产品，让文创产品触达更多潜在用户，同时通过建立

用户信任及适当运营方法促进博物馆文化传播,实现文创产品销售转化。让观众把艺术带回家,实现博物馆内容价值最大化,靠的是博物馆的内容端、产品端和运营端的共同发力,博物馆的内容价值尤为重要。

同时,在数字博物馆时代,博物馆的文创产品不仅局限于实物产品,也可能是数字产品。在数字交互和电商模式的支持下,观众不仅可以到实体的博物馆购买实体文创产品,也可以穿越物理空间的局限,通过数字博物馆线上购买实物产品、定制或订购数字产品。

5. 融媒体时代博物馆外交的发展建议

融媒体时代的博物馆外交应着力打造"中国模式"

习近平总书记在 2017 年达沃斯世界经济论坛的讲话中倡导推进经济全球化,反对贸易保护主义,在随后于日内瓦联合国总部的讲话中积极推动"构建人类命运共同体"这一更具世界性与包容性的世界发展愿景。这两次演讲为世界进入由中国引领的"新全球化"(neo-globalization)时代指明了方向,展现了中国希冀为广大发展中国家实现可持续发展提供一个有别于"美国模式"的"现代性的不同选择"。在百年未有之大变局的背景下,地缘政治、军事冲突、气候变化等问题错综复杂,中国必将在全球舞台上发挥更重大的作用,这不仅体现在政治、经济和国际关系领域,也嵌入国际传播的转型升级过程当中。

融媒体时代的博物馆外交应着力打造"中国模式"。一是思想上,打造具有中国特色的博物馆外交,要从顶层设计上就将政治属性放在首要位置,旗帜鲜明地坚持和加强党的全面领导,助力新时代中国特色大国外交工作。二是内容上，对我国的文明、文化和科技成果等尽可能全面且多维度地展现，并进行文化的"在地化"传播。一方面，借助展览展陈内容向其他国家全方位展现我国的社会风貌、科技实力、经济发展和全球合作，从传统的以文物展为主的对外展览拓展到时政纪念展、艺术展以及工业文明、科技实力展等，全方位、立体式地进行国家形象传播；另一方面，要深入调研展览对象国的文化特征和风俗习惯，规避不必要的误读或文化冲突，更多地采用文化在地化传播的方式。此外，在技术上，博物馆外交需充分借助新一轮技术革命赋能，利用我国先进的数字化技术和生产流程以及多元的融媒体手段，打造"展览出海"的新技术、新内容、新场景。依托数字博物馆平台，在声、光、电等维度创新展览展陈方式，通过图片、文字、音视频演示，打造线上线下相融合的沉浸式展览体验或数字互动模式，甚至如本书第一章中所述，"可与中国各地的博物馆有数字交互和实时场景呈现"。

构建博物馆外交的"中国模式"，不仅能够更全面完整地呈现我国古老宝贵的文物、博大精深的历史文化和辉煌灿烂的文明，也能更充分地展示我国较高水平的数字通讯技术、先进制造业水平和国际物流能力，给海外民众呈现一个完整的当代中国形象，同时在资源调配、组织方式和经济成本上都更加可控，能够最高效、最优质地达成展览目标。

加快博物馆外交体系和人才队伍建设

当前，现代化博物馆外交体系尚未建立完成，人才队伍的培养和构建也有待提升，未来博物馆外交工作的开展需在明确的主管单位指导下，打造一支"懂外交、会外语、专文博、通传播"的专业化、规范化、创新型、复合型的人才队伍。

构建现代化博物馆外交体系

以推进新时代中国特色大国外交为指导，探索构建适应现代化博物馆外交发展要求的运行机制，明确博物馆外交的主管单位，统筹推进博物馆与外交外事外宣部门、文博协会、科研院所等机构协同工作，助力构建具有鲜明特色、布局合理的现代化博物馆外交体系。

提升博物馆外交人才能力素养

博物馆要重视外交工作，定期开展主题培训或讲座。博物馆中从事国际交流和对外合作的专职人员并不多，但开展博物馆外交工作，需要团队作战，不可能单枪匹马。因此，要定期对博物馆内人员进行外交、国际传播、国际形势等专题性的讲座，展览意向确定、展览内容规划、展览形式设计与制作、宣教活动与文创产品开发等专业类培训，以及外语类培训等，让其必须熟悉博物馆外展运作模式，提高人才队伍的专业素养和对外交往能力。

创新人才招引、评估、激励机制

建立健全人才激励机制。做好融媒体时代的博物馆外交，要进一步充实人才队伍，坚持能力导向，创新人才招引、评估、激励机制，让博物馆根据自身发展特点和团队建设需要，构建人才柔性流动机制，按需吸引和集聚国内外高端人才，以差异化的人才队伍推进特色化、专业化发展。

博物馆外交要从"走出去"到"融进去"再到"转文化传播"

缩减"认知赤字"，如何进行"转文化传播"？

在"乌卡"时代（VUCA，即流动性、不确定性、复杂性和模糊性）的国际传播场域中，中国在全球治理中扮演了更加重要的角色，世界也将对中国有更多的认可与更高的期待。近年来，国际学术界的相关研究表明，中国已经演变为解决大流行病、气候变化、贫富悬殊、恐怖主义等一系列全球性"抗解问题"的"关键变量"，因此要从政治、经济、社会等多个维度全方位理解中国，缩减中西方之间的"认知赤字"。我国的博物馆外交在弥合南北信息鸿沟、构建全球传播新秩序方面，能够发挥怎样的作用？

在"美式全球化"主导的"跨文化传播"模式下，本土化必须服膺于以美国文化为核心的"全球文化"，这已不能满足当前国际形势下的文化传播需求。与"跨文化传播"带来的强势文化对弱势文化的征服和吸纳不同，"转文化传播"是指以一种全新的视角来重新审视"新全球化时代"媒介文化传播当中"我中有你，你中有我"的新趋势。①转文化传播不以一国文化凌驾于其他文化之上，不以文化的自我复制实现侵略式传播，意在构建"整体全球化"的传播体系，致力于打造包容和谐、相互尊重、平等交流的传播环境，在两种或多种文化的交流和对话中产生了文化的转型和变异。

我国的博物馆外交，也应从"走出去"到"融进去"再到"转文化传播"，结合当地文化语境，嵌入本土社会机理，在传播过程糅合自身的文化特征与目标地的文化价值和现实情境，创造性地转化为适应本土需求的传播模式，向世界贡献"中国方案""中国智慧"。博物馆展览的观众不是单一和均质化的群体，而是一个"复数"群体——不仅是年龄与性别、政治与社会身份、知识结构与认知、民族与文化身份等多维度的复数，更是不同个体与群体的日常生活体验、艺术经验、文本经验、社会政治经验乃至伦理经验的复数。②在跨地域、跨文化、跨语言的国家举办展览受到的影响更多，包括展览来源地的想法、观念、目的，展览主办方的想法、观念、目的，观者自己的"文化包袱"——

---

① 史安斌.从"跨文化传播"到"转文化传播"[J].国际传播，2018（5）：5.
② 许潇笑.让文物"活起来"：策展再塑博物馆的社会表达方式[J].东南文化，2020（3）：6.

不成系统的想法、观念和非常具体的目的，①这些都使得展览影响力变得不可控。因此，采取转文化传播的方式策展布展，更能获得海外当地观众的接受和认同。

展览中的刻板印象 vs 在地化传播

我国的秦兵马俑展览是与图坦卡蒙（Tutankhamun）宝藏、死海文书（Dead Sea Scrolls）、庞贝古城（Pompeii）等比肩的受到青睐的国际展览品牌。据不完全统计，自1974年秦兵马俑被发现至2018年的40多年中，以秦兵马俑为主题和包含秦兵马俑的展览在全世界近60个国家和地区举办260余次，是具有国际影响力的中国文化符号之一。然而，瑞典东方博物馆（Östasiatiska Museet）前馆长马思中（Magnus Fiskesjö）则认为秦兵马俑国际巡展展现的是中国作为世界强国的形象，弘扬的是帝国主义的"统一"思想。同时，他还认为展览反映了中国对历史观的控制、西方亲华分子的"不实"观点以及中国强大的"山寨"能力。②这些都从侧面反映了当地根深蒂固的刻板印象对展览效果的影响。

2012年，作为伦敦奥运会的官方文化项目"来自世界各地的故事"（Stories of the World）的活动之一，南京博物院的"中国珍宝展"（Treasures of China）在科尔切斯特城堡（Colchester Castle）展出。尤为特殊的是，来自科尔切斯特吉尔伯德学校（Gilberd School）的10名学生在展览之前于2011年拜访了南京博物院并挑选了10件心仪的文物参展。有学生在回忆中写道，亲自到访中国并将"中国"带回英国与他人分享的经历让他们永生难忘；也有学生因为参与了这项活动而开始学习中文，尝试用毛笔画画，习练中国舞蹈。

---

① Michael Baxandall. Exhibiting Intention: Some Preconditions of the Visual Display of Culturally Purposeful Objects [M]. In Ivan Karp, Steven D. Lavine. Exhibiting Cultures: The Poetics and Politics of Museum Display. Washington: Smithsonian Books, 1991: 34.

② Magnus Fiskesjö. Terra-cotta Conquest: The First Emperor's Clay Army's Blockbuster Tour of the World [J]. Studies in Global Asias, 2015 (1): 162-183.

2013—2014 年,南京博物院再次携手英国文化机构苏格兰历史环境委员会（原苏格兰古代与历史遗迹皇家学会）共同策划了反映中国南京和英国爱丁堡两座城市发展史的文化交流展"双城记——南京与爱丁堡古城保护成果展"（A Tale of Two Cities）。展览将两座城市及其背后的两种文化、两种制度融合在一个展览空间中，分别在南京和爱丁堡展出，通过展出南京和爱丁堡两城的原始档案、艺术品和交互数字内容，比较两座城市的发展历程，探究两城相似和不同之处，以达到促进文化理解的目的。

周达观博物馆旨在打造柬埔寨历史文化的宣传窗口、柬埔寨特色物产的展示平台、中柬旅游领域的体验热点、真腊历史研究的交流中心以及"一带一路"倡议的重要见证。围绕特色展品，借助现代展陈手段，打造特色展览，努力将该馆建成多重立体感官体验的人性化博物馆。周达观博物馆的受众定位为面向全球社会，面向普通大众，全方位地满足不同国家、年龄、文化层次观众的参观需求。一是满足青少年及儿童的参观与学习需求，同时给予快速理解内容收获信息的途径，利于同步学习和知识交流；二是满足社会公众的科普与休闲需求；三是满足相关专家学者的调研与考察需求。当前周达观博物馆的展现内容主要为还原、展现史料中的昔日吴哥，让观众了解高棉文化的风俗人情，表现吴哥文化，传递中柬友谊；同时也在博物馆建造中展现了中国的建筑、审美与现代科技水平。但略有不足的是，在展陈设计中缺乏对现代中国的科技、文化、社会等多维度的形象展示，可以借助数字化手段，以周达观的视角具象展现从古至今的历史变迁和"一带一路"带来的变化。

重视对"一带一路"共建国家的博物馆外交

在文化外交领域，应高度重视在"一带一路"共建国家的博物馆外交。"一带一路"共建国家与我国的交往历史源远流长，其中涉及诸多政治、经济、文化、军事的因素，不仅有当代中国的大国外交，共谋和平与发展，也有历史上的冲突与争端，以及国与国之间的竞争。因此，在当前日益复杂的地缘政治背景下，通过博物馆外交来推动我国与"一带一路"共建国家的文化交往，促进国与国之间的经济合作与和平发展，其重要性日益显现。

此外，"一带一路"倡议是"走出去"与"引进来"的统筹推进。外交工作者已经逐渐认识到，在"走出去"与"引进来"过程中，国家形象的传播将不再单纯依赖于政治外交及媒体，除去原本代表国家形象的政府形象要在权威和严肃的基础上变得更加灵活和亲民外，更多的中国人、中国企业"走出去"，国民素质、企业形象等将成为传播国家形象最具体的载体，而更多的他国人、他国企业"引进来"，他们将更多地接触到最真实的中国。在这之中，城市形象、文化艺术等原本无法走出国门的本土气质也扩展了国家形象传播的内容。即国家形象传播内容的属性从"事"扩展到"人"与"物"。在"一带一路"倡议的框架下，国家形象传播内容的领域从政治到经济、文化，属性从"事"到"人"和"物"。下面将传播领域和传播属性进行交叉，简要梳理我国与"一带一路"共建国家开展博物馆外交所涉及的诸多要素（表9-2）。

表9-2 我国与"一带一路"共建国家开展博物馆外交的基本要素

	观众群体	涉及活动	展览内容
政治与外交	国家领导人 政府工作人员	对外宣传 外交活动 国际会议	政治制度等制度要素 政府与公共关系 国际会议会址
经济与科技	企业管理及工作人员 贸易领域的商人、企业主 互联网跨境业务从业人员	所在国基础设施、产业园区的投资建设 各类经贸交流活动	先进的合作模式 商业模式等商业要素 中国产品 城市品牌 建筑地标

第九章 博物馆外交与国家形象传播研究

续表

	观众群体	涉及活动	展览内容
文化与社会	当地民众、学生 文化组织、NGO 人员 单次文化活动相关人员 跨境旅游者	文化交流活动 国际节庆赛事	历史传统文化 少数民族文化 艺术作品

因此，在对"一带一路"共建国家的博物馆外交中，要从"己方视角"转变为"他方视角"。在以往国家形象建构与传播过程中，我们通常习惯采用"己方视角"向世界讲述中国故事，事实证明，这样的视角通常难以实现良好的传播效果。在融媒体时代的博物馆外交中，对于国家形象的国际传播实践可尝试以"他方视角"来向"一带一路"共建国家讲述中国故事，展现中国的实力，获得文化认同，促进经济交往，从而提高我国的国际影响力。

在具体实践上，融媒体时代的博物馆外交工作要彻底改变之前展陈时生硬空洞的说教文本和陈旧的展览方式，在传播内容方面创新方法，利用融媒体手段，创建亲近性文本，从国家战略、经济价值、文化意义等方面综合考虑，从而实现精确传播、提升传播效果。创制"亲近性"文本是我国实现国家形象国际传播的重要方法。这种"亲近性"主要是指文本的内容表达方式要充分考虑与传播对象的思维方式相一致，与其解读心理、习惯相一致。

例如，周达观博物馆是"一带一路"倡议的重要实践。周达观博物馆是中柬文化创意园的引流中心，也是我国第一座境外常设展，将博物馆外交从"展览外交"升级为"展览空间外交"，从实体空间入手，进行全方位的文化交流交往，实现中华文化从"走出去"到"融进去"。同时，它也是中柬两国友谊的见证和文化交流的重要平台，具有很高的政治意义和现实意义。周达观博物馆位于柬埔寨暹粒省中柬文化创意园内，该博物馆是创意园的引流业态，对创意园的整体经营起着至关重要的作用。博物馆布展面积385平方米，位于园区入口位置，是整个园区的导引。博物馆以中国元代出使真腊的使节周达观的名字命名。周达观在柬埔寨居住考察一年多，写成《真腊风土记》，书中详细记录了真腊巅峰时期吴哥王朝的社会政治、经济、社会、民风民俗、物产等。周达观是中国历史记载上最早访问柬埔寨吴哥王都的使者，他写的《真腊风土记》是世界现存唯一文字记载吴哥历史的书籍。法国人正是通过《真腊风土记》的描述记载，找到了吴哥。《真腊风土记》奠定了后世认识保护吴哥的基础，对柬埔寨历史贡献巨大，也见证了中柬两国的交往历史早在2000多年前。在2023年中柬建交65周年之际，第二届中柬文化交流论坛在京举办，其中一个环节就是带领观众云游柬埔寨周达观博物馆，侧面证明了周达观博物馆的建设是中柬两国文化交往中浓墨重彩的一项成果。

借鉴国际经验，实现资金来源多样化

文化产业资金来源可分为内源资金与外源资金两部分。前者主要为经营收益；后者包括政府拨款、社会融资、企业捐赠等。实现资金来源多样化，一方面需要增加内源资金，另一方面要建立多渠道、可持续的外源资金体系。

当前，我国博物馆外交的资金主要来源于国家专项补贴资金以及财政拨款，然后博物馆再利用文创产品开发增加博物馆外展期间的经济收益，从内部和外部两个渠道保障博物馆对外展览具有充足的经费和资金。

随着国际化水平的深化提高，中小博物馆也有志于参与文化外交，这就或将面临资金不足的问题。对此，可借鉴意大利、西班牙等国博物馆的有益经验。一是推动博物馆自主化改革，给予更多适宜的自主权。使博物馆继续成为政府附属机构已不符合现代博物馆发展趋势，自主化改革由此展开。二是全方位提升博物馆经营服务能力。意大利博物馆由单一的文物保护机构转变为提供公共文化服务的中心,其职能也由传统意义上的保护、基本经营,扩展到各类管理、沟通和经济活动,如针对不同观众群体提供多样化服务①。三是加强与文化机构等的合作,扩大公众宣传。鉴于博物馆与当地的企业机构如图书馆、旅游公司等存在共生关系,整合文化旅游资源也被纳入近年来意大利博物馆改革的重点项目之一。互联网营销成为意大利博物馆宣传的重要渠道。四是争取社会资金,广泛吸纳文化捐赠与投资。五是建立博物馆基金会。不少公立博物馆从国有单位管理形式向私人参与的基金会管理形式过渡,实现文化与资本的有效对接。六是出售品牌形象获得收入。近年来,由于毕尔巴鄂古根海姆博物馆成功改变去工业化以后的西班牙毕尔巴鄂市的形象,很多博物馆也开始尝试通过出售品牌形象获得收入。②法国博物馆界与阿联酋合作成立的卢浮宫-阿布扎比博物馆就给法国诸多博物馆带来9.65亿欧元。③七是博物馆资金还可能来自商店、餐饮、场地出租、出版物等其他收入。沃霍尔就预言商店会变成博物馆,而博物馆会变成商店。博物馆商店固然能够配合展览,但也容易让观众把博物馆看成视觉消费和娱乐场所。④

---

① 沈顾颐.意大利博物馆资金多元化历程及借鉴意义探究[J].现代营销(下旬刊),2022(12):68-70.

② Linko M. The Guggenheim Museum Helsinki Plan as a Media Debate [J]. Museum and Society, 2023, 18(4): 425-440.

③ Vincent Noce. Louvre Abou Dhabi: Les mille et un ennuis [M]. Paris: Libération, 2013.

④ Grunenberg C. Wonderland: spectacles of display from the Bon Marché to Prada [M]. In M. Hollein and C. Grunenberg (eds), Grunenberg C. Hollem M, Béret, Chuntal, et al. Shopping: a century of art and consumer culture [M]. Ostfildern-Ruit: Hatje Cantz, 2002: 17-37.

6. 小结

本章认为，博物馆外交是公共外交和文化外交中的重要参与者，是借助博物馆的历史文化、社会政治、风土人情等实际或虚拟陈列和特殊设计的空间提供社会公共服务、传达外交意图或进行国家交流活动的外交方式，与我国国家形象的塑造传播有着密不可分的关系。

随着我国综合国力的提升和新技术、新业态的不断涌现，博物馆外交也不再拘泥于传统的展览手段和展现形式，出现了新的发展趋势。在融媒体时代，博物馆对外展览展陈与文旅产业发展的相互融合，与数字媒体、人工智能等先进技术的相互融合，与全媒体传播体系的相互融合，不仅推动了博物馆展览产业链上的升级迭代，重塑了博物馆的时间与空间属性，也加速重构了博物馆外交功能的价值链，让博物馆外交的功能能够更加高效、更加充分地呈现。

为了进一步推动博物馆外交在服务国家外交大局、提升中华文化国际影响力、塑造我国国际形象等方面的积极作用，建议融媒体时代博物馆外交应更加强调打造"中国模式"，优化博物馆外交体制机制，加快建设复合型人才队伍。同时，建议博物馆外交要创新传播模式，做到从"走出去"到"融进去"再到"转文化传播"，尤其要重视对"一带一路"沿线国家的博物馆外交方式，从"己方视角"转变为"他方视角"。在资金来源方面，应参考借鉴国家博物馆界的经验做法，让大中小馆都能够实现资金来源的多样化，有充足的物力、财力进行博物馆外交，成为国家形象传播的重要组成部分。

作者简介

张逸君 中关村国研财富管理研究院编辑主管、高级研究员。

北京交通大学英语专业文学学士，对外经济贸易大学商务外语研究专业文学硕士，中国社会科学院研究生院产业经济学博士在读。

工作经历：国研智库、北京科技大学天津学院、中关村国研财富管理研究院。

专业方向：未来商业形态、产业政策。

发表论文：《基于数字化技术的建筑业碳排放研究：文献计量学和可视化分析》《设立中国特色市内免税试点，助力国际消费中心城市发展》《科技赋能物美：张文中的初心与再出发》《深圳大学：从跑出"深圳速度"到求索内涵式发展》《人工智能赋能村医的"旌德模式"》《面向"走出去"企业的语言服务培训模式探究》《商业广告中的不礼貌语用与企业身份构建分析——以"双十一"购物狂欢节电商营销广告为例》等。

后记：人文研究"产业链"

努力了一年半，书稿即将付梓，倍感兴奋！

本书的研究立足于一个基本判定：中国博物馆展览正在形成一个独立的"文化产业链"，而且必然符合"工业化""数字化"和"智慧化"的发展逻辑。我们的几乎所有选题，都在为这个产业链的建设进行理论探索。

随着研究的深入，研究案例越来越丰富，讨论范围越来越宽广。随着对人民文博的一些商业项目的理论指导越来越有针对性……我也深深认识到：人文学科的研究生态也在发生深刻变革。面对一些较有前瞻性的研究课题，过去那种研究者多年苦心孤诣研究再发表著作、名动天下的做法，恐怕难以为继了；越是前瞻性、探索性的课题，就越需要"学术产业链"的支撑，原因如下：

第一，在中国的深度工业化和数字化进程中，任何行业的产业链都在不断成长，产业链条越来越长、跨行业勾连越来越密集、涉及的专业领域越来越复杂……任何天才都难以站在行业、产业、专业的前端，提出探索性、前瞻性、有建设性的理论观念。这是一个"群体化创新"的新时代！中国疆域广阔，工业产业的完整度全球仅见，科技发展一日千里，国际局势瞬息万变，这都让研究工作完全超越个人能力，团队工作方能取长补短，必然更胜一筹。

第二，越具有前瞻性、探索性的研究课题，越可能对当下和未来的中国甚至人类世界有深刻的或难以预测的影响。为保证研究成果的可靠性，人们不得不转向对定量分析的追求，甚至要求搭建数据模型。这简直就是对传统文科研究的极大蔑视；各种公共政策、经济管理、社会行为学、统计学、应用数学等专业，也必须加入进来。未来对人文学科年轻学者的培养，必须特别注重研究方法和研究工具使用的训练。

第三，这种趋势马上引发另一种情况：一方面，人文学科的研究方法似乎正在"自然科学化"或称"工程技术化"；另一方面，这也是现有人文学科专家难以进行前瞻性课题定量分析的原因。当然，我们并不是说人文学者的学术思考和工作经验没有价值了；恰恰相反，人文思考和人文精神才是量化计算、数据模型的价值所在，甚至在自然科学领域也如此。在技术大发展的时代，人文思考和人文精神更加珍贵，更有价值。人文精神和人文思考，不可被量化测算工具所绑架。问题在于人文学者如何"节制"技术思维中在人文研究中的横冲直撞。团队力量、跨专业合作和辩证思维，可能是我们仅有的凭借。

"人文研究产业链"的确可比拟于"工业生产产业链"：

产品研发→团队建设→原料采购→统筹生产→出品宣发→反馈升级

选题确定→团队建设→资料整合→研究写作→出版发行→继续研究

两者工作流程都不是单一方向的，而是螺旋上升的；"反馈升级"和"继续研究"都会成为下一轮的"产品研发"和"选题确定"的重要依据。每一个工作阶段都可能和前后工序或其他外部要素紧密关联，它们最终都会影响生产效率或成果品质。

"产品研发"和"选题确定"都不是拍脑袋完成的，而是依赖某种"顶层设计"来分析论证，要充分考虑行业内外、公司内外的现实情况和发展趋势。因此，越是有创新性、前瞻性的产品或选题，越有探索性和冒险性。生产或研究，都是高投入的群体性社会活动，都可能有风险。

任何生产或学术的创新，都必须在工作过程中逐渐深化、优化、细化和落地。在学术研究中，有指导性的前沿探索切忌大而无当的论述，这不仅不能发展理论、指导实践，甚至可能导致焦点模糊、走错方向。"落地性"并不等于只关注技术问题或实施细节，人文学科研究的落地性，指的是研究的目标、分析和评价等，必须符合社会现实、符合发展规律、符合文化传统。理论研究的"落地性"是其具有"指导性"的先决条件，是检验学术成果真实性、可靠性、正确性的最重要标准之一。

我们的研究刚刚开始，我们的梦想起步于脚下！

感谢帮助我们和参与工作的朋友们！

感谢这个伟大的时代！

聂影

2024年1月5日凌晨